浄土宗小事典

石上善應・編著

法藏館

はじめに

最近、浄土宗を開かれた法然上人ブームであると、ひとはいう。確かに多くの人が、多様な角度から法然その人を語りはじめている。それも浄土宗側からの語りかけではなく、他宗の人から、また、キリスト教側からも親しみをもって語られているのである。いったい、それでは法然上人とはいかなる魅力をもっていた人なのであろうか。

考えてみれば、人間はあまりにも矛盾をはらんだ存在である。考えと行動とがちぐはぐであるばかりか、考えそのものさえも矛盾に満ち、つねに変化していく。そのように変遷の激しさをいつも持ち続けている存在が、偽わらない人間の姿である。悪を犯さざるをえない人間、一見とりすましていても、腹の中ではまったく別の恐ろしい考えを抱いた人間。そのような救いようのない人間こそ救われなければ、仏の慈悲はありえない。そのためにこそ念仏を唱えないではいられない愚直な無智なる人びとを、宗教の前面に押し出して、浄土教の真髄をひろめた人が法然上人であった。戒を守ろうとする人は恵まれている。それに無縁である人びとに、み仏の光明が照らし出されていないでよいのであろうか。そこにこそ、仏の慈悲が輝かなければ、宗教の世界は無意味であると、仏教の見直しを求めた人こそが法然上人であった。そこに現代人は魅力を感じたといってよいであろう。これほどの魅力ある人の教えを私どもは二十一世紀に見直しをすることを願い、現代人への警鐘を打ち鳴らしている教えを知るための資糧として、この小事典を提供したいのである。

法然上人の教えを受けついだ人びとは今日に至るまで数多く輩出してきた。法然の門下は浄土宗を形成し、また幾つかのグループに分れた。その中で、聖光房弁長の流れを組む鎮西派を現在では、いわゆる浄土宗と呼ぶ。善慧房証空の教えを受けついだものを西山派という。さらに、その中から一遍の時宗が生まれた。ここでは親鸞の流れを汲む浄土真宗のみは別にして、浄土宗、西山派、時宗の教義や流れを、ごく簡略に述べることにしたのである。網羅的とは言いがたいけれども、最小限ではあるが、浄土宗の流れを理解できるように心がけたつもりである。

本事典の性格から、可能なかぎり平易な解説につとめたけれども、教義的な内容は簡潔さを重視して、冗長になるのを避けた部分がある。これを諒とされたい。本事典を足がかりとして、更なるものを作らなければなるまい。

読者の御叱正を願う次第である。

二〇〇一年五月

編　者

浄土宗小事典【目次】

※浄土宗小事典　正誤表

頁	誤	正
三五頁上　終二行目	姚秦弘始	姚秦弘始
四〇頁下　一三行目	玄義分一で	玄義分記一で
六七頁上　六行目	仮身土	化身土
八五頁上　一六行目	合計六部九巻	合計六部十巻
一四三頁上　終三行目	和讃《わきん》	和讃《わさん》
一五〇頁上　三・九行目	絶対絶命	絶体絶命
一五〇頁下　一二行目	十七日	（現在は十七日には行われていない）
一六六頁上終五～四行目	二十一に変わり、三日間から一日になった	二十一日の三日間になり、さらに一日になった
二一九頁系譜	新鸞	親鸞
二二〇頁年表　四行目	観賞	観覚

便覧編 189

索引 巻末Ⅰ

〔執筆陣〕

石上善應（大正大学名誉教授）

丸山博正（大正大学教授）、宇高良哲、鷲見定信ほか十余名

廣川堯敏（大正大学助教授）、大塚霊雲、長谷川是修、野々山宏

長島尚道（大正大学講師・時宗宗学林学頭）

福西賢兆（浄土宗総合研究所主任研究員）

林田康順（大正大学講師）

装幀——上田晃郷

浄土宗の教え

浄土宗の教えとは、浄土宗の開祖であり、念仏の元祖《がんそ》である法然上人（一一三三〜一二一二）の教えにほかならない。その生涯を通じて法然は、阿弥陀仏に帰依し、浄土往生を目指し、選択本願《せんちゃくほんがん》念仏をとなえつづけるべきことを私たちに訴えられた。ここでは、その生涯を追いつつ、浄土宗の教えの概要について述べてみたい。

三学非器《さんがくひき》の絶望―法然房源空《げんくう》の誕生―

長承《ちょうしょう》二年（一一三三）四月七日、美作国《みまさかのくに》（現在の岡山県）久米南条稲岡庄《くめみなみじょういなおかしょう》に法然は生誕した（現在の誕生寺）。父は久米の押領使《おうりょうし》（地方の在庁官人）であった漆間時国《うるまのときくに》、母は秦氏《はたうじ》、法然は幼名を勢至《せいし》丸《まる》と命名された。保《ほ》延《えん》七年（一一四一）、土地の境界をめぐるトラブルから、稲岡庄の預所《あずかりどころ》（荘園を司る荘司）であった明石源内武者定明《あかしげんないむしゃさだあきら》が夜討ちをかけ、父時国が歿した。法然九歳のときである。その後、「恨みによって恨みに報いてはならない。出家の道に進むべし」という父の遺命を受けた法然は、生家より北東約四〇キロにある菩《ぼ》提寺《たいじ》に入山し勧覚得業《かんがくとくごう》の弟子となった。勧覚は母秦氏の弟、法然の叔父である。天養二年（一一四五）、法然の非凡なる才能をみてとった勧覚は、京都比叡山西塔北谷《ひえいざんさいとうきただに》の持法房源光《じほうぼうげんこう》のもとへ一通の消息とともに十三歳の法然を送る。法然にとって、それは愛しい母との今生《こんじょう》の別れでもあった。

勧覚から源光に宛てられた消息には、「智《ち》恵《え》深き文殊菩薩を一体進呈いたします（進上大聖文殊像一体）」

としたためられていた。久安《きゅうあん》三年（一一四七）、十五歳の法然は、功徳院肥後阿闍梨皇円《くどくいんひごのあじゃりこうえん》のもとに入室し、戒壇院《かいだんいん》にて大乗戒を授かり、天台宗の根本聖典である「天台三大部」六十巻を中心に修学を重ねた。法然の真摯《しんし》な修学態度に接した皇円は、「円宗（天台宗）の棟梁となりたまえ」と法然に要請した。当時の比叡山は、わが国第一の学問の府であることから、法然の修学の厳しさ、比類なき智恵の深さが知られよう。

ところが、その法然による修行の末の述懐が次の言葉であった。

およそ仏教の教えは多いといっても、煎じ詰めてみると戒《かい》・定《じょう》・恵《え》の三学を出るものではない（中略）ところが、この私は、ただの一つとして戒律《かいりつ》を満足に守ることができない。禅定《ぜんじょう》が一度としてできない。正しい智恵を体得することができない（中略）ああ、なんと悲しいことよ、いったいどうしたらよいのであろう。私のような者は、戒・定・恵の三学を行える器量ではない。

（『聖光上人伝説の詞』）

法然による三学非器の深い嘆き、いや、絶望感である。当時の仏教の教えは「智恵第一」と讃えられた法然をしても、およそ体得のおぼつかない、理論だけが先行し、人びとのありのままの姿を見失った教えにほかならなかったのである。

いったい法然のいう三学の教え、戒・定・恵の実践とはいかなるものであろう。

戒。なるほど、釈尊が示された種々の戒め（戒律）を守ろうと努力するのは非常に大切で、実に尊い心がけである。けれども、命あるものを口にしなければ一時たりとも生きてはいけない私たちであることもまた事実である。そう考えると、仏教徒ならばだれしもが守るべき五戒の第一である不殺生戒《ふせつしょうかい》（生き物を殺さない）でさえ、満足に守りきれない私自身を目の当たりにすることであろう。

定。坐禅《ざぜん》や写経などの実践を通じ、静寂な境地（禅定）を目指すのはとても尊く大切なことである。けれども、ほんの一時、そうした境地に到達しえてはみても、時間がたてば元の木阿弥。私たちは、目先のことにとらわれた、浮き足だった日暮らしを送りつづけているのではなかろうか。

恵。すべてのものごとをかたよることなく正しく見つめることによって、苦しみに満ちているように見えたこの世のありさまをそのままで、この上もなく尊い真実の悟《さと》りの世界であると捉える見方（智恵）は実に尊く素晴らしい。その道のりこそ異なれ、浄土宗以外のすべての仏教各宗派が最終的に目指すところ、つまり、私たちの内にある仏の種（仏性《ぶっしょう》）の開花である。けれども、そうしたことをいくら頭で理解しようとも、喜怒哀楽に揺れつづける現実の私の心にとって、それはまさに絵に描いた餅に過ぎないであろう。

《あるべき理想の私》と《ありのままの現実の私》。真摯に修学すればするほど法然は、釈尊の教えの高《こう》邁《まい》さと自分自身のありのままの姿との大きな隔たりを感じずにはいられなかった。この思いこそ、法然の三学非器の深い絶望感、凡夫《ぼんぶ》の自覚にほかならない。

久安六年（一一五〇）、十八歳になった法然は、だれもが救われる道を求めて西塔黒谷《くろだに》の別所《べっしょ》（現在の青竜寺《せいりゅうじ》）慈眼房叡空《じげんぼうえいくう》の室に入る。僧兵の登場に代表される俗世の権力争いをそのまま持ち込んだような比叡山の様相とはうってかわって、黒谷は俗世の喧噪《けんそう》を嫌った隠遁聖《いんとんひじり》の集まる場であった。来るべくしてやって来た若き法然の決意をみてとった叡空は「法然道理のひじりなり」と弟子を讃え、比叡山での最初の師源光と自身叡空の名のそれぞれ一字を取って源空と名づけた。ここに法然房源空《ほうねんぼうげんくう》が誕生したのである。

本願念仏との邂逅《かいこう》―善導大師《ぜんどうだいし》の教え―

保元《ほうげん》元年（一一五六）、比叡山に登嶺《とうれい》してから十二年、黒谷で修学を重ねていた法然は、はじめて比叡山をおり、嵯峨《さが》清凉寺《せいりょうじ》の釈迦堂に七日間参籠《さんろう》し、そこで、人びとの苦しみ・悩みに接した。つづいて法然は南都《なんと》（奈良）に下り、法相宗《ほっそうしゅう》の蔵俊《ぞうしゅん》、三論宗《さんろんしゅう》の寛雅《かんが》、華厳宗《けごんしゅう》の慶雅法橋《けいがほっきょう》、真言宗の中ノ《なかの》川《がわ》実範《じっぱん》をたずね、教えを請うた。しかし、いずれの教えも法然の求めるところではなく、法然の智恵の深さに、かえって法然の弟子になった者もいたほどである。

黒谷に帰った法然は、釈尊の一切経を重ねて読破しつづけた。その姿勢は前にも増して真摯であり、法然は「釈尊が説かれたあらゆる経典を拝読すること五遍（中略）私（法然）は、尊い経典を拝読しない日はなかった。ただ一日、木曽の冠者（源義仲）が京洛に乱入したその日だけは経典を拝読できなかった」（『四十八巻伝』）、「そもそも私、この愚かな法然が比叡山に学んで以来五十年の間、広くさまざまな宗の聖典を拝読して、比叡山にないものは他の寺院をたずねて、必ず一度は拝読してきた。釈尊のみ教えへの鑽仰《さんごう》は年積もり、聖典はほとんど拝読し尽くした」（『北陸道に遣はす書状』）と述懐されている。人びとが、そんな法然を「智恵第一」「深広《ふかびろ》の法然房」と讃えたのも至極当然の結果であろう。

そのころ法然は、阿弥陀仏の極楽浄土への往生を勧め、そこで成仏を果たすという浄土教に惹《ひ》かれていた。そして、その先達が恵心僧都《えしんそうず》源信《げんしん》（九四二～一〇一七）の『往生要集《おうじょうようしゅう》』であった。ところが法然は、『往生要集』を読み進んでいくうちに重要な点に気づく。それは、浄土往生の確証が源信自身の言葉ではなく、善導大師の「命終《みょうじゅう》のときまで常に念仏を相続《そうぞく》する者は、十人いれば十人すべてが往生し、百人いれば百人すべてが往生する」(『往生礼讃』)との言葉であり、その善導に法然は強く惹きつけられる。一切経を繙《ひもと》くたびに法然は、善導の著作をも読破していたことであろう。しかし、その日は突然に、けれども求道者《ぐどうしゃ》法然をして必然的に訪れる。善導の主著『観経疏《かんぎょうしょ》』をとりわけ懇切に拝読すること三遍、ついに法然は次の一節にいたる。

心をこめてただひたすらに「南無阿弥陀仏《なむあみだぶつ》」と阿弥陀仏の名号を称《とな》え、歩いていても止まっていても、座っていても横になっていても、時間の長短を問うことなく、怠らずにつづける、これをまさしく阿弥陀仏が往生行として選定され、我々凡夫の浄土往生が決定する行、すなわち正定《しょうじょう》の業《ごう》と名付ける。何故なら念仏は、阿弥陀仏が往生行として誓われた本願《ほんがん》に順じているからである。

法然をして自身の浄土往生の確信をえられたのがこの一文であり、末尾の「何故なら念仏は、阿弥陀仏が往生行として誓われた本願に順じているからである(順彼仏願故《じゅんぴぶつがんこ》)」というわずか五文字に法然はその道理を見いだした。ここにいう本願とは『無量寿経』に説かれる阿弥陀仏の四十八願のうち、次の第十八念仏往生願である。

私が成仏《じょうぶつ》した暁《あかつき》には、あらゆる世界の衆生が、まごころをもってわが浄土に往生したいと願い、念仏をとなえれば、それが叶うようにしよう。もし、それが叶わないならば、私はけっして仏とはならない。

要は「『南無阿弥陀仏』と念仏を称えれば必ず浄土に迎えるぞ」という誓いである。法然は、善導の説示を通じ、だれにでも易《やさ》しい念仏でさえも、いや易《やさ》しいからこそ阿弥陀仏の前身である法蔵菩薩《ほうぞうぼさつ》が往生行として本願のなかで選定され、それを成就すべく計り知れない時間をかけて修行を重ねられたのだ、そして、見事にその本願を成就されて阿弥陀仏として成仏されたのだ、だからこそ私たちが称える念仏の因と阿弥陀仏の不可思議なる本願力《ほんがんりき》の縁―他力―とが和合し浄土往生が叶えられるのだ、という道理の確信をえたのである。

ここで、浄土宗における阿弥陀仏と極楽浄土《ごくらくじょうど》の特徴について法然の法語を通じて一瞥《いちべつ》したい。

真言宗の教えでは、阿弥陀仏は私たちの心のなかにいらっしゃるみ仏で、私たちの心を離れていらっしゃるわけではない。しかしながら、この浄土宗の教えでは、阿弥陀仏とは法蔵菩薩が修行して仏となられたお方で、現に西方《さいほう》極楽浄土にいらっしゃるのである。その理解の仕方は大いに異なる。真言宗はこの身このままで仏となる教えであり、浄土宗は極楽浄土に往生してそこで仏となる教えである。であるから、両者を混同してはならない。（『一期物語』）

ここでは、真言宗と浄土宗の阿弥陀仏の相違が語られているが、真言宗に限らずおよそ浄土宗以外の仏教各宗派の仏・浄土の理解に共通しよう。つまり、仏・浄土とは、この身・この心を離れてあるものではなく、わが心こそ浄土であり（唯心浄土《ゆいしんじょうど》）、わが本性《ほんしょう》こそ仏である（自性弥陀《じしょうみだ》）という理解である。ところが、善導の『観経疏』に説示される阿弥陀仏と極楽浄土は、こうした支配的な仏・浄土の理解を真っ向から否定し、この私を外から護る阿弥陀仏（本願成就身《ほんがんじょうじゅしん》）―他力―による救いと自身の成仏を叶えることのできる場としての極楽浄土（指方立相《しほうりっそう》）の実在を説くものであった。そして、それこそまさに三学非器の深い絶望感、凡夫の自覚に苛《さいな》まれた法然が求めつづけていた教えであった。ここに法然は、《あるべき理想の私》になりえない《ありのままの現実の私》がそのままの姿で阿弥陀仏によって救われるという本願念仏の教えと邂逅し、深い安心《あんじん》に包まれるのである。

こうして法然は、それまでのあらゆる行を悉《ことごと》く捨て、阿弥陀仏の本願念仏の教えに帰依し、その教えを説きひろめるために比叡山をおり、京洛西山《にしやま》の広谷《ひろだに》、さらには東山《ひがしやま》の吉水《よしみず》へと居を移した。時に承安《しょうあん》五年（一一七五）の春、法然四十三歳であった。法然による次の法語が伝わっている。

今、私（法然）が浄土宗を開く目的は、凡夫が浄土へ往生することを示すためである。さまざまな宗派で論ずるところは一様ではないが、総じて凡夫が浄土に往生することを認めない。それゆえ、善導大師の解釈にもとづき浄土宗を開くとき、凡夫が阿弥陀仏の妙《たえ》なる浄土に往生するという事実がはじめて明らかになるのである。（『浄土立宗の御詞』）

つまり、長い修行の末に阿弥陀仏によって建立されたこの上のない浄土に、輪廻《りんね》を繰り返してきた煩《ぼん》悩《のう》具足《ぐそく》の私たち凡夫の往生が叶う道理を明かすことができるのは、ほかならぬ善導の教えにもとづいて浄土宗を開宗する以外にない。ここに法然自身の念仏往生の確信にもとづく浄土開宗がなされ、その尊い意義が見いだされるのである。

選択本願念仏《せんちゃくほんがんねんぶつ》の開顕《かいけん》―『選択集《せんちゃくしゅう》』の撰述―

東山に落ち着いた法然は、本願念仏の教化にいそしむ。このころの法然の活動のいくつかをあげてみると、文治《ぶんじ》二年（一一八六）には洛北の勝林院《しょうりんいん》にて法然を囲んでの大原談義《おおはらだんぎ》（大原問答）が催され、文治五年には関白九条兼実《かんぱくくじょうかねざね》に授戒《じゅかい》、文治六年には東大寺での「浄土三部経《じょうどさんぶきょう》」講説、建久《けんきゅう》五年（一一九四）には外記《げき》禅門《ぜんもん》に逆修法会《ぎゃくしゅほうえ》をほどこしたりしている。また、聖光《しょうこう》や証空《しょうくう》・源智《げんち》、熊谷次郎直実《くまがいじろうなおざね》や津戸三郎《つのとのさぶろう》為守《ためもり》、後白河法皇《ごしらかわほうおう》や宜秋門院《ぎしゅうもんいん》など、多くのものが法然の弟子となり、あるいは、直接・間接に法然の教えを受けたり、戒を授かったりしている。

そして建久九年（一一九八）、法然六十六歳の正月を迎える。元日から別時念仏《べつじねんぶつ》を修めていた法然は、阿弥陀仏の姿と極楽浄土のありさまとを目の当たりに感得《かんとく》する。いわゆる念仏三昧発得《ねんぶつざんまいほっとく》である。同じころ、法然は夢中《むちゅう》に善導の教えを受ける。こうして法然は、阿弥陀仏の化身《けしん》として人びとから尊崇《そんすう》を集めつづけてきた善導その人への帰依とその教えの絶対性を確信した。法然による「自分は煩悩を断《た》ち切れぬ至らぬ身であるから浄土往生など叶わないのではないか、と疑ってはいけない。阿弥陀仏の化身とまで崇《あが》められた、かの善導大師でさえ『自分こそ煩悩にまみれた愚かな人間である』とおっしゃっているのだから」（『一紙小消息』）との述懐の深意《じんい》を汲み取らねばならない。

この年の三月、九条兼実からの懇請《こんせい》を契機に『選択本願念仏集《せんちゃくほんがんねんぶつしゅう》（選択集）』が撰述される。全十六章からなる『選択集』は、阿弥陀仏が誓われた本願念仏が往生のための根本の行であり、私たち凡夫に修しうる唯一の行であることを証明し体系化された浄土宗の根本聖典である。法然は、本願念仏とそれ以外の諸行とを対比し、阿弥陀仏や釈尊、さらには、あらゆる諸仏が、心を一つにして念仏一行を選び取り、それ以外の諸行を選び捨てたことを「選択《せんちゃく》（＝選び取り・選び捨て）」という経文の一節を用いて明瞭にする。もちろん、その「選択」の根本は、阿弥陀仏が本願往生行として念仏を選定されたことにあるのだが、その由縁について法然は「難易《なんい》の義」と「勝劣《しょうれつ》の義」という二つをあげている。まず「難易の義」とは「念仏は易《やさ》しいからすべての人びとが修められるが、その他の行は難《むずか》しいのですべての人びとが修めるというわけにはいかない。だから阿弥陀仏はすべての人びとを平等に往生させるために、難しい行

を選び捨て、易しい念仏を選び取って本願の行とされたのである」というものであり、一勝
「阿弥陀仏の名号には、阿弥陀仏が成仏された結果、その身に体得された功徳と、あらゆる衆生を救
めに外にはたらく功徳とがすべて込められている。だから、念仏の功徳はもっとも勝れているのであり、阿弥陀仏は劣った他の行を選び捨て、勝れた念仏を選び取って往生の行とされたのである」というものである。

法然による選択本願念仏の開顕は、凡夫から仏への主人公の大転換であり、仏教のありかたを根本から問い直すものであった。これまでの仏教各宗派は、経典に説かれている教えを、僧侶が自己の判断で優劣を定め随意に選び取っていたに過ぎず、その主体は煩悩を断じえない私たち凡夫の側にあった。けれども法然は、煩悩を断絶し難い自己のありのままの姿を凝視《ぎょうし》し、私たち凡夫が修すべき行の選び取り（選択）の主体を阿弥陀仏という仏の側へと昇華《しょうか》させたのである。それは実に画期的なことであった。「難しい行に素晴らしい功徳がある」という理解は、私たち凡夫の常識であり、これまでの仏教各宗派の行の価値判断（難＝勝、易＝劣）にほかならない。しかし法然は、「すべての衆生が救われる行にこそ素晴らしい功徳がある」という阿弥陀仏の常識にもとづく行の価値判断（易＝勝、難＝劣）へと視点を転換したのである。

難しい諸行＝劣った功徳＝あらゆる人びとに通じないから
易しい念仏＝勝れた功徳＝あらゆる人びとに通じるから

これまでの仏教界の支配的常識を百八十度覆《くつがえ》すこととなる驚天動地の勝易念仏《しょういねんぶつ》の成立であった。もちろん、無益な論争を嫌い、法然が勝劣・難易の二義を説き明かしたのは唯一『選択集』のみである。こ

こに法然は、念仏一行による極楽浄土往生への確かな白道《びゃくどう》を明瞭に構築し、これまでの仏教界の常識を覆し、悟り・自力・智恵の仏教を超えた、救い・他力・慈悲《じひ》の仏教を成立させたのである。

倶会一処の真実―法然上人の往生―

法然の説く選択本願念仏の教えは瞬《また》く間に畿内《きない》一円にひろまっていった。

元久元年《げんきゅう》(一二〇四)、念仏の教えのひろまりに危惧《きぐ》を抱くとともに、それに比例して法然の意図を誤って受け止める輩《やから》による不法の増加に業を煮やした比叡山の衆徒《しゅうと》が蜂起《ほうき》し、専修念仏《せんじゅねんぶつ》の停止を訴えた。これが元久の法難《ほうなん》(三大法難の一)である。これにたいし法然は『七箇条起請文《しちかじょうきしょうもん》』を撰述し、弟子の難を避ける。元久二年には、貞慶《じょうけい》が中心となり、八宗同心《はっしゅうどうしん》の訴訟として『興福寺奏状《こうふくじそうじょう》』を草し、専修念仏を糾弾《きゅうだん》した。

翌、建永《けんえい》元年(一二〇六)には、法然の弟子住蓮《じゅうれん》・安楽《あんらく》等の六時礼讃《ろくじらいさん》の調べに御所《ごしょ》の女房が出家するという事件が起こり、法皇の逆鱗《げきりん》に触れた住蓮・安楽が死罪、その師法然に土佐配流の刑が下る。これが建永の法難である(三大法難の一)。兼実の嘆願によって、配流先が土佐から讃岐《さぬき》へと変更されるものの、翌年、法然は四国への配流におもむく。

老齢の師法然の流罪を見るにしのびず、弟子が、本願念仏の教化をいったん思いとどまられてはと口にすると、法然は「たとえこの首をはねられようとも、念仏往生の教えを説かないわけにはいかない」(『一期物語』)と答え、念仏教化への不退転の決意を述べた。

また法然は「たとえ師匠と弟子がともにこの京の都に住んでいようとも、今生の別れは間

いる。たとえ山や海を隔てようとも、浄土での再会に何の疑いがあろうか」(『御流罪の時門弟に示される御詞』)と、念仏往生の確信と極楽浄土での再会(倶会一処《くえいっしょ》)への信念を吐露された。倶会一処について法然は、次のような消息をしたためている。

この度、本当にあなたが先立たれることになるか、また、思いもよらず私が先立つことになるかはわかりませんが、同じく阿弥陀仏の浄土へ往生してそこで再び出会うことは、疑いのないことである(中略)ですから、私もあなたも阿弥陀仏の同じ浄土へ往生してそこで出会うのだということをよくよく心得て、蓮の台《うてな》でこの娑婆《しゃば》世界での憂いを晴らし、それまでの因縁について語り合い、また娑婆世界に還って共々に助け合い、人びとを教え導くことこそもっとも大切である。

(『正如房へつかはす御文』)

このように法然は、浄土での再会を「疑いのないこと」であると述べるばかりか、そこで「この娑婆世界での憂いを晴らし、それまでの因縁について語り合」おうと、倶会一処の真実とその喜びを語っている。法然が説く阿弥陀仏の浄土とは、まさにこうした倶会一処—心と心のふれ合い—が叶う場にほかならない。そればかりか、「また娑婆世界に還って共々に助け合い、人びとを教え導くことこそもっとも大切である」とも語っているように、法然の教えはこの世と浄土とを結ぶ強い絆でもある。

流罪にあった法然は、行く先々で教化に取り組み、多くの人びとを念仏へと導いていく。その年の暮れ、法然に勅免の宣旨《せんじ》が下るものの、京洛に入ることは許されず、摂津《せっつ》の勝尾寺《かちおでら》に四年間とどまり、消息などを通じてそこから教化活動をつづける。

建暦《けんりゃく》元年(一二一一)十一月、ようやく帰洛の許可が下された法然はすでに七十九歳の老齢であり、翌建暦二年正月二十五日、本願念仏を称えつつ正念往生をとげる。法然八十歳であった。往生をとげる二日前、正月二十三日に弟子源智《げんち》に『一枚起請文《いちまいきしょうもん》』を授けるが、そこに説かれる「ただ一向に念仏すべし」の言葉通りの生涯であった。

（林田康順）

浄土宗の歴史

ここでは、現在に至る浄土宗の歴史を、特筆すべき祖師やトピックを取り上げて概観したい。

二祖聖光《しょうこう》上人（一一六二〜一二三八）

宗祖法然の教えを受け継ぎ、浄土宗の二祖となったのが弁阿弁長《べんなべんちょう》、聖光である。聖光は、鎮西《ちんぜい》（今の九州）の筑前国香月庄《ちくぜんのくにかつきのしょう》に生まれた。十四歳から天台を学び、二十二歳で比叡山延暦寺《ひえいざんえんりゃくじ》に登山、宝地房証《ほうちぼうしょう》真《しん》上人等に仕え、天台宗の奥義《おうぎ》を究めた。二十九歳のとき、故郷に帰り、福岡の油山《あぶらやま》の学頭《がくとう》となった。建久《けんきゅう》八年（一一九七）京都に戻り、吉水《よしみず》の法然の禅室に参じた。時に法然六十五歳、聖光三十六歳であった。聖光は、法然から懇《ねんご》ろに念仏の教えを聞き、遂にその法門に帰依したのである。翌春、法然から聖光に『選択集《せんちゃくしゅう》』が授けられた。聖光は「我が大師釈尊は、ただ法然上人なり」と師を崇《あが》めた。以後、法然のもとで研鑽《けんさん》に励み、器から器に水を移すかのごとく教えを受け、元久《げんきゅう》元年（一二〇四）八月、法然の下を辞し、故郷鎮西に帰り浄土宗の教えをひろめることとなる。

安貞《あんてい》二年（一二二八）、法然の教えに邪義の多いことを嘆き、肥《ひ》後国《ごのくに》往生院で四十八日間の別時念仏を修め、『末代念仏授手印《まつだいねんぶつじゅしゅいん》』一巻を著した。また、筑後国高良《ちくごのくにこうら》山《やま》の麓の厨寺《くりやでら》で一千日如法念仏《にょほうねんぶつ》を修めたり、毎日六遍の『阿弥陀経』の読誦、「六時《ろくじ》礼讃《らいさん》」の勤め、あるいは、念死《ねんし》念仏《ねんぶつ》を主唱し、六万遍の念仏を怠ることがなかった。嘉禎《かてい》三年（一二三七）十月より病を得、同四年正月二十九日、七条の袈裟《けさ》を身につけ、念仏を称《とな》えつつ眠るように往生をとげた。時に七十七歳であった。聖光は筑後国山本の郷に善導寺《ぜんどうじ》を建立、浄土宗の大本山として今にいたっている。聖光の著作として『末代念仏授手印』一巻、『浄土《じょうどし》宗名目問答《ゅうみょうもくもんどう》』三巻、『念仏名義集《ねんぶつみょうぎしゅう》』三巻、『念仏三心要集《ねんぶつさんじんようしゅう》』一巻、『浄土宗要集《じょうどしゅうようしゅう》（西宗要《せいじゅうよう》）』六巻、『徹《てっせ》選択集《んちゃくしゅう》』二巻、『識知浄土論《しきちじょうどろん》』一巻などがある。

聖光の教えには二面性があるといわれる。それは、師法然の教えを正しく受け継ぎ、それを整理・統合してゆく立場（相承《そうじょう》的立場・祖述《そじゅつ》的立場）と、時代の要請や種々なる非難に応じ、あるいは、聖光自身の宗教的確信などにより、法然の教えをより発展させるために新たな側面を拡充し発揚した立場（発《はっ》展《てん》的立場・顕彰《けんしょう》的立場）である。それぞれの立場を示す代表的著作として、『末代念仏授手印』と『徹選択集』があげられる。法然滅後、その教えの奥行きの深さ、懐《ふところ》の広さ、寛容さから、その一端を取り上げて「これこそ法然上人の真意」などと吹聴《ふいちょう》し、さまざまな邪義が噴出した。聖光の教えの二面性は、そうした邪義にたいして法然の教えの真髄を伝えようとする師への報恩感謝の表れであるといえよう。
こうした聖光の教えを、その地名から鎮西義《ちんぜいぎ》とよんでいる。

浄土宗西山派《せいざんは》の流れ

宗祖法然の教えを受けた門弟は数多い。たとえば、法然七十二歳のとき、比叡山の衆徒が蜂起《ほうき》し専修《せんじゅ》念仏《ねんぶつ》の停止を訴えたのにたいして撰述した『七箇条起請文《しちかじょうきしょうもん》』には、三日間で百八十九人の門弟が連署《れんしょ》している。これら多くの門弟は、のちに一派を形成し、十五流とも二十四流とも言われている。そのうち、次の五派が著名である。①成覚房幸西《じょうかくぼうこうさい》（一一六三〜一二四七）の一念義。②長楽寺隆寛《ちょうらくじりゅうかん》（一一四八〜一二三七）の多念義。③覚明房長西《かくみょうぼうちょうさい》（一一八四～一二六六）の諸行本願義《しょぎょうほんがんぎ》（九品寺義《くほんじぎ》）。④善恵房証空《ぜんねぼうしょうくう》（一一七七～一二四七）の西山義《せいざんぎ》。そして、⑤前述した聖光の鎮西義であり、現在までその流れを汲むのは後二者である。ここでは、浄土宗西山派の祖、証空の生涯とその流れについてみてみたい。

善恵房証空は、治承《ちしょう》元年（一一七七）、加賀権守《かがのごんのかみ》源親季《みなもとのちかすえ》の長子として生を享《う》けた。十四歳のとき、自ら望んで法然のもとに入室、爾来《じらい》二十三年間、法然入滅までそのもとで研鑽をつんだ。建久九年（一一九八）、師の『選択集』執筆にあたり、二十二歳の若さで勘文《かんもん》（経論の要文《ようもん》を検出する）の役を務めたことは世に知られている。祇園の南に位置する小坂《こさか》に居住していた証空は、法然滅後、建保《けんぽう》元年（一二一三）に西山善峯寺《よしみねでら》の北尾往生院（後の三鈷寺《さんこじ》）に移り、ここを本拠地として布教活動に尽力した。連日説法をつづけていた証空であるが、宝治《ほうじ》元年（一二四七）十一月二十六日、洛南白川の遣迎院《けんこういん》において合掌念仏称えつつ往生をとげた。建立寺院として、三鈷寺・歓喜心院《かんぎしんいん》・浄橋寺《じょうきょうじ》・善恵寺《ぜんねじ》・浄性寺《じょうしょうじ》など多数。著作として、『観門義《かんもんぎ》（自筆鈔《じひつしょう》）』四十一巻、『他筆鈔《たひつしょう》』十四巻など善導著作の註釈書を中心に多数。

証空の教義は、その本拠地から小坂義《こさかぎ》、西山義《せいざんぎ》などとよばれ、法然入滅前後に河内《かわち》の聖徳太子御陵（現、叡福寺《えいふくじ》）の願蓮《がんれん》に師事して天台を学んだことなどから、天台教義を加味して構成されている。とくに、念仏を彩《いろど》ろうとする心を離れ、私たちをお救いになる阿弥陀仏に身を任せ、その歓喜《かんぎ》の心のなかでとなえる白木念仏《しらきねんぶつ》を提唱した。

なお、証空門下には、多くの俊才が輩出したが、とくに次の西山四流の祖が著名である。

道観房証恵《どうかんぼうしょうえ》（一一九五～一二六四）　嵯峨義《さがぎ》

観鏡房証入《かんきょうぼうしょうにゅう》（一一九五～一二四四）　東山義《とうざんぎ》

浄音房法興《じょうおんぼうほうこう》（一二〇一～一二七一）　西谷義《せいこくぎ》
立信房円空《りゅうしんぼうえんくう》（一二一三～一二八四）　深草義《ふかくさぎ》

このうち、前二者は早く教線が断たれて現存せず、次の後二者のみが現存する。

まず、西谷義の法興は、十三歳の時、証空の下に入室、粟生《あおの》光明寺《こうみょうじ》・禅林寺《ぜんりんじ》を住持し、西谷に光明寺を建立して教線を拡張した。のち、行観《ぎょうかん》（一二四一～一三二五）が西谷義を大成した。現在、その流れは、粟生光明寺を総本山とする西山浄土宗《せいざんじょうどしゅう》（他に三鈷寺など、寺院数、約六百）と禅林寺を総本山とする浄土宗西山禅林寺派《せいざんぜんりんじは》（寺院数、約三百六十）とに受け継がれている。

次に、深草義の円空は、十五歳のとき、証空の下に入室、遣迎院・三鈷寺を住持し、洛南深草に真宗《しんしゅう》院《いん》を建立して教線を拡張した。のち、顕意《けんに》（一二三九～一三〇三）が深草義を大成した。現在、その流れは、誓願寺を総本山とする浄土宗西山深草派（他に岡崎円福寺《えんぷくじ》など、寺院数、約二百五十）に受け継がれている。

なお、時宗の開祖である一遍智真《いっぺんちしん》も、証空の教えに連なる者（証空―聖達《しょうたつ》―一遍）であることを一言しておこう。

三祖良忠《りょうちゅう》上人（一一九九～一二八七）

二祖聖光の教えを受け継ぎ、念仏の教えを時の幕府所在地、鎌倉の地に根付かせたのが三祖記主禅師《きしゅぜんじ》、然阿《ねんな》良忠である。

良忠は、正治《しょうじ》元年（一一九九）、石見国三《いわみのくにみ》隅庄《すみしょう》（島根県）に生を享けた。建保二年（一二一四）、比叡山で授戒し、天台・倶舎《くしゃ》・法相《ほっそう》・禅・律などを学んだ。嘉禎二年（一二三六）、九州に下り天福寺《てんぷくじ》（福岡県）におもむき聖光に出会い弟子となった。善導・法然を中心に浄土教祖師の著作を聖光から伝えられ、同時に『末代念仏授手印』『徹選択集』『西宗要』といった聖光の著作を授かり、『領解末代念仏授手印鈔《りょうげまつだいねんぶつじゅしゅいんしょう》』を著して、聖光の印可を受けた。暦仁《りゃくにん》元年（一二三八）、故郷に帰ったのち、安芸《あき》・京都・信濃善光寺《しなのぜんこうじ》などに参詣し布教に務めた。正嘉《しょうか》二年（一二五八）、千葉氏一族の外護《げご》を受け、常陸《ひたち》・上総《かずさ》・下総《しもふさ》の教化活動後、鎌倉に入り、北条朝直《ほうじょうあさなお》の帰依を受け、佐介谷《さすけがやつ》に悟真寺《ごしんじ》を創建し、鎌倉における専修念仏者の指導的立場に立った。幕府に諫言《かんげん》し、諸宗を批判した日蓮にたいし積極的に対抗し、日蓮を身延に入山させる結果を導くなど、他宗僧侶の間でも大きな地位を占め、その学徳を慕《した》って参集する弟子や武士の帰依が相次いだ。建治二年（一二七六）、京都における浄土教学の乱れを嘆いた弟子の要請を受け上洛、在京十一年間、布教・著述活動をつづけ、鎌倉に帰った。弟子良暁《りょうぎょう》に法然・聖光・良忠三代相伝の袈裟《けさ》と硯《すずり》を与え、さらに浄土宗三代相承《そうじょう》の付法状《ふほうじょう》を伝えて念仏の弘通《ぐずう》を命じた。弘安十年（一二八七）、良暁に『観経疏伝通記《かんぎょうしょでんづうき》』をはじめすべてを伝授し、七月六日に八十九歳で往生をとげた。良忠の創建した悟真寺は、蓮華寺《れんげじ》、光明寺《こうみょうじ》と名を改め、現在浄土宗の大本山となっている。こうした良忠の尽力により、関東の地に念仏の教えが根付くこととなる。

　良忠は、記主禅師と尊称されるほど著述が多いことで知られる。なかでも、善導『観経疏』を注釈した『観経疏伝通記』と法然『選択集』を注釈した『選択伝弘決疑鈔《せんちゃくでんぐけつぎしょう》』、並びに聖光『末代念仏授手印』を注釈した『領解末代念仏授手印鈔』、並びに、鎮西義の正統を明かさんとした『浄土宗要集（東宗要《とうじゅうよう》）』などは著名である。良忠は、当時隆盛だった多念義や諸行本願義などを批判し、師聖光から授かった鎮西義こそが法然正統の教えであることを明かさんと努めた。現在の浄土宗では、その教えの綱格を、二祖（善導・法然）三代（法然・聖光・良忠）の伝統に依っている。

七祖 聖冏《しょうげい》上人（一三四一〜一四二〇）

浄土宗七祖酉蓮社了誉聖冏《ゆうれんじゃりょうよしょうげい》は、中世の浄土宗を教学的にも教団的にも再確立し、近世の浄土宗発展の基礎を築き上げた浄土宗中興《ちゅうこう》の祖である。

聖冏について語る以前に、聖冏のおかれた浄土宗の状況についてみてみよう。まず浄土宗の内なる状況である。良忠の門下は、良暁の白旗《しらはた》派、性心《しょうしん》の藤田《ふじた》派、尊観《そんかん》の名越《なごえ》派、道光《どうこう》の三条《さんじょう》派、然空《ねんくう》の一条《いちじょう》派、良空《りょうくう》の木幡《こばた》派の六派があった。前三者を関東三派、後三者を京都三派と称した。聖冏の時代になると六派のうち、藤田派に良心《りょうしん》、名越派に良栄《りょうえい》、三条派に証賢《しょうけん》などが出て、自派の教義の正統性を宣揚した。いっぽう、のちの浄土宗の大きな流れとなる白旗派内では派祖良暁が鎌倉光明寺の二祖を継ぎ、その門下に定恵《じょうえ》と蓮勝《れんしょう》とがあった。定恵は鎌倉光明寺に、蓮勝は太田の法然寺《ほうねんじ》に住し、蓮勝の弟子に瓜連《うりずら》の常《じょ》福寺《うふくじ》を開いた了実《りょうじつ》があった。定恵の系統を本山系、蓮勝・了実の系統を末山系《まつさんけい》と称していた。このように聖冏の時代の浄土宗は、宗内各派がそれぞれにその正統性を主張していたのである。

次に浄土宗の外からみた状況である。聖冏の出生した室町時代は、禅宗、とくに五山を頂点とする臨《りん》済宗《ざいしゅう》が隆盛であった。そして、禅宗の僧等による浄土教批判が相次いだ。たとえば京都天竜寺《てんりゅうじ》に住した夢窓疎石《むそうそせき》は『夢中問答《むちゅうもんどう》』を記し、「自力と他力・難行と易行を分かち、浄土と穢土《えど》・仏と凡夫を分かつとする浄土宗の教えは大乗の教えではない」などと批判し、南禅寺《なんぜんじ》に住した虎関師錬《こかんしれん》は『元亨釈書《げんこうしゃくしょ》』などを記し、「浄土宗は師匠から弟子への相承がないので独立の宗とはいえず、他宗の僧が傍《かたわ》らに修する付属的な宗である」と非難を加えていた。こうした批判にたいし、澄円《ちょうえん》などが反駁《はんばく》を加えていたものの、いまだにそれが浄土一宗として行われていたわけではなかった。このように当時の浄土宗は、独立宗派としての組織がまったく整備されておらず、同時に他宗からその宗義を軽んじられ、一宗として認められるような状況にはなかったのである。こうしたなか、聖冏は登場する。

聖冏は、常陸国《ひたちのくに》久慈郡《くじぐん》巌瀬《いわせ》の城主、白石志摩守宗義《しらいししまのかみむねよし》の子として、暦応《りゃくおう》四年（一三四一）に生まれた。八歳にして瓜連常福寺の了実のもとで剃髪《ていはつ》、十五歳で同国太田法然寺の蓮勝のもとに移り浄土宗の教えを学び、十八歳で相模国箕田桑原道場《さがみのくにみのだくわばらどうじょう》の定恵《じょうえ》についてさらに浄土宗の教えを学んだ。また二十一歳にして『浄土述聞口決鈔《じょうどじゅつもんくけつしょう》』を撰し、のち、戒律の教えも授かった。ここに聖冏は、法然から数えて宗の教えからいえば七祖（法然―聖光―良忠―良暁―蓮勝―了実―聖冏）、戒律の教えからいえば六祖（法然―聖光―良忠―了暁―定恵―聖冏）を継ぎ、白旗派内の本山系・末山系の両者を合同した。さらに聖冏は、他宗や仏教以外の教えの修学を志し諸国を遍歴、天台・真言・唯識《ゆいしき》・禅をはじめ神道や和歌の道にいたるまで研鑽をつみ、諸学にわたる該博《がいはく》な学識をえた。修学を終えた聖冏は、永和四年（一三七八）、了実の下に帰った。

永徳二年（一三八二）、聖冏が、千葉氏の城下におもむいた折り、千葉貞胤《じょういん》の子、徳寿丸《とくじゅまる》が上人を慕って出家した。これがのちに浄土宗八祖となる聖聡《しょうそう》である。ついで聖冏は、下総の横曽根《よこそね》に談所《だんじょ》を開き、教化活動・著述活動に努めた。四十六歳のとき、師了実が入寂すると常福寺に入山し、明徳四年（一三九三）、聖聡に五重相伝《ごじゅうそうでん》を授けた。これが浄土宗五重相伝の初めである。のち、聖聡は増上寺《ぞうじょうじ》を創建して江戸に教線を布き、小石川《こいしかわ》に談所（のちの伝通院《でんずういん》）を設けて師をまねくと、七十五歳の聖冏は常福寺を弟子の了智《りょうち》に託して小石川に移った。その後、約五年間、小石川にあったが、応永二十七年（一四二〇）九月二十七日、八十歳をもって往生の素懐《そかい》をとげた。『伝通記糅鈔《でんづうきにゅうしょう》』四十八巻や『決疑鈔直牒《けつぎしょうじきてつ》』十巻をはじめ著作は六十余部百七十余巻という膨大な数にのぼる。

聖冏は、法然の聖道門《しょうどうもん》・浄土門《じょうどもん》という教判を展開した二蔵二教二頓教判《にぞうにきょうにとんきょうはん》の確立、同じく法然の浄土五《じょうどご》祖《そ》に加えた十七祖相承《じゅうしちそそうじょう》の提唱、浄土宗の教えの乱れを防ぎ、教団の統制を図ろうとした『白旗式條《しらはたしきじょう》』の制定など、前述した禅宗からの非難に応える教えを次々と提唱した。こうした聖冏の多彩なる業績のなかでも、信仰教団としての現代の浄土宗教団にもっとも多大なる影響を与えているのが浄土宗独自の僧侶を養成する五重相伝の制定である。聖冏は、善導・法然・聖光・良忠と流れる浄土宗の教えの核心を、確実に、しかも遺漏《いろう》なく伝える方策として五重相伝を構築した。聖冏は、五重相伝において伝えるべき次の五つの書物を伝書《でんしょ》とし、同時にそれに関する四種類の注釈書をまとめた。

初重　『往生記《おうじょうき》』一巻　法然作
二重　『末代念仏授手印《まつだいねんぶつじゅしゅいん》』一巻　聖光作
三重　『領解末代念仏授手印鈔《りょうげまつだいねんぶつじゅしゅいんしょう》』一巻　良忠作
四重　『決答授手印疑問鈔《けっとうじゅしゅいんぎもんしょう》』二巻　良忠作
五重　『往生論註《おうじょうろんちゅう》』　曇鸞《どんらん》作

そして、聖聰にたいして五重相伝を修し、以降、浄土宗の僧侶養成の制度として広く行われた。江戸時代になると、僧侶ばかりでなく、多くの人々に五重相伝が修されるようになり（化他五重《けたごじゅう》・在家《ざいけ》五《ごじ》重《ゆう》）、今でもその流れは脈々と受け継がれている。

江戸時代の浄土宗

聖冏・聖聡の尽力により浄土宗僧侶・浄土宗教団の発展基盤が確立され、安土桃山時代、世にいう戦国時代に浄土宗寺院の建立が相次いだ。江戸中期に行われた浄土宗寺院の全国規模の寺院調査を記した『蓮門精舎旧詞《れんもんしょうじゃきゅうし》』には、開創《かいそう》や中興《ちゅうこう》の年が天文《てんもん》年間から寛永年間（十六世紀後半〜十七世紀前半）に集中しているが、浄土宗の飛躍的発展の時期といえよう。こうして浄土宗教団は江戸時代を迎える。

江戸時代、徳川将軍家の権勢はわが国の津々浦々にゆきわたった。浄土宗の総本山、京都東山の知恩《ちおん》院《いん》、同じく大本山、東京芝の増上寺《ぞうじょうじ》も、徳川家の菩提所《ぼだいしょ》として幕府から手厚い護持《ごじ》を受け大伽藍《だいがらん》が整備された。こうした徳川家と浄土宗の関係を考える上で、尊照《そんしょう》（一五六二〜一六二〇）と普《ふ》光観智《こうかんち》国師《こくし》存《ぞん》応《のう》（一五四四〜一六二〇）をあげねばならない。尊照は、江戸時代の浄土宗政の宗憲である浄土宗法度《じょうどしゅうはっと》を制定した。この法度《はっと》は、元和元年（一六一五）に成立したことから元和《げんな》法度《はっと》、その条文数から三十五ケ条法度ともよばれている。また、知恩院を皇族から住職をまねく宮門跡《みやもんぜき》とし、浄土宗一の本山としての地位を不動のものとした。存応は家康と師弟関係を結んだことから、増上寺は徳川家の菩提所となった。このようなことから、増上寺は浄土宗の宗務をとりしきる総録所《そうろくじょ》となり、鎌倉の光明寺に代わって浄土宗政の中心となった。こうして存応は、増上寺中興とよばれ、観智国師の号を賜る。また、聖冏ゆかりの伝通院を再興し、尊照とともに浄土宗法度を制定した。

江戸時代の浄土宗僧侶は、檀林《だんりん》とよばれる大寺院で養成された。その成立の時期は前後するが、関東一円に広がる次の十八の寺院からなるので、関東十八檀林《かんとうじゅはちだんりん》とよばれる。僧侶を目指す者は、この檀林で十五年間修学したのち、浄土宗の教えと戒律を相承し、正式な僧となり全国各地に念仏の教えをひろめるため派遣されていった。これらの檀林を中心として、浄土宗の学問はもちろん仏教教学の研究も盛んに行われた。なかでも大蔵経《だいぞうきょう》の対校作業を行った忍徴《にんちょう》、浄土宗の聖典の校訂や出版を指揮した義山《ぎざん》、『三《さん》縁山誌《えんざんし》』など寺院史の出版につとめた摂門《せつもん》、琉球《りゅうきゅう》に渡り『琉球神道記《りゅうきゅうしんとうき》』や『琉球往来記《りゅうきゅうおうらいき》』などを執筆した袋中良定《たいちゅうりょうじょう》などは著名である。

一、増上寺（東京都港区芝公園）　二、光明寺（神奈川県鎌倉市材木座）
三、伝通院（東京都文京区小石川）　四、常福寺（茨城県那珂郡瓜連町）
五、弘経寺《ぐきょうじ》（茨城県取手市白山）　六、大光院《だいこういん》（群馬県太田市金山町）
七、勝願寺《しょうがんじ》（埼玉県鴻巣市本町）　八、東漸寺《とうぜんじ》（千葉県松戸市小金）
九、大巌寺《だいがんじ》（千葉市大巌寺町）　十、連馨寺《れんけいじ》（川越市連雀町）
十一、弘経寺《ぐきょうじ》（茨城県結城市西町）　十二、大善寺《だいぜんじ》（東京都八王子市大横町）
十三、浄国寺《じょうこくじ》（埼玉県岩槻市加倉）　十四、善導寺《ぜんどうじ》（栃木県館林市楠町）
十五、幡随院《ばんずいいん》（東京都小金井市前原町）　十六、霊巌寺《れいがんじ》（東京都江東区白河）
十七、大念寺《だいねんじ》（茨城県稲敷郡江戸崎町）　十八、霊山寺《れいざんじ》（東京都墨田区横川）

いっぽう、教団の拡大や安定化は、一部の心ない僧侶の堕落をまねくこととなり、捨世派《しゃせいは》・興律派《こうりつは》という新信仰運動がおきることとなった。捨世派とは、当時の寺院の俗化や堕落を嘆き、俗世間の波が及ばない閑静な地に道場を設け、念仏修行に入り、宗祖の恩に報いようとする運動で、称念《しょうねん》によってはじめられた。古知谷《こちだに》の阿弥陀寺などを創建した弾誓《たんぜい》や澄禅《ちょうぜん》、無能《むのう》、獅子谷《ししがたに》の法然院を創建した忍澂、閑《かん》通《つう》、徳本《とくほん》、大日比《おおひび》三師《さんし》（法岸《ほうがん》・法洲《ほうしゅう》・法道《ほうどう》）などが著名である。興律派とは、僧侶にもかかわらず戒律を守るものが少なく、いちじるしく僧風が堕落してきたのを嘆き、戒律を復興しようとした運動で、霊《れい》譚《たん》によってはじめられ、敬首《きょうしゅ》などが著名である。こうした新信仰運動の流れは浄土宗僧侶の覚醒に大きな影響を与えた。

現代にいたる浄土宗

薩長《さっちょう》を中心とする倒幕運動がすすむころ、慶応四年（一八六八）には、知恩院門跡《もんぜき》第七代尊秀法親王《そんしゅうほっしんのう》が皇族へと復飾《ふくしょく》、知恩院の宮門跡制度は終わりを告げた。明治政府が成立すると神仏分離の方針が出され、各地で急進的な廃仏毀釈《はいぶつきしゃく》の動きがおこり、伊勢の浄土宗寺院では七十九ケ寺が破壊され、水戸では三十六ケ寺が廃寺、富山では十六ケ寺が一ケ寺に統合させられるなどの大きな被害を蒙ることとなった。このような動きにたいし、浄土宗をはじめとする仏教諸宗は、諸宗同徳会盟《しょしゅうどうとくかいめい》を結成し、総代《そうだい》・会頭《かいとう》に浄土宗の養鸕徹定《うがいてつじょう》と福田行誡《ふくだぎょうかい》を選出した。両師は浄土宗ばかりでなく仏教界の護持に多大な尽力をされた巨星である。

檀林制度も廃止され、増上寺と知恩院に宗学本校、各地に宗学支校が設置された。幾多の変遷を経て、現在、前者が大正大学と仏教大学へ、後者が芝・東海・東山・上宮・鎮西等の各中学・高校へと発展している。

浄土宗研究者としては望月信亨《もちづきしんこう》・渡辺海旭《わたなべかいぎょく》・荻原雲来《おぎわらうんらい》・黒田真洞《くろだしんとう》等が著名で、『法然上人全集』『浄土宗全書』『続浄土宗全書』等も上梓された。布教面では福田行誡《ふくだぎょうかい》・岸上恢嶺《きしがみかいれい》・神谷大周《かみやだいしゅう》・吉岡呵定《よしおかかじょう》等が著名で、ハワイ、台湾、満州、樺太《からふと》、清《しん》（中国）などへの海外布教活動も活発に行われた。大正三年（一九一四）、報恩明照会《ほうおんめいしょうかい》が設立、社会事業への助成が行われるようになり「社会事業の浄土宗」との異名をとった。渡辺海旭・矢吹慶輝《やぶきけいき》・長谷川良信《はせがわりょうしん》等が著名である。このころ、法然上人二十五霊場《にじゅうごれいじょう》が選定され、多くの僧俗が参詣に訪れることとなった。

また椎尾弁匡《しいおべんきょう》が共生会運動《きょうせいかいうんどう》を、山崎弁栄《やまざきべんね》が光明会運動《こうみょうかいうんどう》を、友松円諦《ともまつえんたい》が真理運動《しんりうんどう》を掲げるなど新信仰運動が盛んとなり、その流れは現代まで脈々と伝えられている。

第二次世界大戦を迎え廃墟となったわが国であるが、昭和三十六年（一九六一）、円光《えんこう》・東漸《とうぜん》・恵成《えじょう》・弘覚《こうがく》・慈教《じきょう》・明照《めいしょう》の各大師号につづいて宗祖法然に和順大師《わじゅんだいし》の号が贈られ、ますます浄土宗の教線はひろまっている。現在、浄土宗の寺院数は約七千、檀信徒数は六百万、わが国有数の規模を誇っている。

（林田康順）

浄土宗小事典

凡例

【収録した語】

浄土宗の教義的に重要な言葉・経典・書物、歴史的に重要な人物・事件・寺名等に加え、現代の法会・行事・法具および仏教一般に共通する基本語を限られた中ではあるが掲載した。なお、仏教一般語については、浄土宗とのかかわりの解釈を重視して解説した。

【見出し】

全項目を五十音順に配列。【 】内に漢字で示し、その下に読み方を示し、読み方が複数ある場合は〈 〉内に示した。人名については同時に生没年を掲載した。

【参照項目】

内容的に関連する項目を（→）で示した。複数の単語が「・」で並記された見出しについては、一部を〈 〉内に示した。

【表記】

原則として現代仮名づかいにより、書物からの引用も、現代仮名づかいに改めた。

【悪人正機】あくにんしょうき

阿弥陀仏の本来の願いは悪人こそ救済の対象であるとする意味。『歎異抄《たんにしょう》』の「善人なほもて往生をとぐ、いはんや悪人をや」という表現が親鸞《しんらん》の思想といわれてきたが、実は師法然のことばといわれるようになってきた。また、醍醐《だいご》本《ぽん》『法然上人伝記《ほうねんしょうにんでんき》』にも、「善人なほもて往生す、いはんや悪人をや」と、法然のことばが弟子によって伝えられている。ただし、悪人正機ということばは浄土宗では用いていない。→親鸞

【阿含経】あごんきょう

阿含（アーガマ）とは来ることの意味で、釈尊の説法を直々に伝承した聖なる教えを指し、初期仏教の経典を総称して阿含経という。釈尊の最初の説法や臨終にまつわる教え、また諸行《しょぎょう》無常《むじょう》や無我《むが》の教えなどの仏教の基本的な教えが説かれる。釈尊が身をもって体験した修行が示されており、浄土教の立場では難行道の仏教である。スリランカや東南アジアの仏教国で読誦されている。→仏教

【足曳の御影】あしびきのみえい

法然上人の肖像画の代表作。京都市嵯峨の二尊院所蔵。『円光大師行状画図翼賛』には寺伝によると、天台衣をまとう上人坐姿で前に鉄鉢を包んだ物が置かれるとある。九条兼実が自分の邸宅で沐浴し、くつろいで足を出した上人の姿をひそかに絵師の宅間法眼に写させた。上人はこれを知って、その足が引きこまれるよう祈ったところ、たちまち両足が坐った姿に改まったという伝説を記す。「足びき」の由来は二尊院の背景をなす小倉山の枕詞「足曳」に因《ちな》んでもいる。なお現在の肖像は鎌倉後期の作とされる。

→鏡御影

【阿闍世】あじゃせ

釈尊在世時のマガダ国王。アジャータシャトルの音写で未《み》生怨《しょうおん》と訳される。青年時代に釈尊に反逆した提婆に教唆されて父王を殺害、王位を奪った。し

かしのちに罪を懺悔して仏教に帰依し、有力な外護者となった。在位中、周辺の国々を統合しマガダ国の最盛期を築いた。『観無量寿経』は王舎城における殺父の悲劇を題材としている。なお阿闍世が悪逆を犯した理由として彼の出生の秘密があり、父に怨みを抱いていたことが『大般涅槃経』巻三十四に説かれ、善導の『観経疏』に詳しい。→観無量寿経

【雨乞い念仏】 あまごいねんぶつ

旱魃《かんばつ》のときに念仏によって降雨を祈願する行事。念仏の形態には百万遍念仏、双盤念仏、踊り念仏などがある。雨乞い名号や雨乞い呑龍（呑龍上人の絵像）、八大竜王などをまつり、念仏とともに「いわやさん」（新潟県佐渡郡）ではお籠りをしたり、喚鐘を安置して篝火をたいた周りを拍子木を打って念仏をとなえてまわる（愛知県曼陀羅寺）、念仏踊り（佐賀県伊万里市の脇野の大念仏・香川県の滝宮念仏踊り）が行われるなど雨乞いの民俗慣行と習合している。僧侶も介在するが村びと、またはその代表者が共同で祈願をすることが多い。→念仏

【阿弥陀印相】 あみだいんぞう

阿弥陀仏の悟りの徳を手指で象徴するしるし。普通九品印といって、両手の位置、指の捻じ方によって九種に分ける。しかし九品印の出典は明らかでなく、江戸期開版の『仏像図彙』に図示されたものがおそらく最初であろう。むしろ阿弥陀の印相としては、定印、説法印、来迎印の三種に大別すべきで、これに説法印の変形である善光寺式を加えることもある。定印は左右の五指を相叉したり、上下にしたりし、頭指を竪てて大指を捻じ、両手を臍前に安ずるもので、法界定印の変形したもの。説法印は両手を胸前にあげ、大指と頭指を捻じ、両掌とも外に向けるなど、大指と中指、無名指の組合わせに異なりがあり、阿弥陀像に最も多く見られるものである。来迎印は主に右手を胸前にして大指と頭指を捻じ、掌を外に向け、左手は垂下し掌を外に向けるか、膝上に上仰きさせる。迎接印、摂取不捨印ともいい、施無畏、与願印の変形である。また定印は上品、説法印は中品、来迎印は下品に配し、定印は法身、説

法印は報身、来迎印は応化身を象徴するともいう。

基本的な阿弥陀の印相

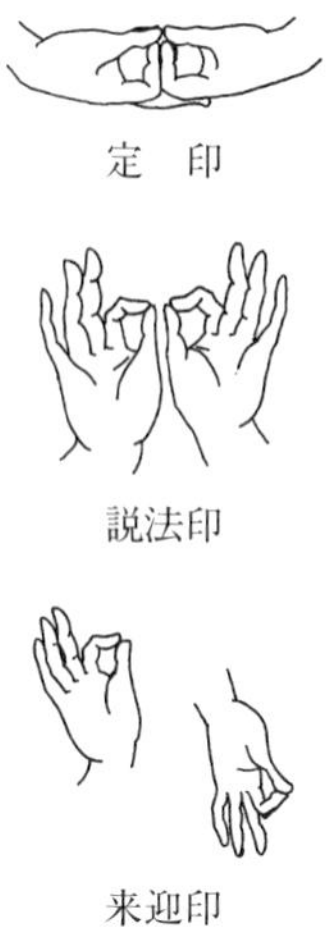

【阿弥陀笠】あみだがさ

笠の前を上げ後ろを下げ、仰向けに笠をかぶること、またその笠をいう。こうした状態でかぶると、笠の内側の骨が、あたかも阿弥陀仏の光背の中でも輪と放射状にのびた光芒とを組合わせた輪光背や笠の形をした笠後光に似ているところから、そのようにいわれた。↓阿弥陀仏像

【阿弥陀経】あみだきょう

一巻。漢訳者は鳩摩羅什(クマーラジーバ)、訳出年代は姚泰弘始四年(四〇二)。内容は阿弥陀仏の光明無量、寿命無量の徳と極楽浄土の功徳の荘厳を讃

美し、阿弥陀仏の名号を執持しとなえるところの念仏による浄土往生を説き、そのことを釈尊と諸仏が証明していることを明かし信を勧めるのである。浄土三部経の一つで、『無量寿経』を大経と呼ぶのに対し小経といい、また小量であるから四紙経ともいう。本経は阿弥陀仏の浄土を説く経典類の中で最も古く、紀元前に西北インドで成立したものと考えられている。サンスクリットとチベット訳テキストがあり、漢訳には求那跋陀羅訳『小無量寿経』一巻(欠本)と玄奘訳『称讃浄土仏摂受経』一巻と本経の三訳がある。中国、日本には漢訳三訳のうち、羅什訳が講説、書写、読誦に広く用いられた。講説としては多くの末書が著わされ、書写には六世紀末に襄陽の石刻阿弥陀経の例があり、また読誦に関しては善導が法事讃を作って本経の行法を示し、また円仁の引声念仏や引声阿弥陀経の流行がある。法然は本経を浄土宗の根本経典の一つに定めた。↓引声阿弥陀経、無量寿経

【阿弥陀籤《あみだくじ》】

線を引きその一方に金額を書いて隠し、各自が引き当てた金額に応じて拠出して菓子などの品物を求め、参加者に平等に分ける籤。拠出金額は異なるが分配は平等であるところに特徴がある。籤に用いた線が阿弥陀仏の光背の放射状にのびた光芒に似ているところからこう呼ばれた。はじめは放射状に引かれたが、のちにはいろいろに引かれるようになった。
→阿弥陀仏像

【阿弥陀浄土変相図《あみだじょうどへんそうず》】

阿弥陀仏の浄土の変現の相を描いた図。変もしくは変相とは、動くさまを描くこと、あるいは実物を転写する意味。浄土曼荼（陀）羅ともいう。唐の張彦遠撰『歴代名画記』には西方変、浄土変などの名で多くの変相図が描かれたことを記し、また唐代にはその題材として『阿弥陀経』や『無量寿経』が選ばれている。しかし中央アジア、敦煌、中国では観経変相図が多い。善導は自ら三百鋪の観経変相を描いたと伝えられる。日本では智光曼荼羅・当麻曼荼羅・清海曼荼羅を浄土三曼荼羅と称するが、智光を除く二つは観経変相図である。なお日本に現存する阿弥陀浄土変の代表的なものとして富貴寺の阿弥陀浄土図壁画、高野山西禅院の阿弥陀浄土曼荼羅図、知恩院の阿弥陀経曼陀羅がある。→浄土三曼荼羅、当麻曼荼羅、曼荼羅

【阿弥陀堂《あみだどう》】

阿弥陀如来を本尊として安置した堂宇のこと。二種があり、一は天台宗の四種三昧の一つ、常行三昧を修行するための常行堂とこれに準じた阿弥陀堂である。二は極楽浄土の教主阿弥陀仏が住する宝楼閣をこの世に再現することを試みた殿堂である。前者は中国東晋の廬山慧遠が般若台に設けた精舎を最古とし、日本では天台宗の円仁、増命、良源らが比叡山の各所に造営、平安期以降各地に数多く造られた。常行堂の遺構には兵庫県鶴林寺、滋賀県比叡山西塔があり、阿弥陀堂には京都市法界寺、大分県富貴寺、福島県願成寺（白水堂）がある。常行堂の内部は金

色の阿弥陀仏を中央に観音、勢至の二尊、地蔵・龍樹を加えた五尊を安置し、その周囲を行道できるようになっている。周囲の壁・天井には極楽の荘厳、九品来迎、供養天が描かれる。後者は京都府宇治の平等院鳳凰堂が典型で、建築の結構、付随する宝池など、その総体が浄土を思わせるように構築されている。

【阿弥陀にかぶる】 あみだにかぶる

笠や帽子を、前を上げ後を下げ仰向けにしてかぶることをいう。笠をかぶったとき、あたかも阿弥陀仏の光背の中でも輪と放射状にのびた光芒とを組合わせた輪光背や笠の形をした笠後光のように見えることによる。

【阿弥陀仏】 あみだぶつ

浄土教の信仰対象となる西方極楽世界の教主であって、阿弥陀如来あるいは単に弥陀、無量寿仏ともいう。阿弥陀仏という名号には無量光と無量寿の二つの意味が含まれる。無量光は無限の空間の広がりを、無量寿は無限の時間の長さを意味するので、阿弥陀仏は無限の時間と空間を兼ねそなえ、しかも、『阿弥陀経』にはまた「今現にましまして説法したもう」とあるように、時間と空間を超越した存在である。このような阿弥陀仏が出現する要因を『無量寿経』は法蔵比丘（のち菩薩、仏となる前の阿弥陀仏の名）の説話に託して述べている。すなわち、無限の過去世において錠光《じょうこう》如来が出世し、ついで五十二仏が現われたあと、五十三番目に世自在王《せじざいおう》如来が出現し、そのもとで法蔵比丘が出家して衆生救済のため四十八の誓願（本願）を立て、兆載永劫《ちょうさいようごう》（永遠ともいえる長い間）の修行によってついに本願を完成して正覚《しょうがく》（悟り）を得られたのが阿弥陀仏であると説く。また、『観無量寿経』では無量寿仏の身の高さの広大なこと、その眼は四大海水のようであること、身の毛孔《もうく》より光明を出し、無数の光明があまねく十方世界（全世界・全宇宙）を照らして念仏の衆生を救済すると説かれている。これは今現に働きかけている阿弥陀仏の空間的な広がりを示しているものといえる。阿弥陀仏をまた十二光仏というのはこれを示している。法然は『逆修説法《ぎゃくしゅせっぽう》』で光寿二無量のうち、とくに寿命無量を重視したようである。もし、寿命がなくなれば、その他のすべての徳も、働きも成り立たなくなってしまうからであるとしている。
↓兆載永劫、法蔵菩薩、無量寿・無量光

【阿弥陀仏像】あみだぶつぞう

　西方極楽浄土の教主の像。本像の造像は阿弥陀信仰の伝播した仏教圏に盛んに行われたが、大別して浄土教と密教において独自の彫像と絵画の阿弥陀像が製作された。インドでは早く紀元二世紀のマトゥラー出土の作例が見られ、中国では四世紀、晋の興寧年間、道隣による無量寿仏造像の記録がある。密教の阿弥陀像は五～六世紀の作例がインドのエローラ窟院に見られ、チベットでは密教仏としての阿弥陀像が主流である。日本の阿弥陀像の変遷は、各時代の浄土教の性格を強く反映している。白鳳期は、それまでの釈迦、弥勒像にとって代って、浄土経典とその思想の伝来を受けて阿弥陀像の製作が盛んになった。とくに『観無量寿経』の影響で三尊様式が

多く、印相として通仏印や説法印が一般である。その中でも説法印が多いのは『阿弥陀経』の所説にもとづく。代表作として法隆寺に伝わる橘夫人念持仏といわれる金銅阿弥陀三尊像や同寺金堂の阿弥陀浄土図がある。奈良期は朝廷、貴族を媒体とした阿弥陀信仰が中心で、造像も発展期にあった。そこでは説法印の坐像を中尊としたものが多く、興福院《こんぷ》の阿弥陀三尊や当麻曼荼羅にその特色がうかがえる。平安期の阿弥陀像は密教と天台の二種に大別される。密教の阿弥陀像は、胎蔵界大日如来の五智の一つ、妙観察智を表わす仏として西方に位置し、定印、結伽趺坐が多い。安祥寺の五智如来像がその典型。また赤色で宝冠をつけた紅頗梨秘法の本尊として特色ある阿弥陀像がある。天台では常行三昧堂の本尊として定印、坐像のものが多く造られた。また源信の『往生要集』の影響により平等院の鳳凰堂、法界寺の阿弥陀堂には丈六の阿弥陀像が、また浄瑠璃寺の九体堂には九品弥陀像がある。

　一方、末法到来の気運から阿弥陀信仰が非常な勢いで流行し、とくに一尊来迎、二十五菩薩来迎、山

越来迎、九品来迎、帰来迎など、絵画の来迎図の名品が製作され、また九品来迎印の造像が盛んに行われた。鎌倉期は法然の浄土宗、親鸞の浄土真宗の開宗により浄土信仰は最盛期を迎えたが、その信仰が造塔、造像に否定的であったことから、造像は必ずしも盛んではなかった。しかし来迎図の製作は藤原期にひき続き盛んで、法然の浄土教の性格を如実に表わした早来迎図など多くの名作も生まれた。しかし造像でも快慶作による遣迎院の阿弥陀如来立像など多くの秀作もあるように、この時代から阿弥陀立像一尊の形式が多くなり、法然の『逆修説法』や信空に付与した立像もある。室町期以降、浄土宗寺院が数多く造立されるに伴って阿弥陀像も多作されたが、前代に比して技術的にも劣り、美術的にも秀作は限られている。一般の阿弥陀像とは異なるものとして五劫思惟阿弥陀像、歯吹阿弥陀像、裸形阿弥陀像、見返阿弥陀像がある。→阿弥陀浄土変相図、みかえりの弥陀

【阿弥陀来迎図】 あみだらいこうず

阿弥陀仏が聖衆を従えて臨終の念仏者を極楽浄土に迎え導くさまを描いた図。迎接《こうしょう》曼陀羅《まんだら》、迎接変相とも呼ぶ。阿弥陀来迎思想は『無量寿経』上に説かれるが、これを芸術的創作にかりたてるのは『観無量寿経』の九品来迎説といえる。来迎図の淵源は敦煌や西域の遺品に求められるが、質量ともに最盛をきわめたのは日本の浄土教美術においてである。そこでは理想世界と現実世界との接点を阿弥陀仏や歌舞伎楽する菩薩とこれを迎える往生人、さらにその背景に雄大な自然界を描くことによってダイナミックに表現している。来迎図の種類には九品弥陀来迎図、阿弥陀二十五菩薩来迎図、弥陀三尊来迎図、弥陀一尊来迎図、山越来迎図、早来迎図、帰来迎図などがある。また弥陀来迎図のほかに弥勒、十一面観音菩薩、地蔵菩薩来迎図もある。→二十五菩薩来迎図、早来迎、みかえりの弥陀、山越えの弥陀

【阿波介】あわのすけ　十二〜十三世紀

平安末期から鎌倉初頭期頃の陰陽師で、法然の弟子。京都伏見の里に住し、七人の妻を持ち酒色を好んだ人間であった。しかし、あるとき道に迷い、今生の旅路さえ迷うことがあるのに、後生（死後の世界）で導く人がいなければ、よけいに迷ってしまうだろうと、突然に発心して入道した。そして法然に教えを受けると、そのまま家に帰らず陸奥（岩手県）の中尊寺《ちゅうそんじ》の光堂に赴いたという。阿波介は数珠を二連持ち、一連で念仏をとなえ、別の一連で念仏を数え、それが浄土宗の二連の日課《にっか》数珠《じゅず》の基になったという。→数珠

【安心】あんじん

仏道の修行や教えの体得によって、心を不動の境地に安定させることをいう。また、心がそのように不動のものとなることを決定心《けつじょうしん》という。法然の『浄土宗略抄』には「安心というは、心つかいのありさまなり。すなはち観無量寿経に説（い）ていわく、もし衆生ありてかのくに（極楽）にうまれんと願ずるものは三種の心をおこしてすなはち往生すべし。何等をか三とする。一には至誠心《しじょうしん》、二には深心《じんしん》、三には廻向発願心《えこうほつがんしん》也。三心を具するものはかならずかのくににうまるといえり」と述べ、至誠心・深心・廻向発願心の三心をもって浄土宗の安心としている。至誠心とはうそいつわりのない真実の心をいい、深心とは阿弥陀仏の本願を疑うことなく深く信ずる心をいい、廻向発願心とは自らの積んだ善根のみならず、他の人の行う善根功徳をともに喜ぶことによって積んだ功徳までも、すべて振り向けて極楽浄土へ往生したいと願う心をいう。三祖良忠《りょうちゅう》は『伝通記』玄義分一で、安心に総安心《そうあんじん》と別安心《べつあんじん》を分け、菩提心（悟りを得ようとする心）を総安心とし、前記の三心を別安心とする。七祖聖冏《しょうげい》（一三四一〜一四二〇）は『伝通記糅鈔《でんづうきにゅうしょう》』四に、念仏行者がその心を願い求むべき浄土、帰依すべき阿弥陀仏、浄土に往生するための念仏行の三つに安定させるのを安心とし、菩提心とともに厭欣《えんごん》心（娑婆を厭《いと》い浄土を欣《ねが》う心）をも総安心に含め、安心と起行がともにそなわった三

心を別安心というとする。また、浄土宗西山派《せいざんは》では領解《りょうげ》の一心に三心が具足するといい、真宗では往生一定《いちじょう》の信（阿弥陀仏に絶対的に帰依して極楽往生まちがいなしと信じること）に安住するのを安心とするなど、法然門下でその解釈を異にする面も見られる。↓起行、決定心、作業、厭離穢土・欣求浄土、信機・信法

【安楽集】あんらくしゅう

二巻。唐の道綽撰。仏教を大別して聖道・浄土の二門に分け、末法の時代に機質の劣った者は、阿弥陀仏に帰依して浄土往生すべきことを勧めている。道綽以外の諸師の解釈は聖道門の立場を出るものではなかったが、曇鸞の教学を継承しつつ『観無量寿経』の念仏思想を明らかにした。のちの善導、ひいては日本浄土教に大きな影響を与えた。本書は十二章三十八節より成り、時機相応の念仏の教えをつとめて強調している。

い

【韋提希】いだいけ

釈尊在世時代、釈尊に帰依したマガダ国王ビンビサーラの夫人で熱心な仏教信者。また阿闍世《あじゃせ》（アジャータシャトル）の生母である。韋提希はヴァイデーヒーの音写で、「ヴィデーハ国の女」の意味であるが、彼女の場合、それはヴィデーハ国の王女を意味する。『観無量寿経』は父王ビンビサーラと母韋提希が王位を奪い取ろうと謀る息子阿闍世王子のために牢獄に幽閉され、父王が獄死する悲劇で、彼女が釈尊の教化によって救済される物語である。↓観無量寿経

【一期一会】いちごいちえ

茶の湯から出た言葉。一期とは人の一生涯のことで、今の出会いは一生に一度しかない機縁だと思って大事にしなければならない意。仏教では人間世界に生を受け、仏の出現に出会うことは希有なこととされる。読経の前にとなえる「無上甚深微妙法、百

千万劫難遭遇、我今見聞得受持、願解如来真実義」の文句、また法然の『一紙小消息《いっしこしょうそく》』の「受けがたき人身をうけて、あいがたき本願にあいて」などは、一期一会の精神にあたる。↓一紙小消息

【一言芳談】いちごんほうだん

編者不明。鎌倉末期の成立。『一言芳談抄』ともいう。中世の念仏者の言行を編集した書で、その数は百五十余条に及ぶ。内容は念仏の心構えや念仏生活の心得が多い。題名のように短い法語の列挙であるが、一人ひとりの念仏体験から発せられたものだけに味わい深い。明遍を中心とした高野聖と法然門下の浄土宗鎮西流の人びとの語が多く目立つ。江戸時代、浄土宗の湛澄が分類注釈した『標註一言芳談抄』がある。↓鎮西流

【一枚起請文】いちまいきしょうもん

法然房源空が最晩年に書いた念仏の心得。成立は没する二日前の建暦二年（一二一二）一月二十三日。一枚の紙に書いて弟子の源智に与えたもので、法然の念仏信仰の帰結として尊重されている。法然の主張する念仏は従来の困難な修行や学問による念仏ではなく、ただ阿弥陀仏の本願を信じて「南無阿弥陀仏」で往生できると思いとってとなえることに尽きると明言している。そしてこのことを阿弥陀仏・釈尊の二尊に誓っているので起請文というのである。法然が決断した念仏は、たとえ釈尊一代の教説をすべて学んだとしても、それによって往生できるはずもなく、文字も知らぬ人と条件は同じであることを心得て、智者の振舞をすることなく「ただ一向に念仏すべし」と断言する。古来念仏の道を示す名文として知られ嵯峨天竜寺の桂州や大徳寺の一休も称讃し、近代では幸田露伴が『蝸牛庵語録』で、高村光太郎が『智恵子抄』で絶讃している。千利休の「茶の湯の一枚起請文」をはじめ文体を模倣した各種の一枚起請文もある。浄土宗では勤行《ごんぎょう》の際に『一紙小《いっしこ》消息《しょうそく》』とともに常に拝読されている。↓源智

【一蓮託生】いちれんたくしょう

現世においてもろともに念仏の功徳を積むことに

より、死後は極楽浄土に往生して、ともに同じ蓮台の上に生まれること。一蓮托生とも書く。転じて、ものごとの善悪やその結果に関係なくグループをもって行動し運命をも共にすることをいう。

【一向専修】《いっこうせんじゅ》

専ら念仏をとなえ、他の行をまじえないことをいう。阿弥陀仏の救いを求めるには、その御名を真心をもってとなえることが絶対条件であり、阿弥陀仏の誓いに最もかなうことである。一生涯にわたって念仏をとなえ、臨終の時に極楽に導いていただき、自分自身が万物に生かされていることへの喜びと感謝の心をもつことが一向専修の念仏生活である。↓専修念仏

【一紙小消息】《いっしこしょうそく》

法然が黒田の聖人といわれる人に書いた書簡。成立年は不明だが法然のものであるから平安末から鎌倉時代にかけての時期といえる。念仏の教えが平易でしかも順序よくまとめられている。浄土宗の伝書(伝法の際に用いられる書)の初重の書として重要な『往生記』の末尾にそのまま記されており、また『一枚起請文』とともに勤行で常に拝読されている。浄土宗信徒にとって欠かすことのできない大切な法語である。↓往生記

【一心寺】《いっしんじ》 浄土宗

大阪市天王寺区逢坂上町にある浄土宗寺院。開山は法然とし、文治元年(一一八五)、天台座主慈円《じえん》の懇請によって、四天王寺《してんのうじ》西門に近く古来から荒陵《あらはか》と呼ばれていた現在地に草庵を結び荒陵別所と称して念仏道場にした。後白河法皇も四天王寺参詣の折に訪れ、法然と観法を修したと伝える。かつて四天王寺は難波の海に面し、浄土を観想する修行者が集まった。とくに一般庶民の納骨で、十年に一度骨仏を造り、骨仏参詣で近畿一円で著名となった。また安政三年にはじめられた常施餓鬼法要は有名。法然上人二十五霊場の第七番。

【一心専念弥陀名号《いっしんせんねんみだみょうごう》】

法然が浄土宗を開創する契機となった善導の『観経疏』散善義の次の一節。すなわち、その文に「一心に専ら弥陀の名号を念じ、行住坐臥に時節の久近を問わず。念々に捨てざる、是を正定之業と名づく。かの仏の願に順ずるが故に」という。心を他の対象に向けることなく、ひたすらに専ら阿弥陀仏の名号南無阿弥陀仏をとなえることをいう。浄土門における安心・実践（起行）の根幹である。↓安心、起行

【一百四十五箇条問答《いっぴゃくしじゅうごかじょうもんどう》】

法然の問答を道光（鎌倉後期の人）が集めたもの。成立は不明。第一四〇条に建仁元年（一二〇一）の記事があり問答の行われた時期がこのあたりということがわかる。『和語灯録』に収められている。内容は念仏生活のあり方、日常生活とのかかわりの問答で、当時の忌みや形式にとらわれることなく、実質的に念仏をとなえることの大切さを説いた答えが多い。成立当時は一四〇条であった可能性が強く、『和語灯録』刊行の際、五条が追加されたと思われる。↓道光

【位牌《いはい》】

死者の戒名を彫刻、または書き記した木製の牌のことで、葬儀式に用いる白木位牌（内位牌、野位牌）と、四十九日がすむと作り替える漆塗位牌がある。『真俗仏事編』巻二祭霊部に「儒家ノ式ヲ尋ルニ栗木長一尺二寸五分アル牌ヲ造ッテ我親先祖等ノソレゾレノ在世ノ位官姓名ヲ書誌シテ其神霊ヲ斯ニ記シ憑シム故ニ位牌ト名ヅク」とあり、儒教で用いた位牌が仏教でも使用されるようになったもので、祭壇、仏壇、位牌壇に安置し、毎日、香、華、灯明、飲食、茶湯などを供え、読経、念仏して追善供養《ついぜんくよう》するものである。↓追善回向

【引声阿弥陀経《いんぜいあみだきょう》】

『阿弥陀経《あみだきょう》』に曲調をつけて読誦するもので、法要一般では、奉請、前伽陀《かだ》、阿弥陀経、後伽陀、回向、引声念仏、六字詰念仏とし、毎年十月に鎌倉光明寺

の十夜《じゅうや》法要《ほうよう》に勤修される。わが国に伝えられたのは、天台宗《てんだいしゅう》の円仁《えんにん》が承和五年（八三八）中国に渡り、五台山北台普通院で習得したものが最初とされ、音声不足を尺八にして吹いて補ったという。現在は、鳥取県大山寺《だいせんじ》、京都市真如堂に伝えられている。真如堂縁起によると、極楽《ごくらく》の八功徳池《はっくどくち》の浪の音が阿弥陀経の曲調である、と伝えられるとおり、のびやかな、うねりのある曲調をもつ。一方、光明寺《こうみょうじ》所伝の『阿弥陀経』は曲調が著しく異なり、リズムのはっきりしたとなえやすいものになっている。光明寺で現在依用している経本は三浦市天養院の吉水大信師が、博士《はかせ》を書き直して普及したものだが、時間の関係上、一節のみを笏を打ってとなえている。↓光明寺、十夜法要

う

【牛にひかれて善光寺まいり】《うしにひかれてぜんこうじまいり》

思いがけないことが縁となって、また自身の発意ではなくして、偶然に良いほうに導かれることをいう諺。その語源は『本朝俚諺』四に「むかし信濃国善光寺近辺に七十にあまる姥ありしが、隣家の牛はなれてさらしおける布を角に引かけ、善光寺にかけこみしを姥おいゆき、はじめて霊場なることを知り、たびたび参詣して後世をねがえり。これをうしにひかれて善光寺詣と云いならわす」とある。現在では信仰に関係なく自分の意志からでなく人と行動をともにする場合にも用いる。

【馬の耳に念仏】《うまのみみにねんぶつ》

馬にありがたい念仏を聞かせてもそのありがたみを理解できないところから、いくら言って聞かせても聞き入れようとせず、ききめのないことのたとえ。同類の諺に「馬に念仏」「馬の耳」「馬の耳に風」「馬耳東風」「馬に経文」「犬に論語」「牛の角に蜂」がある。

【生まれてはまつおもひ出んふるさとにちぎりしとものふかきまことを】

法然の和歌。平安末から鎌倉初期の成立。『新千載和歌集』九、釈教歌の中に選ばれている。『夫木和

歌集』にもある。私が浄土に生まれたならば故郷の娑婆世界で、いずれ浄土で会おうと約束した同行《どうぎょう》の友の深いまことの心をまず思い出すことであるという意味。後から往生してくる同行人のために、蓮台を半分あけておくのを「各留《かくる》半座《はんざ》」というが、まさにその心を詠んだものといえよう。

【盂蘭盆会】　うらぼんえ

七月十三日から十六日の間に祖先の霊を迎えてまつる行事。お盆。かつては陰暦七月の行事であったが現在では七月または八月に行われる。盂蘭盆の語源は一般に梵語のウランバナで倒懸と訳されているが問題がある。『盂蘭盆経』によれば、仏弟子の目連が餓鬼道に堕ちて苦しんでいる母のために衆僧に供養してその苦しみを救ったという目連救母伝説が起源とされる。日本では推古天皇十四年（六〇六）に設斎《おがみ》したのが最初で平安中期頃から民間に伝えられ、鎌倉時代以降に広まった。民間行事のお盆は一か月近くにわたるもので、七月一日の釜蓋一日、七月七日の七日盆や二十日盆、二十四日のしまい盆などの習俗にうかがえる。盆にまつる死者霊には先祖霊のほかに新精霊、無縁霊の三種が数えられている。

↓追善回向

え

【栄西】　えいさい・ようさい　一一四一～一二一五

鎌倉時代の僧。備中国（岡山県）生まれ。臨済宗の祖。はじめ比叡山で天台密教を学び、のちに天台学を学ぶため入宋。二度目に宋に渡ったときに南宋の臨済禅を学んだ。帰国後博多で禅宗の布教につとめ、また天台の伝統である鎮護国家を戒と禅によって実現すべく、その理論書である『興禅護国論』を著わした。一方、鎌倉幕府に接近、親交を深めた。とくに源実朝のために茶をすすめ『喫茶養生記』をおくった。また京都には頼家の計りで建仁寺の開山として迎えられ、これを比叡山の末寺とし、円密禅三宗の寺とするなど、生涯天台僧の一面を捨てなかった。

【慧遠】えおん　五二三～五九二

中国において最初に念仏結社「白蓮社《びゃくれん》」を結成して、集団で念仏三昧を実践した人物。廬山を中心として活動していたことから、通常「廬山慧遠」と呼称し、別人である『大乗義章』二十六巻を著わした「浄影寺慧遠」と区別をしている。慧遠が行なった白蓮社念仏が源流となり、後の中国浄土教の展開に大きな影響を与えた。また、慧遠は『法華経』や『阿弥陀経』を訳出した鳩摩羅什や『華厳経』を訳出した仏陀跋陀羅などと親交があり、慧遠と鳩摩羅什との書簡を収集した『鳩摩羅什法師大義(大乗大義章)』三巻が現存し、北魏時代の中国仏教が有していた教義上の諸問題を見ることができる。法然は『選択集』において慧遠が創始した白蓮社念仏を「廬山流」と呼称し、道綽・善導流、慈愍流と合わせ、中国浄土教の三系統として捉えている。→白蓮社

【懐感】えかん　生没年不詳

七世紀後半に活躍した中国の浄土教者。浄土五祖の第四祖。はじめ法相・唯識を学んだが、のち善導の弟子となり、浄土教を学ぶ。善導没後は長安の千福寺に住して唐中期の仏教界にその浄土教を弘めた。懐感の人となりについて『宋高僧伝』六に、「資性は強悍にして精苦して師に従う」。義理が心にまで届かなかったら納得しないと述べている。自らの罪根の深いことを思い生命を絶とうとしたが、師に止められ、ついに念仏三昧を発得したという。『群疑論』七巻を著わす。→浄土五祖

【回向】えこう

「回」はめぐらす、「向」はふり向けること、またはさし向けること。自分の行った善根功徳をめぐらし、自分や他のものにふり向けること。一般には三種回向、積んだ善根功徳を自己の悟りにふり向けることの菩提回向、他のものの利益にふり向けることの衆生回向、回向にとらわれず平等真実の理を悟ることの実際回向がある。浄土宗では二種回向、己が功徳をもって一切の衆生にふり向けるとともに阿弥陀如来の安楽浄土に往生せんとすることの往相《おうそう》回向、

往生ののち再びこの世に帰って教え導き浄土に向かわせることの還相《げんそう》回向がある。浄土真宗では衆生よりの回向は認めず、阿弥陀如来が衆生を極楽へ迎えるためにふり向けることを回向とする。↓追善回向

【回向文】 えこうもん

日常勤行《にちじょうごんぎょう》や追善法要《ついぜんほうよう》に際し、読経文または念仏のあとにとなえ、自他の成仏、往生浄土のためにそのことの次第をとなえる文である。回向というのは、自他所修《しょしゅう》のすべての善根功徳を、自分一人が受けるにとどめず、あまねく平等に一切の衆生に施そうと願うことである。回向偈文には対象によって各種がある。ここでは主要偈文名とその対象を記載する。本誓偈《ほんぜいげ》（弥陀一仏）、敬礼偈《きょうらいげ》（釈尊に対して）、広開《こうかい》偈《げ》、讃仏偈《げ》（これらは諸仏に対して）、自《じ》信偈《しんげ》（浄土列祖に用いる）、聞名得益偈《もんみょうとくやくげ》、一切精霊偈《いっさいしょうれいげ》（最も一般的なもの）、普《ふ》済偈《さいげ》、請《しょう》護《ご》念偈《ねんげ》（ともに祈願のために用いる）などがよく用いられる。↓総回向偈

【絵解き】 えとき

経典や教義の説相を絵に描いたり、高僧の伝記、寺社の縁起などを絵画化し説き語ること、ならびにこれらを題材に説教、講説する人を指す。文章と絵画とを互い違いに連ねた絵巻物はそれ自体絵解きであるが、これを解説することによって絵解きは十全になる。仏教における起源は、インドにおいてストゥーパ（塔）の欄楯に刻まれた仏伝図や本生図を題材に説教した唱導師に求められよう。その後西域、中国、日本で広く行われた。西域出土の絵画に絵解きをする女性の姿が描かれ、敦煌の変相図はその題材となり、変文は台本類と考えることができる。日本では院政期（一一四六年）に四天王寺で聖徳太子の絵解きを行ったことを記す。室町期には琵琶を伴奏にしてこれを職業とする者も現われ、江戸期には絵解き比丘尼の存在もあった。浄土宗では五重相伝で二河白道図の絵解きを行い、他に法然上人絵伝も題材に用いられる。

【円福寺《えんぷくじ》】 浄土宗西山深草派

愛知県岡崎市岩津町檀ノ上八五。浄土宗西山深草《せいざんふかくさ》派の大本山。西山流祖証空の弟子円空立信が、建長年間に京都深草に真宗院を開創したのが前身である。永仁元年（一二九三）炎上し二世道教顕意が奈良十市郡に移す。再び焼失したので三世堯空が徳治元年（一三〇六）京都猪熊綾小路に再建した。正和五年（一三一六）花園天皇より円福寺の勅号を賜わった。その後も再三焼失し、明治十六年六十三世廓空の代、末寺妙心寺と転地交換して現在に至る。→真宗院、深草義

【閻魔《えんま》】

焰魔・夜摩とも。もとは古代インドの神話に登場し、ヴェーダでは人間は死ぬとヤマ神の司る楽土に生まれると考えられたが、やがて死者にかかわる神となった。仏教の地獄思想の発達とともに、眷属を従えた地獄の大王となり、中国に入って十王信仰とともに生前の罪悪を審判するものとなる。他に密教の夜魔天がある。これは仏教の守護神で除病、息災の利益があるという。俗に地獄の釜が開き、地獄の責苦が一休みするという正月十六日と七月十六日は、閻魔天の斎日である。この日には閻魔堂が開帳され、地獄図絵などがかかげられる。

【厭離穢土・欣求浄土《えんりえど・ごんぐじょうど》】

現実のけがれた世界を厭《いと》い捨てて、仏の住む清浄な国土を欣い求めること。厭穢《えんね》欣浄《ごんじょう》、厭欣《えんごん》ともいう。「おんりえど」とも読む。来世には阿弥陀仏の住む西方浄土に生まれたいと願う浄土教の信仰の基調となる考え方である。源信の『往生要集』（平安時代の浄土思想を体系化し、以後の浄土教発展の基となった書）の第一は「厭離穢土」で、穢土の内容を地獄・餓鬼・畜生・修羅・人・天の六道と規定し、第二「欣求浄土」では浄土には聖衆来迎などの十種の楽のあることを明らかにしている。→往生

【往生《おうじょう》】

この世で命を終って他の世界にいって生を受けること。この語はもともと広い意味の受生に用いられており、菩薩が衆生を救うために浄土から娑婆に生まれる場合も往生という。また菩薩が一仏国から一仏国へとめぐりゆき諸仏を供養し、教化することにも用いられるが、今日では多くの場合、この娑婆世界で命終して後、阿弥陀仏の極楽浄土へ生まれる意味に用いられる。

この往生については三種類に分類できる。㈠には阿弥陀仏の浄土へ往生することを説くもので、『観無量寿経』に「かの国に生ぜんと願じて三種の心を発さば即便（すなわち）往生す」と説いている。㈡には弥勒の兜率天《とそつてん》へ往生することを説くもので、『弥勒上生経』には観仏・称名・聞名などによって弥勒の兜率天へ往生することが説かれている。㈢には十方の浄土に往生するもので、『十方随願往生経』などに説かれている。このうち今日まで存続したのは㈠の極楽往生のみである。日本では法然が『往生要集大綱』に「往生というは此を捨て彼に往き蓮華に化生するなり」と述べている。浄土宗では主として今日までこの説によっている。→極楽

【往生記《おうじょうき》】

法然の撰述書。鎌倉時代前期頃成立。往生を遂げ難い素質（機）と、種々の往生する機類について説示し、往生極楽の要を説いた書。構成は四段から成り、第一段で難遂往生の機十三種の人をあげ、第二段で往生の得否要件として各四種を示し、第三段で種々念仏往生の機として、智行兼備念仏往生機・義解往生念仏往生機・持戒念仏往生機・破戒念仏往生機・愚鈍念仏往生機について二十六種の人をあげ、第四段で和語の法語「一紙小消息」を記して、もつて浄土宗往生正機として愚鈍念仏往生の機を説いている。また五重相伝においては初重の伝書となっている。→一紙小消息、往生

【応声即現】《おうしょうそくげん》

念仏の声に応じて仏が念仏する人の前に現われること。『観無量寿経』に釈尊が韋提希《いだいけ》（マガダ国の王妃）に法を説こうとしたとき、その声に応じて無量寿仏（阿弥陀仏）が空中に現われたと説かれている。これを善導が『観経疏』において「弥陀、声に応じて即現して往生を証得する」と理解したことから生じたことばである。念仏する声に応じて仏がその人の前に現われ、仏の世界に導いてくれることは、仏が人びとを浄土に迎えるために来迎することであり、仏の側の積極的な働きかけということができる。↓観無量寿経

【往生伝】《おうじょうでん》

阿弥陀仏の極楽浄土や弥勒《みろく》の兜率天《とそつてん》などへ往生した人びとについて、生前の暮しぶりや信仰の深さ、往生後のありさまなどを記し、浄土への信仰を勧める目的で書かれたもの。中国唐代の迦才《かざい》『浄土論』の中に、往生人二十人のようすを記すのをはじめとし、その後中国においては多くの往生伝が編纂された。日本においてもこの影響を受け、とくに平安時代に編纂された『日本往生極楽記《にほんおうじょうごくらくき》』『続本朝往生伝《ぞくほんちょうおうじょうでん》』『拾遺往生伝《しゅういおうじょうでん》』『後拾遺往生伝《ごしゅういおうじょうでん》』『三外往生伝《さんげおうじょうでん》』『本朝新修往生伝《ほんちょうしんしゅうおうじょうでん》』は六往生伝と呼ばれ、わが国の往生伝を代表するものである。

【往生要集】《おうじょうようしゅう》

著者は恵心僧都源信。成立年代は平安中期の九八五年。多くの経論疏の中から往生極楽の教えや実践に関する要文を選び、十大門の構成をもって編集し、自己の浄土教思想を説いたもの。その特色は天台教学を基礎としながらも善導の浄土教を受容していること、念仏説はのちに法然に批判される観念の念仏であるが一方では称名念仏の実践しやすいことを評価していること、念仏と諸行の価値を同等に見ていることである。本書は法然や親鸞に絶大な影響を与え、また浄土教美術や平安文学にも影響を与えた。

【往生論】おうじょうろん

著者は世親で漢訳者は菩提流支。成立年代は五世紀頃。正しくは『無量寿経優婆提舎願生偈』で『浄土論』ともいう。『無量寿経』という特定の経典の注釈というよりは無量寿仏とその浄土を説く経典一般の注釈書の意味。論は偈（韻文）と長行（散文）から成る。偈は往生したいと願う対象である阿弥陀仏の浄土のありさまを讃美する内容であり、長行はそこに生まれるための実践（願生行）として礼拝・讃歎・作願・観察・回向の五念門が説かれている。著者は阿弥陀浄土教に瑜伽唯識思想を導入して意義づけ、大乗菩薩道として位置づけようとしている。↓往生論註、世親

【往生論註】おうじょうろんちゅう

二巻。北魏曇鸞著。詳しくは『無量寿経優婆提舎願生偈婆《ば》藪《す》槃頭《ばんず》菩薩造並註』といい、略して「無量寿経論註」「往生浄土論」「浄土論註」「論註」ともいう。世親の『無量寿経優婆提舎願生偈』（略して「往生論」）を注釈したもの。龍樹の『十住毘婆沙論』易行品にあげる難易二道説を引用して、独自の自力他力二力説を創唱し、他力易行の法門へ展開せしめた。後世、中国・日本の浄土教思想史上に大きな影響を与え、その注釈書はすこぶる多い。

【大日比三師】おおひびさんし

法岸《ほうがん》（一七四四〜一八一五）、法洲《ほうじゅう》（一七六五〜一八三九）、法道《ほうどう》（一八〇四〜六三）の大日比西円寺（山口県）の歴代三師で、江戸時代末期に浄土律を基本として民衆の教化にあたった。いずれも防長（山口県）の人で、法岸は宝暦二年（一七五二）増上寺徹応の門に入るが捨世を決意し諸国を行脚。のち京都転法輪寺に関通《かんつう》を訪ね利他救済を発願、安永八年（一七七九）西円寺に住した。法洲は天明八年（一七八八）法岸の門に入り、各地を行脚ののち西円寺を嗣ぎ、多数の著書を著わした。法道は九歳で法洲に従い、西円寺を整備し、窮民救済にもこころがけた。のちにこの三師は浄土律大日比流の祖とされる。↓西円寺

【抑止門・摂取門】おくしもん・せっしゅもん

抑止（制遮）、摂取（受容）。仏は智慧門において悪を制し、慈悲門において善悪一切を受けいれることをいう。つまり、往生について『無量寿経』第十八願の文に「五逆と正法を誹謗するものを除く」とあり、『観無量寿経』下品下生の段には五逆十悪も往生できるとすることの相違を、善導は『観経疏』の「散善義」の中で、仏は造悪（罪をつくること）をさせないための抑止の立場、善悪の凡夫をすべて救いとるという仏の大悲による摂取の立場、の二輪をもって説明している。→摂取不捨

【おてつぎ運動】おてつぎうんどう

浄土宗総本山知恩院を中心に行われている信仰運動。「お手《て》次《つぎ》」ということばは、聖光《しょうこう》の『末代念仏授《まつだいねんぶつじゅ》手印《しゅいん》』より取ったといわれ、法然の教えを次から次へ伝える意味がある。昭和三十七年の総本山護持会運動にはじまり、三十九年よりこの名称を用いている。現代社会における念仏信仰のあり方について、旧来の檀家制度から個人中心への信仰の転換をはかっている。→知恩院

【踊り念仏】おどりねんぶつ

鉦、太鼓、鉢などをたたいて踊りながらとなえる念仏。踊躍念仏ともいう。空也上人が踊り念仏の先駆者とされるが、文献上で明らかなのは時宗の開祖一遍智真（一二三九〜八九）、一向派の一向俊聖（一二三九〜八七）である。一遍は建治二年（一二七六）信州佐久郡の武士の屋敷で踊り念仏を行った。阿弥陀仏への強い信仰、帰依の感情が踊りという行為に表現されたもので、踊躍歓喜の念仏のはじまりであった。民間に広まった踊り念仏は室町時代頃から芸能化して六斎念仏、葛西念仏、泡斉念仏、鹿島踊りなどを生んだ。また死霊・御霊の鎮魂呪術として盆行事の重要な部分となっている。→一遍、空也

か

【開経偈】かいきょうげ

無上甚深微妙法《むじょうじんじんみみょうほう》　百千万劫難遭遇《ひゃくせんまんごうなんそうぐう》

我今見聞得受持《がこんけんもんとくじゅうじ》　願解如来真実義《がんげにょらいしんじつぎ》

およそ、すべての経文を読誦する前にとなえる偈文。この上もなく幸運に恵まれて、今ここに仏法に接することができ、この機を逸せず、如来の真実義を理解し、自分のものにぜひしたいもの、と祈念する意味である。

【開眼式】 かいげんしき

彫刻、図画した仏菩薩像、位牌、石塔などを新造したり、古い尊像や位牌、石塔を修復したとき仏の魂を入れ、仏の眼を開く意味で勤める法会をいう。はじめに開眼する尊像、位牌などを安置し、香、花、供物などを献じ洒水《しゃすい》器を用意する。修法は洒水作法ののち、尊像の場合は「仏眼を具足し法性《ほうしょう》を覚了したまえ」と念じながら「開彼智慧眼《かいひちえげん》・滅此昏盲闇《めっしこんもうあん》」ととなえて眉間の白毫《びゃくごう》に三度点晴する。位牌、石塔、人像などは「霊位よ、希わくは此所に来り住せよ」と念じながら、文字ならば頭文字、像ならば両眼の間に一度点晴することが口伝となっている。わが国では天平勝宝四年（七五二）四月九日に、東大寺大仏の開眼供養《かいげんくよう》を行ったのが最初であるといわれ、以後各寺院で勤められるようになった。

【開山忌】 かいさんき

宗祖や一山、または寺院を開いた僧侶を開山と呼び、その忌日法要を指すが、宗派の開祖は祖師忌という。法然の忌日法要は、とくに御忌《ぎょき》と尊称されて知恩院では現在四月十八日から二十五日、増上寺では四月十三日から十五日にかけて盛大に営まれている。二祖聖光は久留米の善導寺で三月二十七・二十八日に、三祖の良忠は鎌倉光明寺で七月六日に行われている。忌日の法要には特別の行事が伴うことが多い。教信寺では教信の忌日に野口念仏、来迎会が、西山浄土宗の証空の忌日である西山忌には白木念仏が行われる。各宗派での開山忌、祖師忌は天台宗の六月会、真言宗の御影供、真宗の報恩講、日蓮宗のお会式、曹洞宗の道元忌、臨済宗の栄西忌、時宗の遊行忌がある。→御忌会、西山忌

【開宗】かいしゅう

新たに一宗を開立すること。浄土宗においては承安五年（一一七五）宗祖法然（源空）が唐善導の『観経疏』に啓発され、本願口称《くしょう》の念仏義に回心して、専修念仏に帰入したことをもって浄土宗の開宗としている。したがって教団の開立でなく、心の中に新しい宗旨を開立する意と解している。

【戒と念仏】かいとねんぶつ

法然は本願念仏専修を主張し、ひたすらに念仏することを説いたが、自らは円頓戒《えんどんかい》（比叡山に伝えられた戒律）を相承し、厳格に戒を保ったことが知られる。法然門下には、戒と念仏の関係について解釈の相違が生じたが、浄土宗では伝統的に、戒を保つことはすべての仏教に通じたものであり、念仏生活をおくる助けとなるものとする。↓戒念一味

【戒念一味】かいねんいちみ

西山流の用語。戒と念仏とが一味、同一であるということ。戒念一致ともいう。

持戒が止悪修善であるならば、厭穢欣浄《えんねごんじょう》（穢れたこの世をきらい浄土を欣《ねが》う）も止悪修善である。さらに、自力を捨てて他力の南無阿弥陀仏に帰することは、戒を実践する姿にほかならない。したがって念仏の相続はそのまま持戒と同じ意味をもっているというもの。また戒の本質は名号にあるともいう。

↓機法一体

【戒名・法名】かいみょう・ほうみょう

戒を受けて仏門に入った者に授ける法号であり、後世には没後に諡《おくりな》として授ける法号をいう。戒名には信士・信女、居士・大姉、禅定門・禅定尼の区別がある。信士・信女は三帰五戒を受けた者に授け、居士・大姉は在家の仏弟子として篤信者に授ける。また禅定門・禅定尼は五重相伝《ごじゅうそうでん》を受けた成人に授けるものの地域により異なる。さらに篤信で寺門功労者には院号を諡《おく》り、とくに念仏信者には誉号《よごう》が与えられる。子供には年齢に応じて童子・童女、嬰子・嬰女、孩子・孩女、死産の場合は水子をつける。僧

侶には蓮社号《れんじゃごう》、誉号、阿号《あごう》を挙げて教化者であることを示す。得度した者には法子《ほっし》をつける。近時に至り戒名は没後に諡ることが多くなっているが、本来は生前に授けるものである。↓五重相伝

【鏡御影】かがみのみえい

法然の肖像画の一つ。名称の由来は『勅伝』八に、弟子の勝法房が肖像を描き、法然の真影であるとの銘賛を所望したところ、法然は鏡二面を手に持ち、水鏡を前において項《うなじ》の前後を見合わせ、胡粉でそのちがうところを修正したという記述による。さらに後日、上人自ら『首楞厳経』にある勢至菩薩が念仏によって迷いがなく浄土に生ずる境地（無生法忍）を悟り、念仏者を浄土に帰したという勢至円通の文を賛として授けたとも記す。現在、金戒光明寺に伝わる俊秀作の像は、胡粉による修正のあとはなく、古像の写しと推考される。↓足曳の御影

【餓鬼草紙】がきぞうし

六道絵の一種。首細く、手足が痩せ、腹ばかりふくれた奇怪な姿をくり返し描いて、餓鬼道における受苦のありさまを表現した図。平安末期から鎌倉期にかけての社会混乱とそれに伴う六道信仰の布教のために製作された。藤原期の傑作に東京国立博物館蔵と京都国立博物館蔵の二本がある。前者は『正法念処経』所説の三十六種の餓鬼のうち欲色餓鬼・伺《し》嬰児《えいじ》餓鬼・伺便《しべん》餓鬼・疾行《しっこう》餓鬼・食糞餓鬼・曠野《こうや》餓鬼・食火炭餓鬼・塚間住食熱灰土《ちょうかんじゅうじきねつかいど》餓鬼・食吐餓鬼・食水餓鬼の十種を描く。後者は『正法念処経』の食水餓鬼のほか『盂蘭盆経』による目連救母物語、『救抜焔口餓鬼陀羅尼経』による焔口餓鬼など説話をとり入れている。↓六道絵

【かくし念仏】かくしねんぶつ

現在では岩手県南部に伝わる浄土真宗系の秘事法門の信仰。真宗の教義とは異なるために異端とされ地下に隠れた。秘密のうちに伝法するため土蔵に鍵をかけて行ったこともあって土蔵法門、鍵かけ法門とも呼ぶ。信者自身は「ご内法」と呼んでいる。かくし念仏は、親鸞、是心房、蓮如の弟子道西から鍵

屋宇兵衛が継いで五兵衛が組織化したものである。その特徴は「おとりあげ」と呼ぶ入信式にある。かくし念仏が真言宗の覚盛の秘密念仏による即心成仏を起源とする説もある。

【合掌】がっしょう

両手の指を揃え掌を合わせて拝むことをいい、古くからインドで行われた敬礼法の一種。インド人は右手を神聖な手、左手を不浄な手として使い分ける習慣があったが、その両掌を合わせることは人間の中にある神聖な面と不浄な面とを合一したところに人間の真実な面があるという考えのあらわれといえる。合掌の形は十二種に分類されるが、浄土宗ではその中の堅実心合掌《けんじつしんがっしょう》と叉手合掌《しゃしゅがっしょう》の二種を用いる。前者は両掌を正しく揃えて堅く合わせ、胸のあたりに斜めに保つ。後者は帰《き》命合掌《みょうがっしょう》ともいい両掌を堅く合わせ、右指を左指の上にして十指の先端を交えるが、ただし深く交えたり、指を曲げたりせず、十指が一直線になるように保つのである。

【空念仏】からねんぶつ

心がこもっておらず、口先だけで念仏をとなえること。転じて、実行が伴わないで口先だけでする、表面だけは立派な主張をいう。「から」は接頭語で、実質的なものの伴わないこと、または伴うはずのものが伴わないことの意を表わす。

【観鏡】かんきょう　?〜一二四五

浄土宗西山六流のなか東山《とうざん》流の祖。諱は証入。仁田四郎忠常の子。西山義善慧房証空に従って浄土宗義を習学し奥義をきわめる。常に上足として、師意を得ること中国の孔子門下における顔回のようであったという。京都東山宮辻子に阿弥陀院を開創し、盛んに師承を弘通し講筵をはる。その門流を東山義《とうざんぎ》、または宮辻子義という。所立の教義は五祖一轍義といわれるが、著述が現存しないので詳細は明らかでない。門弟に観日・由願・観明・覚入・蓮宿・唯覚・証仏・正乗らがいる。寛元二年七月七日寂。享年不明。→西山義

【願行具足《がんぎょうぐそく》】

南無阿弥陀仏ととなえる念仏の中に、願と行とがそなわっているという意味。善導は『観経疏』玄義分の中で、南無阿弥陀仏の念仏の中に、願と行とが具足しているから、必ず往生することができるといっている。すなわち往生の必須条件は願行具足していなければならないということを力説したことばである。

【観経疏《かんぎょうしょ》】

畺良耶《きょうりょうや》舎《しゃ》訳『観無量寿経』の注釈書の総称。「観無量寿経疏」ともいう。中国、朝鮮、日本の三国にわたって、数多くの『観経』注釈書が撰述された。現存するものとして、浄影寺慧遠『義疏』二巻、天台智顗『疏』一巻、嘉祥吉蔵『疏』一巻、善導『疏』四巻などがある。とくに浄土門では今までの誤りをただし、真実の内容を明かすという「古《こ》今楷定《こんかいじょう》の疏」と称する善導の『観無量寿経疏』を用いる。一般に「四帖疏」といい、「玄義分」「序分義」「定善義《じょうぜんぎ》」「散善義」の四巻より成る。他の諸師が自力聖道門の立場から『観経』を解釈したのに対して、善導は他力浄土門の立場から解釈を展開した。まず「玄義分」では『観経』を七門に分けて示し、「序分義」では『観経』の序分を三序六縁（あるいは二序七縁）に分けて、逐語釈をほどこし、「定善義」では正宗分十六観中、前の十三観を定善と名づけて解釈し、「散善義」は後の三観（九品）を散善と名づけて解釈し、あわせて得益分《とくやくぶん》、流通分《るずうぶん》・耆闍《ぎしゃ》分をも解釈している。注目される点は、第十八念仏往生の願をもって一切の人びとが、阿弥陀の本願に救済されるとしたことである。日本浄土教史上、源信、永観・法然の専修念仏の形成に与えた影響は大きく、その注釈書は各宗にわたり、すこぶる多い。→観無量寿経

【観経疏楷定記《かんぎょうしょかいじょうき》】

深草派道教顕意の著。全三十六巻。善導の『観経疏』を注釈したもの。略して『楷定記』と呼ぶ。法然滅後の他派の異説を正して真の浄土教を顕わすという意味。立信の『深草鈔』とともに、深草義を知

るうえには最も重要な書である。本書の序文に述作の目的を、㈠に釈尊の本懐は弥陀大悲の本願を現わして、末代の凡夫が念仏して浄土に往生することにある（一重頓教）という。㈡に善導以後の諸師の説をあげて相違を明らかにし、㈢に元祖門下の諸師の異説をあげて誤謬を正して、深草義の正統性を証明するにあるとしている。当時は各派浄土教学の勃興期で、本書に多数の異説を紹介しており、その面での資料的価値も高い。↓顕意、深草義

【観経疏私記】かんぎょうしょしき

行観覚融の書。全二十巻（十六巻、三十五巻）。善導の『観経疏』を注釈したもの。内題に『観経玄義分秘鈔』などと秘鈔の語をつけており、外題には『玄義分私記』などと、私記の題をつけている。略して『秘鈔』『鵜木私鈔』『宝幢院私記』ともいう。本書末尾に「元亨元年辛酉十一月十三日沙門覚在判」とあり、行観入寂五年前に完成したものである。

行観は西山派西谷《せいこく》義の大成者であり、本書は『選択集私記』『具書私記』の二部とともに、その教義を知るためには、最も重要な書である。主な教義として、廃立・傍正・助正の三重の法門がある。法然、証空、浄音と順次深まってきた浄土教が、行観に至って、宗門の教義として完成された。↓西山流、西谷義、行観

【観経疏伝通記】かんぎょうしょでんずうき

善導（六一三〜六八一）の『観経疏』（四帖疏）の注釈書で、浄土宗第三祖然阿良忠の著。単に『伝通記』ともいい、十五巻から成る。康元二年（一二五七）千葉県（下総）光明寺で書きはじめ、翌年三月同地の西福寺で脱稿。その後二年にわたる校訂を行い、完成まで前後三十年もの歳月をかけている。内容は経典論書のみならず、中国や日本の祖師の注釈書などまで広く引用し、法然・弁長と伝承された浄土の教義を軸に『観経疏』の全文を解釈している。後世、浄土の門流で善導の『観経疏』を読む場合の規準とされ、この書に対する注釈書も多い。↓観経疏、良忠

【願成就文】がんじょうじゅもん

『無量寿経』に説かれた四十八願のうち、第十八願が成就したことを説く文。阿弥陀仏が法蔵菩薩として修行中にたてた、人びとが極楽浄土に生まれることを願い念仏すれば往生できるようにという誓願が成就したとする。経には、「もし浄土に往生したいと願う人が、多くの仏が称讃する名号を聞いて歓喜し、また心から阿弥陀仏の極楽浄土に生まれたいと願って念仏すれば、命終に来迎をえて浄土に生まれ退くことはない。ただし、五逆罪と謗法罪を犯した者を除く」とある。→本願

【鑑知国師】かんちこくし 一一七七〜一二四七

西山流祖善慧房証空に加賜された国師号。証空は後嵯峨天皇の在位中、戒師として天皇に毎月戒を授けたので、天皇よりそのすぐれた学識をほめたたえられて「弥天国師」の勅号を賜わった。この因縁により、滅後五百五十回遠忌奉修の年の寛政八年（一七九六）八月二十日には、時の帝、光格天皇より正式の綸旨によって「弥天善慧鑑知国師」の徽号を加賜された。鑑知国師の綸旨は現在、旧京都市内の西山京都門中寺院二十七か寺が輪番で護持し、毎年古式にのっとり厳粛荘重に御祥忌を奉修している。→証空

【関通】かんつう 一六九六〜一七七〇

江戸中期の浄土律僧。尾張（愛知県）の人で、西方寺照誉に従って出家。増上寺で修学ののち、捨世の心をおこし全国を行脚。三十一歳のとき、伊勢に参籠し度世化他《どせいけた》（世を救い、人びとを教化すること）を自誓した。照誉の没後西方寺を律寺（円成寺）に改め、弟子義燈などに住まわせ、自らは尾張・三河を教化し、同地方の律寺興隆の基礎をつくった。また進んで江戸・京都で講説し、多くの寺院を創建し、律制による規則を定めた。増上寺に一切経を寄贈し、『和字選択集』を刊行するなど、勧進活動をする一方で、僧尼の剃度、在俗者の日課念仏の誓約、円頓戒の授与など顕著な活動をした。

【観音経】 かんのんきょう

『法華経』第二十五章「観世音菩薩普門品《かんぜおんぼさつふもんぼん》」と同一の経典。観音菩薩が神通力を発揮して生きとし生けるものを救済することを説く。南無観世音菩薩ととなえれば、さまざまな厄難からのがれられると説き、また観音菩薩は三十三種に変身して人びとの救済にあたる。観音菩薩は阿弥陀仏の脇侍と位置づけられ、極楽の聖衆であるから、観音菩薩をまつる寺院では、浄土三部経にあわせて本経も読誦する。→観音菩薩、法華経

【観音菩薩】 かんのんぼさつ

世間の人びとが救いを求める声を聞いて即座に救済するので観（世）音といい、変幻自在に救済するので観自在ともいう。阿弥陀三尊の一で、阿弥陀仏の左側の華座に位置する。『観音経』は、三十三種に変身する観音を説き、『華厳経』はその世界を補陀落《ふだらく》（ポータラカ）と名づける。浄土教では、阿弥陀仏を助けて人びとを救済する菩薩である。臨終には阿弥陀仏とともに来迎し、極楽浄土に往生する人を迎え入れる。『観無量寿経』は観音菩薩を観想する方法を説き、この観法を実践すれば、さまざまな禍や罪が除かれるという。→観音経

【観音菩薩像】 かんのんぼさつぞう

大慈悲をもって現世の苦難を救済する大乗の菩薩の代表の像。『法華経』「観世音菩薩普門品」では、三十三身に応現して衆生の救済にあたると説くことから諸種の観音像が生まれた。その代表として聖観音、十一面観音、如意輪観音、千手観音、不空羂索観音、馬頭観音、准胝観音の七観音が有名。浄土教では『無量寿経』に勢至菩薩とともに阿弥陀仏の脇侍として登場し、『観無量寿経』では、往生を願う者の臨終に阿弥陀仏、聖衆とともに来迎することから阿弥陀三尊像が造像された。日本では彫像、絵画にわたり最も多く製作された仏像である。飛鳥、白鳳、天平期には阿弥陀三尊の脇侍として、あるいは単独像として多くの傑作があり、平安期には六臂如意輪観音などの密教系の観音像が現われ、藤原期には六

観音像の造像が広まった。平安期には阿弥陀三尊の造立が盛んで、鎌倉期には善光寺式一光三尊像の復興がなされ、その後も多くの観音像が製作され信仰を集めた。→阿弥陀仏像

【灌仏会《かんぶつえ》】

四月八日（五月八日）の釈尊の降誕（誕生）を祝う法会。花祭り、仏生会、龍華会とも呼び、一般には花祭りとして知られる。釈尊がルンビニーの園で生まれたとき、龍王が降誕を祝して香水をそそいだとの伝承によって、花で飾ったお堂をしつらえ、その中に甘茶をたたえた小盆をおき、中央に誕生仏を安置する。参拝の人たちはたたえられた甘茶をそそいで降誕を慶ぶ。推古天皇十四年（六〇六）四月八日に行われたが、宮廷の行事としては承和七年（八四〇）以降に恒例化した。一般的な寺院の行事となったのは鎌倉時代以降である。農耕儀礼の卯月八日の行事と接触、習合して民間に拡がった。

【観無量寿経《かんむりょうじゅきょう》】

一巻。漢訳者は畺良耶舎で劉宋の元嘉年中（四二四〜四五三）に訳出されたと伝えられている。内容は阿弥陀仏と西方極楽浄土の観想について説いたもの。はじめに阿闍世王子が父頻婆沙羅王を幽閉、餓死させようと企てる王舎城の悲劇が語られる。憔悴した夫人の求めに応じて仏が浄土往生のための方法として三福十六観を説くのである。三福とは三世諸仏の浄業正因で世福、戒福、行福をいう。十六観とは日想観、水想観、宝地観、宝樹観、宝池観、宝楼観、華座観、像想観、真身観、観音観、勢至観、普観、雑想観、上輩観、中輩観、下輩観のことである。本経は浄土三部経の一つで十六観経、略して観経ともいう。本経の成立は四、五世紀頃と考えられるが、インド成立は認め難い。そこで中央アジアと中国撰述説、あるいは両者の折衷説がみられる。また中国撰述とみられる六つの観仏経典の一つ。中国、日本での末書は多いが、とくに中国では善導の観無量寿経疏の解釈論は古今楷定の妙釈といわれる。それは

本経を凡夫を救済するために観仏三昧と念仏三昧を説く経典であるとするもので、法然は浄土宗義の綱格を『観経疏』により、また本経を正依の経典としている。また本経を題材とした当麻曼荼羅等のすぐれた観経変相図の作品を生み出した。→阿闍世、韋提希、観経疏

【勘文の役】かんもんのやく

西山流祖善慧房証空が宗祖法然の弟子となって九年目の建久九年（一一九八）二十二歳のとき、法然は九条関白兼実公の懇請に応じて『選択本願念仏集』二巻を撰述したが、その際に証空は勘文の役と助筆をつとめた。勘文の役とは著者のそばで必要に応じて経釈の要文を引き、要義を談じ、また論定するところの役をいう。多くの門弟の中で証空が勘文の大役および助筆を命じられたことは、証空が深く経釈の真義に達していたがためであり、翌年の正治元年には、法然に代つて九条兼実公に『選択本願念仏集』を講じている。→証空

き

【聞いて極楽、見て地獄】きいてごくらく、みてじごく

人から聞いたのと、自分の目で実際に見たのとでは大きな相違があることのたとえ。聞いただけではまるで極楽のようなすばらしさだが、それを実際に見ると、そのひどさはまるで地獄のようだ。同類の諺に「聞いて千金見て一毛」「聞いて千金見て一文」「聞くと見るとは大きな違い」「聞いては千金より重く見ては一毛よりも軽し」がある。

【祇園精舎】ぎおんしょうじゃ

古代インドの都市サーバッティの郊外にあった僧院。現在のネパール南境に近いサヘートマヘート付近に旧趾がある。祇園は祇樹給孤独園《ぎじゅぎっこどくおん》のことで祇陀太子の樹林と給孤独長者の園の意。「孤児に食事を与える者（給孤独）」の名で呼ばれたスダッタ長者が、釈尊教団のために僧院を寄進したいと考え、ジェータ（祇陀）太子所有の園林を買い求めた。太子は長者の信仰心に動かされ、園林を提供し共同で精舎が

建立された。そこで二人の名に因んでこの名がついた。『平家物語』巻頭の祇園精舎はこれを指す。

【起行】きぎょう

阿弥陀仏の浄土に往生するために往生を願う者(願生者)が阿弥陀仏の本願が往生するための強い力となる(増上縁)としながら、自らの身《しん》・口《く》・意《い》の三つの働きによって起こすところの行をいう。安心に対する用語。法然の主著『選択集』一部十六篇について、良忠は『決疑鈔』一に、「初めに第一篇はこれ判教の大綱にして、後の一五篇はすなわち起行の綱目なり」と指摘して、起行を重要視している。

この起行は安心《あんじん》・作業《さごう》とともに善導の創説にかかり、『往生礼讃』に「いかんが安心し、起行し、作業して、定んでかの国に往生することを得べきや」という問答に、はじめて見ることができる。法然は善導の『観経疏』散善義にもとづいて、起行を正行と雑行に分判し、正行に読誦などの五種の別をたてて、これを五種正行とし、このなか第四称名正行をもって正定業とし、そのほかの第一読誦正行などの前三後一の正行をもって助業とした。雑行は阿弥陀仏に疎雑の行であるから、仏と凡夫(人間)の関係が間断することを指摘し、雑行を往生行とするには回向が必要であると説いている。→安心、五種正行

【帰敬式】ききょうしき

帰入式《きにゅうしき》ともいう。未信者または異教異宗を信ずる者が改宗して浄土宗の信者となるとき勤める儀式である。作法は本尊阿弥陀如来と仏教伝来の三国の祖師である釈尊《しゃくそん》、善導《ぜんどう》、法然などを迎えて見守る中を、教誡師より浄土宗の教え、合掌、礼拝の仕方、十念のとなえ方と受け方などの教導を受ける。まず釈尊に帰依し、説かれた教えに帰依し、教えを守って励ましあう団体に帰依することにより、毎日を明るく、正しく、なかよく生きてゆくことを誓い、実践として念仏をとなえて浄土宗の信仰に生きる決心をする式といえる。

【耆闍崛山】ぎしゃくっせん

マガダ国の首都ラージャグリハ(王舎城)の東北

にある山で、釈尊がよく説法した場所。現在のインド・ビハール州にあたる。梵語グリドラクータの音写で、鷲の峰という意味。名前の由来は山の形が鷲の姿に似ているため、または鷲が集まり常に住んでいたためで、別に霊鷲山《りょうじゅせん》、霊山《りょうぜん》とも呼ばれる。浄土教の根本聖典である『無量寿経』や『観無量寿経』とともに『法華経』や『大品般若経』もこの山で説かれた。山頂には釈尊がおられたという煉瓦積みの遺跡がある。

【記主忌】きしゅき

浄土宗第三祖然阿良忠（一一九九〜一二八七）の忌日法要。記主禅師と尊称されたので記主忌と呼ぶ。良忠は二祖聖光に師事し印可を受けて鎌倉の悟真寺（現在の光明寺）を創建して教化、著述に専念し浄土宗の教学を大成した。弘安十年七月六日八十九歳で入寂。光明寺では開山忌として、増上寺などでは記主忌と呼んで毎年七月六日に勤められる。→良忠

【機法一体】きほういったい

西山派の用語。機は衆生（人びと）の機根（宗教的能力）、法は釈尊の説いた教え（ここでは阿弥陀仏）の略で、衆生と阿弥陀仏とが一つになることをいう。善導の『観経疏』玄義分の六字釈（南無阿弥陀仏の六字の解釈）にもとづき、南無阿弥陀仏の六字の中に衆生の願と仏の行とがこめられており、機（衆生）と法（仏）は一体にして不二の関係にあるという。著者不明の『安心決定鈔』と深草派顕意の『浄土竹林鈔』に盛んに述べられている。両書の論法は、およそ三種にまとめられる。㈠生仏不二の機法一体＝法（教え）の面から見れば、弥陀の大悲心の中に衆生が包摂されており、機の面から見れば、衆生の煩悩に汚れた心でとなえる念仏も、実はあらゆる徳を完全にそなえた（万徳円満）阿弥陀仏の仏体にほかならないという。㈡願行具足の機法一体＝仏体即行であるから、仏体に衆生の願も行もすでに成就（完全にでき上がっている）しているという。㈢往生と正覚が倶時《ぐじ》の機法一体＝阿弥陀仏はあらゆる人を救

うという誓願を実現して仏となったのであるから、その誓願の成就したときに、衆生の往生も同時に成就しているという。→別願酬因、仏体即行、離三業念仏

【逆修説法】《ぎゃくしゅせっぽう》

法然述。遵西の父で外記禅門なる者が死後の往生菩提のために生前あらかじめ善根功徳を修しておく逆修を行ったときに法然が初七日から六七日（四十二日）までの六会の導師となり、その際説法したものの筆録といわれている。その内容は専修念仏の要旨を詳説するとともに、阿弥陀仏の功徳、師資相承、宗名等について種々述べられており、『選択本願念仏集』に先立つ法然の思想を知るうえで重要である。


【逆謗除取】《ぎゃくほうじょしゅ》

五逆罪を犯したり仏法を誹謗するなどの重罪人が、阿弥陀仏に救済されるかどうかということ。『無量寿経』の第十八願には「除」、つまり「五逆と誹謗正法とを除く」とあるのに対し、『観無量寿経』には

「取」、すなわち五逆罪十悪罪を犯した者の往生が説かれている。古来この矛盾について諸説があり、浄土宗の教義では、「除」と説くのはそれからの重罪を抑止する意味と解釈した善導の説をとっている。→抑止《おくし》門・摂取門

【行観】《ぎょうかん》 一二四一〜一三二五
浄土宗西山六流のなか西谷《せいこく》流の学匠。諱は覚融。仁治二年五月十八日、武蔵国に生まれる。教えを西谷流第二祖の鵜木光明寺観智に受けて、浄土西山流の奥義をきわめる。ついで京都の西谷光明寺第三世として入寺。のち巡遊して三河医王寺、常陸阿弥陀寺などを開創し、再び鵜木に帰り、光明寺付近に宝幢院を創建する。専らその教化と善導撰述書の研鑽を事とした。のち上洛して洛東禅林寺第十九世となり、西谷流義を顕揚した。正中二年五月九日入寂。八十五歳。著述に『秘鈔』（または鵜木鈔・宝幢院私記、単に私記ともいう）がある。いわゆる『観経疏私記』二十巻、『具疏私記』七巻、『選択集秘鈔』五巻、『浄土法門大図』一巻、『浄土宗法門大図名目』

一巻、『浄土童蒙指帰名目』一巻などである。→西谷義

【教行信証】きょうぎょうしんしょう

親鸞撰述。鎌倉時代の成立で詳しくは『顕浄土真実教行証文類』という。浄土真宗の立教開宗の根本聖典。内容は教・行・信・証・真仏土・仮身土の六巻から成り、経典をはじめ論や釈を広くさぐり、それらを体系的に列挙することにより、自己の教義を明らかにしている。真実の心を持てない衆生のために大行（南無阿弥陀仏）を行じ、衆生に信心を持たせ、往生、成仏させる絶対他力の本願を主張した書として知られる。→親鸞

【共生会】きょうせいかい

椎尾弁匡《しいおべんきょう》（一八七六～一九七一）を中心として起こった教化運動の団体。共生会運動は大正一年（一九一二）鎌倉光明寺において結衆が行われたのをはじめとする。宗派にとらわれず、仏教の縁起を「共生」ととらえ、『ともいき』誌を発刊し、当時の時代の要請に応えた活動を展開した。多く椎尾弁匡の宗教的人格に依った運動であるが、椎尾没後は門下の人びとによって、理念が受け継がれている。最近、社会的に「共生」の考えが一般化し、あらためて椎尾師の提唱した共生思想がその根源の一つとして、見直されている。→椎尾弁匡

【御忌会】ぎょきえ

法然（一一三三～一二一二）の忌日法要。法然は建暦二年（一二一二）正月二十五日に入滅、その後の正月二十五日、毎月の二十五日に門弟たちによって真影を拝しての忌日法要が行われたことにはじまる。知恩院の廟堂で行われたので知恩講と呼ばれた。『知恩講私記』はこの忌日会の講式である。十四世紀には御忌と呼ばれたが、大永四年（一五二四）後柏原天皇の勅命（大永の御忌鳳詔）により、七昼夜の御忌法要が定められ、明治十年（一八七七）に四月に変更された。知恩院では四月十八日から二十五日、増上寺では四月十三日から十五日に行われる。一般の寺院でも御忌、知恩講と呼んで一月、二月に勤め

られている。→開山忌

く

【空】くう

存在するすべてのものは、さまざまのものがさまざまの条件のもとに互いにかかわって成り立っているので、個々のものには実体や独存性がないこと。仏教の真理を表現することばである。空の理に立てば、西方浄土も実体性がないことになるが、中国の善導は、煩悩におおわれた人には、西方という方角を示し、浄土のありさまを具体的に示すことが大事であり、信仰心によって感得するのであるという。

【空海】くうかい　七七四～八三五

弘法大師。平安初期の僧。讃岐国（香川県）生まれ。真言宗の開祖。二十四歳で『三教指帰』を著わして仏教に帰入した。その後最澄と同期に入唐、恵果より金胎両部法を受け、密教の正統を継承、多数の経典類を得て帰国した。のち真言道場として高野山を開創し、さらに国家鎮護の祈禱道場として東寺を賜わり、綜芸種智院《しゅげいしゅちいん》を設立した。晩年高野山に入り修行、宮中で御修法《みしほ》を行じた。文学、芸術、教育、慈善等各方面に活躍。『十住心論』『秘蔵宝鑰《ほうやく》』など著述多数。法然は空海の著述にふれている。

【空号】くうごう

宗祖が法然房源空と称せられたことから、西山の流派では、この空号を宗脈または戒脈相承者に授ける。

宗祖は十八歳のとき、叡山の西塔、黒谷の慈眼房叡空の門に入り、房号を法然房、諱を最初の師僧であった源光の源と師匠叡空の空とをとって源空と授けられた。また西山流祖証空は十四歳のときに法然の門に入り、房号を善慧房と名づけられ、諱を実父の法号、証玄の証と、師匠源空の空の字をとり合わせて証空と授けられた。以後、源空より証空へ、証空より現在に至るまで、教法・戒法の法灯を受け継ぐ者には空号を授ける。→証空、西山義

【空也】くうや・こうや 九〇三～九七二

平安時代中期の民間浄土教の先駆者。つねに阿弥陀仏の名号を称えたので阿弥陀聖《ひじり》とも、市中にあって民衆教化や社会事業に邁進したので市聖《いちひじり》とも讃えられた。若年から念仏聖として諸国を歴遊し、道路や橋の整備、井戸の掘削など社会事業に貢献しつつ念仏を広めた。応和年間（九六一～六四）京都に西光寺を創建、悪疫にたおれた人々のために造立した金色十一面観音像や梵天・帝釈天・四天王像などを安置し、同寺は空也の没年までその教化の中心となった。没後五年の貞元二年（九七七）、同寺は六波羅蜜寺と改称された。杖を持ち、金鼓を叩いて念仏を勧めた空也の教化は後に踊り念仏を生んだとされる。

なお、浄土宗第七祖聖冏《しょうげい》は、『浄土真宗付法伝』においてインド・中国・日本の三国にわたり釈尊から法然へと相承する浄土教祖師として十七祖を挙げ、その日本における第二祖に空也を位置づけている。

→踊り念仏、空也念仏

【空也念仏】くうやねんぶつ

空也（九〇三～七二）の弟子平定盛が瓢をたたいて踊り念仏したのが最初である。極楽往生決定のよろこびで踊って念仏するから踊り念仏ともいい、瓢の代りに鉢をたたいたから鉢たたき念仏ともいう。空也忌（十一月十三日）や彼岸には京都空也堂で空也念仏が行われる。会津地方には空也による念仏踊りがあり、福島県八葉寺では空也念仏踊りが再興されている。会津大念仏踊りは融通寺開基の浄縁によって融通念仏化したものである。また六斎念仏を空也念仏と呼ぶともある。→踊り念仏、空也、大念仏

【弘願義】ぐがんぎ

西山流祖善慧房証空所説の教義。西山義・小坂義ともいう。証空は行門・観門・弘願という独自の教判を立て、諸経所説を自力行門、浄土三部経、別しては『観無量寿経』の所説を他力観門、観門により顕わされる弥陀の本願成就の功徳を弘願とし、凡夫往生の道は、成じ難き自力行門にはよらず、他力観

門により顕わされる弥陀大慈大悲の弘願に帰命し、報恩感謝の念のうちに歓喜の念仏生活を開くところにあると説くので、証空の所説を弘願義という。↓証空、西山義

【口訣】くけつ

口授・口伝ともいい、弟子の中でとくに選ばれた者に対し、文字や筆に表わし難い秘密の奥義を直接、口から授ける作法である。転じてその奥義を記録した文書をもいい、伝戒・伝法はこの口訣により授けられる。西山流口訣の中でもとくに八幡相承十念の口訣は面相の十念とも色身当処の十念ともいい、相伝は経釈によらずに別して口伝により、弥陀から直ちに行者へ直授されるので、この相伝に限って祖師の系譜がない。八幡相承の十念は証空が鶴岡八幡宮に参籠したとき、ちょうど七日目の暁に神殿が震動し、八幡大神が現われ、証空に面相の十念の神言を授けられたことによるもので、八幡宮の本地が阿弥陀仏であることから証空の感得は弥陀の直授とされている。↓証空

【九条兼実】くじょうかねざね　一一四九～一二〇七

鎌倉初期に活躍した貴族。源頼朝《みなもとのよりとも》の支援を受け、文治二年（一一八六）に摂政、やがて関白となり公家政権を掌握したが、建久七年（一一九六）の政変で失脚した。文治四年（一一八八）に長男良通《よしみち》を若くして失い、翌年頃から法然をたびたび自宅に招き、兼実自身はもちろん、女房や娘の宜秋門院《ぎしゅうもんいん》も受戒するなど、一家をあげて法然に帰依した。建仁元年（一二〇一）には宜秋門院が法然を戒師として出家し、翌年、兼実も同様に出家した。法然の『選択本願念《せんちゃくほんがんねん》仏集《ぶつしゅう》』は兼実の依頼によって述作されたものといわれる。↓選択本願念仏集

【弘深抄】ぐじんしょう

西山流本山義の実導者。全十巻。善導の『観経疏』を注釈したもの。実導六十六歳より七十五歳まで十年にわたって著わしたもの。他の著書よりも本山義が最も体系的に述べられている。長い間名が伝えられるのみであったが、近年になって発見された。本

書の最大の特色は、釈尊一代の諸経は未来の極悪の凡夫のために、極楽浄土を開始するための序章であるという、独特な解説（化前序の法門）にある。↓観経疏、実導、本山義

【功徳《くどく》】

すぐれた徳性。善行の結果得られる報い。ここでは、むしろ読経や念仏などによってそなわるすぐれた能力や働きのこと。長い間にわたる修行をかさね、四十八の誓願を完成した阿弥陀仏は、衆生救済の絶大な功徳を保有しており、その功徳のすべては阿弥陀という名号におさめられている。だからその名号をとなえることによって往生がかなうとされる。念仏の功徳について法然は「生けらば念仏の功つもり、死なば浄土へまいりなん、とてもかくても此身には、思いわずらう事ぞなきと思いぬれば死生ともにわずらいなし」という。

【九品《くほん》】

極楽に往生を願う人の性質や行いによって分類された九種の階位。九品往生、九品浄土などという。九種の階位とは、上品《じょうぼん》・中品・下品《げぼん》の三つのそれぞれをさらに上生・中生・下生に分け上品上生から下品下生までをいう。『観無量寿経』では、さらに往生したあとに得る功徳についても階位に応じて相違のあることが説かれている。『観無量寿経』の九品について中国では、修行のすすんだ菩薩や高位の聖者であると理解されるのが一般的であったが、善導《ぜんどう》（六一三〜六八一）は『観経疏』の中で、九品とも皆、仏が世を去ってのちの五濁《ごじょく》の凡夫（煩悩にとらわれた人）であるとした。そして上品の三人は大乗の教にあって修行する人、中品の三人は小乗の教にあって修行する人、下品の三人は悪のみを行う凡夫であるとし、おのおのその因縁の違いによって九品に分かれているにすぎないのであって、九品みな凡夫であることにはかわりなく、この凡夫が往生しうる道は本願の行である念仏によるしかないとした、法然は衆生の側に立って考えられた釈尊のたくみなことばであると示している。

【熊谷直実】くまがい なおざね　一一四一〜一二〇八

鎌倉時代初期の武士。武蔵国（埼玉県）熊谷郷の生まれ。一の谷の戦で平敦盛《たいらのあつもり》を討ったことが、のちの出家の機縁になったという。建久三年（一一九二）所領争いに敗れ出家し、やがて上洛して法然に帰依し、蓮生房《れんせいぼう》、法力房《ほうりきぼう》と号した。元久元年（一二〇四）に上品上生《じょうぼんじょうしょう》の往生（往生の中でも最もすぐれた往生）の願を立てて以降、さまざまな奇瑞を感得したり、自分の往生を予告するなど、実直で熱烈な信仰をもっていた。往生は延引されたが、再予告した承元二年（一二〇八）九月に往生したという。京都粟《あ》生光明寺《おのこうみょうじ》や熊谷寺《ゆうこくじ》などを建立したとされている。

【供養】くよう

仏や僧に供物を捧げて敬意を表わすこと。供物は灯明、花、香、飲食物などである。物質面での供養と同時に、浄土宗の教えをまもり、経典を読誦し、念仏にはげむことが仏への最大の供養となる。法要の最初には香を焚いて心身を清め、すべての仏を供養する文句をとなえる。亡き人に読経や念仏の功徳を回向するのを追善供養という。↓回向、追善供養

【黒谷上人語灯録】くろだにしょうにんごとうろく

文永十一年（一二七四）から翌十二年にかけて、了慧道光《どうこう》によって編纂された法然の遺文録。漢語十巻と和語五巻に分かれ、『漢語灯録《かんごとうろく》』には漢文体のものを二十二篇、『和語灯録』には和文体のものを二十四篇収録。さらに『拾遺黒谷語灯録《しゅういくろだにごとうろく》』三巻（漢語一巻、和語二巻）を追加のために編纂している。『和語灯録』『拾遺黒谷語灯録』には道光在世中の元亨版が現存するが、『漢語灯録』には近世になってから恵空得岸系統の写本と、良照義山《ぎさん》系統の流布本との二系統があり、両本の記述にはかなりの相違がある。↓道光

け

【加行】けぎょう

目標とする事柄を成就するための方便・行為の意。浄土宗においては宗脈・戒脈の両脈を相承し、能化

すなわち浄土宗僧侶となるための修行を意味する。
現在においては三七日すなわち二十一日間知恩院・増上寺にその道場が開設され、礼拝念仏・礼讃誦経さらに『三巻七書』等講説を聴問、信行策励し宗脈・戒脈を相承し成満する。

【華籠】 けこ

花を盛る法具。道場を荘厳する際、または本尊、諸菩薩を奉請するとき、および礼讃をとなえるときなどに散華《さんげ》供養《くよう》の花を僧侶が捧げもつものである。『阿弥陀経』に「おのおの衣裓《えこく》をもって、もろもろの妙華を盛て……」とあり、この衣裓とは、函に一本の足がついていて、花を入れて捧げもったものである。現在は真鍮製で、房紐は紅白組合わせのものが正式であるが、一般には、赤、白、青の三色を用いる。華籠をもつときは、白色が前方になるようにして胸前に保つ。→散華

【華厳経】 けごんぎょう

詳しくは『大方広仏華厳経《だいほうこうぶつけごんぎょう》』といい、六十巻、八十巻、四十巻の三種ある。仏の悟りの世界が説かれ、教主は毘盧遮那仏《びるしゃなぶつ》であり、その浄土を蓮華蔵世界《れんげぞうせかい》という。また仏になるまでの菩薩の修行を五十二段階に分けて説いている。インドの世親《せしん》は、阿弥陀仏の極楽浄土と蓮華蔵世界とは、その本質は同じであるという。観音菩薩の住処を補陀落《ふだらく》とするのは『華厳経』である。『華厳経』は阿弥陀仏による念仏往生を説かないので、法然は間接的に念仏の教えを明かす経典とする。

【血脈印信】 けちみゃくいんしん

血脈とは五重相伝や授戒会において、教法や戒法が師から弟子へと順々に絶えまなく受け伝えられる様を、人体の血脈にたとえていった言葉で、念仏の血脈をいう。その受け伝えられることを血脈相承といい、相承により教法や戒法が受者の胸奥に刻み込まれ、信心決定することを印信といい、師から弟子へと受け伝えられる血脈の系譜を書いた相承譜を血脈印信、または相承血脈譜という。西山流の五重相伝は阿弥陀如来・釈迦如来・乃至善導大師・法然上

人・西山上人・乃至伝灯師から受者へ、授戒会は盧舎那如来・釈迦如来・乃至法然上人・西山上人・乃至伝戒師から受者へと受け伝えられる。→口訣、五重相伝

【結帰一行】 けっきいちぎょう

すべてが本願口称の念仏一行に帰結しおさまる意。浄土宗教義の肝要は安心・起行・作業であるが、それぞれがすべて南無阿弥陀仏と口にとなえる念仏一行に帰結する意で、二祖弁長撰述の『末代念仏授手印』奥図にこの義が明示されている。浄土宗の伝法においてはきわめて重要な義とされている。→安心、起行、作業

【決疑鈔直牒】 けつぎしょうじきてつ

浄土宗第七祖聖冏《しょうげい》の著。二祖良忠の『選択伝弘決疑鈔』を注釈したもので、明徳四年（一三九三）聖冏五十三歳のときの作である。十巻より成る。佐竹義秀の乱を避け、常陸阿弥陀山の岩窟内において戦乱のさなかに執筆したため、参考資料とすべき典籍もなく、多く暗記していた記憶によって記したという。各巻とも最初に良忠の『鈔』の文をあげ、それに対して当時の異流諸派の説を掲示し、そのうえで正義の立場からの解釈を述べている。当時の異流諸派の教義を知るうえでも貴重な資料といえる。→聖冏、選択伝弘決疑鈔

【結婚式】 けっこんしき

結婚する男女が寺院の本尊前において、両家の先祖代々の霊牌《れいはい》を安置し、良い家庭を造成することを誓う儀式を仏前結婚式、仏式結婚という。『浄土宗法要集』によると、次第はまず、喚鐘の後、来賓、両親、親戚入堂、新郎、新婦、媒酌人入堂着座し、道場洒水、散華して道場を結界したのち、導師入堂する。三礼、奉請《ぶじょう》、表白、告諭の後、新郎五本、新婦は二本の花を仏前に献じ、懺悔、三帰、数珠授与、誓盞交歓《せいしょうこうかん》、誓詞朗読、成婚奉告、請護念偈で終了する。

【決定心】 けつじょうしん

教えに対して疑いの心を起こさず、定まって動揺しない心のこと。決定信ともいう。浄土宗では、阿弥陀仏の本願を信じて、少しの疑いもなく、その教えに信順していこうとする心をいう。法然が「決定心をすなわち深心《じんしん》と名づく」と述べていることは、本願を信ずるとともに、自分自身が無智の凡夫であると自覚して深く信じていく心が、まさしく救われることになることを示したものである。→安心

【源空《げんくう》】 →法然《ほうねん》

【遺迎院】 けんごういん 浄土真宗遺迎院派

京都市北区鷹峯光悦寺町。正治元年（一一九九）関白藤原道家が、伏見街道三の橋の南東に開創して、善慧房証空を請して開山とする。証空は当寺にて示寂する。のち後嵯峨天皇の勅願所となり、天正三年（一五七五）正親町天皇の勅命により寺町に移転する。四宗兼学、宝祚延長の道場として発展したが、天明八年（一七八八）諸堂焼失し、戦後は現在地に移り現宗派本山となる。寺号由来のもととなった弥陀・釈迦二尊像は重文である。→証空

【源智】 げんち 一一八三～一二三八

法然の直弟子。平師盛の子とされ、紀氏の親類でもある。建久六年（一一九五）法然のもとに入り、一時天台宗の慈円《じえん》に預けられたが、法然が滅するまで十八年間そばにつかえた。そして法然の臨終に際して『一枚起《いちまいき》請文《しょうもん》』を授かったと伝えられる。法然が亡くなると、四万六千人以上の僧俗貴賤の結縁者を集め、その交名《きょうみょう》を胎内に納めた三尺（約一㍍）の阿弥陀如来像を造立したり、京都知恩院の復興につとめたりした。加茂の功徳院（のちの百万遍知恩寺《ちおんじ》）に住したので加茂の上人ともいわれ、蓮寂らの弟子たちは紫野《むらさきの》門徒《もんと》と称される。知恩院・知恩寺二世。→一枚起請文、知恩寺

【顕意】 けんに ?～一三〇四

浄土宗西山流深草義の学匠。字は道教。姓は平氏、

伊集院。薩摩島津の人。義祖円空立信の教えを継いで、深草流の教学を大成した。多くの著述から記主と尊称される。十一歳のとき肥前藤津郡原山の聖達の門に入り剃髪する。のち上洛して深草の円空立信について西山義の奥義をきわめた。三十歳をすぎて、嵯峨釈迦院より竹林寺に住して大いに講席をはり、学徒多く集まり専ら著述につとめた。また真宗院、龍護院にも住した。また和歌をよくし『後撰和歌集』などに所載。著述に『観経疏楷定記』三十六巻、『浄土疑端』三巻、『深草宗要』三巻、『竹林鈔』二巻、『一乗海義』一巻など多部にわたり、弟子に凝空・道意・良恵・賢智などがいる。嘉元二年五月十九日寂。享年六十七歳（一説に六十五歳）。→観経疏楷定記、深草義

こ

【康永鈔】こうえいしょう

西山流本山義の示導が、善導の『観経疏』を講義したものを、弟子の実導が筆録し、修正したもの。全四巻。康永年間に講義されたので『康永鈔』と呼

ぶ。すべての経典は『観経』を説くために方便として説かれたもので、『観経』にこそ釈尊の本意が説かれており、それは、極悪の凡夫のために無生の浄土を教え、阿弥陀仏は衆生の往生を離れて正覚を成就し得ない仏であると知らせることにある、などと主張する。→観経疏、実導、示導、本山義

【香偈】こうげ

願我《がんが》身浄如香炉《しんじょうにょこうろ》　願我《がんが》心如智《しんにょち》慧火《えか》
念念焚焼戒定香《ねんねんぼんじょうかいじょうこう》　供養《くよう》十方三世仏

これは「わが身心を清らかにしたまえ」と念じ、香を焚いて十方三世の仏を供養するとの意味で勤行の最初にとなえる偈文である。善導《ぜんどう》の『法事讃《ほうじさん》』上巻による。阿弥陀仏に対する熱い信仰の想いが、歌となって流れ出たのである。香の浄らかな香りのようにわれわれの心も、完成された智慧を身につけ、ものの道理、真理を明らかに見きわめ、ひたすらに仏道に精進する決意をかためなくてはならない。

【幸西】 こうさい　一一六三～一二四七

鎌倉前期の浄土宗の僧。俗姓は物部氏と伝えられる。はじめ比叡山西塔南谷に住み鐘下《しょうげ》房少輔《ぼうのしょうゆう》と号したが、建久九年（一一九八）三十六歳のとき、法然の弟子となり成覚房《じょうがくぼう》と改めた。嘉禄三年（一二二七）の法難のとき、壱岐島に流罪となったが、讃岐（香川県）方面にあって配所に赴かなかったともいう。幸西は天台宗の教義にもとづいて、一念だけで往生できるという一念義《いちねんぎ》を説いたことから、のちに一念義の祖といわれた。法然門下の行空《ぎょうくう》もこの義をとなえたが、一念義は誤解を招いたり極端に走りやすく、弾圧を受ける原因になり、やがて断絶していった。

【業事成弁】 ごうじじょうべん

浄土に往生のためのさまざまの原因となっている行為（業因）が成就して往生できると決まること、つまり念仏信仰によって極楽往生が決定することで略して業成ともいう。曇鸞《どんらん》（四七六～五四二）は『往生論註』に『観経』の「具足十念」を、念を十に充たすという数の問題ではなく業事成弁の意味と解釈した。ここから念仏によりどのように往生が決まるかという論義に発展する。法然は、一念十念の念仏はみな本願に誓われた行業であるから、口称の念仏により必ず往生できると確信すべきであり、その確信によって業成するとした。また業成は臨終業成（死に臨んで極楽往生が決すること）と平生《へいぜい》業成（念仏信仰によって生前に往生が決すること）に通じるとしている。法然門流には業成につき諸説が出ている。

→往生

【光照院】 こうしょういん　浄土宗

京都市上京区新町通上立売にある浄土宗別格寺院。延文元年（一三五六）、後伏見天皇の皇女進子内親王自本覚公を開基とする。皇族が住職し常盤《ときわ》御所《ごしょ》と称される比丘尼御所の一つとして一条室町にあったが、天明の大火で焼け、持明院址に移転再建され安楽光《あんらくこう》院《いん》とも号した。江戸時代には御所の称号をゆるされたが、明治六年になって尼門跡寺院として浄土宗の別格寺に数えられ今日に至る。

【高徳院】こうとくいん　浄土宗

鎌倉市長谷にある別当寺院。寺号は清浄泉寺という。鎌倉幕府の命令により、遠江の僧浄光が勧進聖となり、暦仁元年（一二三八）大仏殿の造営がはじめられた。当初は木像の大仏（阿弥陀如来像）が安置された。ついで建長四年（一二五二）木像に代えて、金銅の大仏が鋳造された。これが現存の大仏と考えられる。高徳院は、はじめ真言宗とされ、その後、臨済宗建長寺の持分となったこともあるが、江戸時代の中頃、浄土宗の祐天《ゆうてん》が中興したので、浄土宗に改められた。→祐天

【興福寺奏状】こうふくじそうじょう

元久二年（一二〇五）、奈良の興福寺《こうふくじ》の僧侶らが法然の専修念仏《せんじゅねんぶつ》の禁止を求めて朝廷に奏上した文書。㈠新宗を立つる失、㈡新像を図する失、㈢釈尊を軽んずる失、㈣万善を妨ぐる失、㈤霊神に背く失、㈥浄土に暗き失、㈦念仏を誤る失、㈧釈衆を損ずる失、㈨国土を乱す失の九箇条から成る。元久から建永年間にかけて専修念仏者らの受けた幾度の弾圧も、こうした既成仏教との立場の相違による。

【光明会】こうみょうかい

山崎弁栄《べんねい》（一八五九〜一九二〇）のとなえた光明主義にもとづいた信仰団体。弁栄は『光明会趣意書』の中で「如来という唯一の大ミオヤを信じて、その慈悲と智慧との心的光明を獲得し、精神的に現世を通して永遠の光明に入るの教団」と述べている。弁栄の描いた三昧仏をかかげ、「如来光明礼拝儀」により礼拝し、別時《べつじ》念仏《ねんぶつ》修養会を随時行っており、今でもその影響は大である。→山崎弁栄

【光明寺】こうみょうじ　浄土宗

神奈川県鎌倉市材木座にある。浄土宗の七大本山の一つ。天照山《てんしょうざん》蓮華《れんげ》院《いん》と称す。北条氏の一族大仏《おさらぎ》朝直の帰依を受け、浄土宗三祖良忠《りょうちゅう》が佐《さ》介谷《すけがやつ》に悟《ご》真寺《しんじ》を建立したが、弟子良暁《りょうぎょう》のとき蓮華寺と改め、さらに八世祐崇《ゆうそう》のとき光明寺として現在の地に移った。

明応四年（一四九五）後土御門《ごつちみかど》天皇から綸旨《りんじ》を賜わり勅願所《ちょくがんじょ》となり、このとき浄土宗の十夜法要《じゅうやほうよう》の起源となる同法要の興行を許可された。関東総本山といわれ、関東の浄土宗発展の根拠地であったが、江戸期になると関東十八檀林《かんとうじゅうはちだんりん》の一つとして僧侶教育の道場となった。→十夜法要、良忠

【光明寺】こうみょうじ 西山浄土宗

京都府長岡京市粟生。西山浄土宗の総本山であり、法然上人二十五霊場の十六番札所。報国山念仏三昧院といい、「浄土根元地」と通称される。承安五年（一一七五）法然四十三歳のとき、浄土開宗の最初の教化地がこの地西山広谷である。その後法然の門弟熊谷蓮生房が建久九年（一一九八）、この粟生野に一庵を草創して念仏三昧院といい、開山に法然を立て蓮生は二世、のち幸阿に譲る。時に嘉禄の法難が起き、大谷の法然祖廟を改葬し、嵯峨→太秦→粟生野と移し荼毘に付した。仁治三年（一二四二）四条天皇より光明寺の寺額を賜う。四世証空以来西山義弘通の根拠地となる。その後兵乱などにより再三堂宇は焼失したが、皇室の帰依・逸材の輩出によりその都度再興された。明治九年（一八七六）浄土宗西山派本山として独立、さらに昭和二十三年（一九四八）西山浄土宗総本山となる。→西山義

【光明名号摂化十方】こうみょうみょうごうせっけじっぽう

善導の『往生礼讃』の前序の文の一節。すなわちその文に「弥陀世尊本発《ほんぽつ》の深重の誓願、光明名号をもって十方を摂化し、ただ信心求念するものをして、上は一形を尽し下は十声一声等に至るまで、仏の願力をもって往生することを得やすからしむ」という。『観無量寿経』の「一一の光明は偏く十方の世界を照らして、念仏の衆生を摂取して捨てたまわず」の経文を善導が解釈したもの。『観無量寿経』に説かれる誓願の中、第十二光明無量の願、第十八念仏往生の願にいう、名号南無阿弥陀仏を称念する十方の衆生を、阿弥陀仏は光明によって救済することをいう。

→本願

【香炉】こうろ

香を焚いて仏を供養する法具で、居《すえ》香炉と柄香炉があり、特殊なものに象の形をした香象がある。良い匂いの香気を漂わせて、悪臭を除くことは酷暑のインドでは、古来より一般に行われており、香供養具は仏教に取り入れられたものである。つぎに柄《え》香《ごう》炉《ろ》には、いろいろな形状がある。持ち方は、導師または引僧《いんぞう》のときは右手で柄の手前を握り、左手で柄の中央を受け、香炉を前方にして捧げ持つもので、侍者《じしゃ》（役者《やくしゃ》）のときは、右手で柄の手前を持ち、香炉を左の掌に受け、胸前で横に持つ。

【五具足】ごぐそく

香炉一口、花瓶一対を組合わせた仏前供養具で、本尊前大前机に置く。香炉を中心に左右に燭台、その外側に花瓶を配置する。三《みつ》具足の場合は、香炉を中心に右に燭台、左に花瓶を置くことが多い。

【極楽】ごくらく

仏の住する清らかな国（浄土・仏国土）の一つで阿弥陀仏の居住する世界のこと。どんな人でも救いとるために阿弥陀仏が建設した国土。極楽浄土・安楽世界・安養《あんにょう》浄土・西方《さいほう》浄土あるいは単に浄土ということもある。羅什訳『阿弥陀経』には「是れより西方十万億の仏土を過ぎて世界あり、名づけて極楽と曰《い》う。其の土に仏あり、阿弥陀と号す。今現に世にましまして説法す。舎利《しゃり》弗《ほつ》、彼の土を何が故に名づけて極楽と為すや。其の国の衆生は衆《もろもろ》の苦《くるしみ》あることなく、但《た》だ諸《もろもろ》の楽《たのしみ》のみを受く、故に極楽と名づく」とあり、これが現存する経典の中で極楽の語を用いる最初の経典といわれている。これ以前は安楽・安養の語が多く使用されているという。極楽がなぜ西方に位置するのかという点について、道綽《どうしゃく》（五六二〜六四五）は『安楽集』巻下に、日の没するところを死の方角と考え、これをたよりとして「法蔵菩薩は願じて成仏し、西に在りて衆生を引接」されるのであるとされている。極楽浄土の成り立ちやそのようすについては浄土三部経などに詳しく説かれるが、世親《せしん》の『往生論』には国土に十七種（器世《きせ》間《けん》）、仏に八種、菩薩に四種（衆生世間《しゅじょうせけん》）の合わせて三種二十九句の功徳荘厳相にまとめて説かれている。また懐感《えかん》（七世紀）の『群疑論』五には三十種類の特性を、『安国鈔』には二十四楽、『往生要集』巻上本末には十楽を示し、それぞれ極楽の長所を述べている。また極楽を一般浄土説の中でどのように考えるかという点について、善導は『観経疏』玄義分に『大乗同性《しょう》経』の説により「西方安楽阿弥陀仏は報仏報土」であって「仏願に託して以って強縁《ごうえん》」とすることによって、凡夫が報土（真実の悟りを得た結果、生まれる浄土）である極楽へ往生できるとする。浄土宗祖法然がこの説によることはいうまでもない。しかし法然門下の中には極楽を報土としながらも多少解釈を異にする者もある。また浄土宗以外の宗派では必ずしも報土とはせず、多くは化土（人びとを真実の世界に導く前段階として仮りに現わされた浄土）とする。→阿弥陀仏、往生、四十八願

【虚仮】 こけ

みせかけばかりで内容のないこと。うそ、いつわり。心内と外相とが違うこと、すなわち真実でないことをいう。善導（六一三〜六八一）は『観経疏』に「外に賢善精進の相を現わし、内に虚仮を懐くことを得ざれ、（中略）事蛇蝎におなじきは三業を起こすといえども名づけて雑毒の善となし、また虚仮の行と名づけ真実の業と名づけず」といい、このような虚仮の善根では浄土に生まれかわることができないと説く。

【五劫思惟】 ごこうしゆい

阿弥陀仏が悟りを開いて仏になる前の生（本生《ほんじょう》）において法蔵菩薩《ほうぞうぼさつ》と称せられたとき、『無量寿経《むりょうじゅきょう》』に説かれる四十八願をおこすにあたり、五劫の間ひとり思惟して、構える浄土やそのために修する清浄な行について工夫し思索したことをいう。劫とは非常に長い時間を示す単位。法然は、五劫を四十八願を選択し発願した時期であるとしている。→法蔵菩

薩

【小言念仏】こごとねんぶつ

古典落語の一つ、上方では「世帯念仏」ともいう。その内容は、念仏をとなえているが、その念仏の合い間に小言をいうもので、たとえば「なむあみだぶ、なむあみだぶ、おいおい、仏壇の花がしおれてしまっているではないか、なむあみだぶ、なむあみだぶ、鉄びんが煮え立ってるぜ、早くふたを切らねえと吹きっこぼれるぞ、なむあみだぶ……」といった調子で、念仏をしながら小言をいうところにおかしさがあり、本来の念仏信仰ではないが、一般人の風潮を端的に風刺している。とくに三代目三遊亭金馬が得意とした。

【古今楷定】ここんかいじょう

今までの誤りをただし、真実を明かすこと。善導の『観経疏』散善義後序の文。すなわち「某《それが》し今この観経の要義を出して、古今を楷定せんと欲す」とある。古とは善導以前に『観無量寿経』の注釈を著わした浄影寺慧遠・智顗・吉蔵などの諸師をいい、今とは善導在世当時の後継者を指す。楷定とは後世にとって正しい手本となるべく、古今の多くの釈疏の正否を決定して、正本として真実の教を明らかにすること。善導は他力浄土門の立場から、『観無量寿経』の正意は、凡夫が弥陀の願力によって、報身報土の浄土に往生することができるとした。これは諸師の釈とはまったく異なった、いわゆる古今の妙釈といわれる。→観経疏

【小坂義】こさかぎ

西山流祖善慧房証空の所説の教義をいう。証空は十四歳のときに宗祖法然の室に入り、同宿して朝夕座下に常侍し、その庭訓を受け、浄土の宗義、円戒の義趣をことごとく相承した。のちに吉水の禅室の近く、洛東綾小路東端の地である祇園の小坂の地(祇園社の南門あたり)に別房を構え、折りにふれて講席を開き、師承の法門を宣説し広めたので、小坂の善慧房と呼ばれるようになり、所説の法門は住地の名に因んで小坂義と呼ばれるようになった。証空は

建保元年（一二一三）慈円から西山往生院を譲り受けるまでここに止住した。→西山義

【五重相伝《ごじゅうそうでん》】

浄土宗の教えを五つの順序をたてて伝える法会。五重血脈ともいい、略して五重ともいう。出家に授けるのを五重伝法（略して伝法）、在家に授けるのを在家五重といい、死者追善のために縁者が受けるのを贈五重という。浄土宗七代了誉聖冏（伝通院開山）が法然から二代、三代と相伝された教えを五通りにまとめ、応永二年（一三九五）十一月八代酉誉聖聡（増上寺開山）に伝えたのが出家への五重相伝のはじめである。伝授には百十四日と長いので十五世紀に道誉貞把（増上寺九世）、感誉存貞（増上寺十世）のときに僧侶資格をとるための浅学相承と伝戒、璽書を伝える碩学相承に分けた。現在では加行によって相伝している。在家信者には岡崎城主松平親忠に三河大樹寺の勢誉愚底が授けたのがはじまりと伝える。なお、西山流の五重は浄音にその源を発し、宗義の伝授に十通の伝目を充て、これを僧侶分に伝授する

ことからはじまったが、後世さらに広く一般在家の信者にも宗義を伝えようということから、十通の中から五重を選んで相伝するに至った。

【五種正行《ごしゅしょうぎょう》】

阿弥陀仏の極楽浄土へ往生するための五種の行。阿弥陀仏を中心とした読誦・観察・礼拝・称名・讃歎供養をいう。善導の『観経疏』散善義、就行立信釈に説かれ、とくに称名正行についての部分は、法然により「浄土開宗の文」とされた。善導はこの五種の正行のうち、第四の称名正行を往生の定まる行為とし、他の四はそれを助ける行為とした。さらに法然は『選択集』において、五種正行に対し五種雑行を説き、「五番相対」と呼ばれる対比を行い、阿弥陀仏の本願にもとづいた念仏こそすぐれているとし五種正行を明らかにした。→観経疏

【五種の嘉誉《ごしゅのかよ》】

念仏する者が受ける五種類のほまれ。『観無量寿経』には、念仏する人を分陀利華《ふんだりけ》（白蓮華）にたと

えているが、善導は『観経疏』散善義においてこれを解釈し、念仏する人は好人・上々人・妙好人《みょうこうにん》・希《け》有《う》人・最勝人の五種のほまれがあるとする。五重相《ごじゅうそう》伝《でん》を承けた浄土宗の信徒が授与される誉号《よごう》は、これに由来する。→五重相伝

【五体投地】 ごたいとうち

五体（両肘、両膝、額の五つの部分）を地につけて礼拝すること。インドにおこる礼拝の最高の形式で、仏を敬うときの礼拝に用いる。浄土宗には上中下の三品《さんぼん》の礼拝があり、五体投地は上品の礼にあたり接足作礼《せっそくさらい》がつく。すなわち合掌のまま両足の指を爪立て、つぎに左膝をあげ、静かに立ち、左足を引いて両足を揃え仏を仰ぐ。続いて右膝、左膝の順に地につけ、両肘、額を地につけ、両掌を水平に仰向けて耳のあたりまであげ、接足作礼の形を保つのである。

【五念門】 ごねんもん

阿弥陀仏の極楽浄土へ往生するための五種の行で、往生ののち阿弥陀仏を見て、成就することを目的とする、礼拝・讃歎・作願・観察・回向の五門のこと。世親の『往生論』に説かれる。五門の中、とくに作願・観察の二門を中心とし、作願門では奢摩他《しゃまた》（止）を正しく修行するために一心に専ら浄土に生ずることを念じ、観察門では毘婆舎那《びぱしゃな》（観）を正しく修行するために、智慧をもって浄土の仏国土・阿弥陀仏・諸菩薩の三種二十九句の荘厳を観察すること、さらにこの修行のもとの五門に対応して、修行の結果として、念仏の結果得られた利益の五種（五門＝近門・大会《え》衆《しゅ》門・宅門・屋門・園林遊戯《おんりんゆげ》地門）を説く。曇鸞は『往生論註』でこの内容を詳しく解説し、善導は『往生礼讃』前序の中で、五念門の順序を変えて説き、わが国では、源信が『往生要集』に説く五念門説は、法然に大きな影響を与えた。→往生論

【五部九巻】 ごぶくかん

中国唐代の浄土教者善導の著作の総称。いわゆる『観無量寿経疏』四巻、『転経行道願往生浄土法事讃』（法事讃）二巻、『願往生礼讃偈』（往生礼讃）一

巻、『観念阿弥陀仏相海三昧功徳法門』（観念法門）一巻、『依観経等明般舟三昧行道往生讃』（般舟讃）一巻を合わせて五部、巻数が九巻より成る。この五部を内容より二分し、『観経疏』は『観経』の教相の注釈書であるから解義分（または教相疏）といい、他の四部は実践的内容と儀式の説明より成るので行儀分（または具疏）と称する。さらにこの行儀分を二つに分け、『観念法門』は観仏・念仏両三昧の教・行が具体的に説かれているので教法とし、『往生礼讃』は尋常行儀、『般舟讃』では別時行儀、『法事讃』には臨終行儀がそれぞれに述べられているので行法という。善導の著作をこのように分けてとらえるのは善導の著作が教行二門（理論と実践）の両面から成り立っていることを物語っている。しかし、近年では『観念法門』の後半部分を『五種増上縁義』とし、合計六部九巻とする説がとなえられている。この著述順序は明らかでない。この五部（六部）は早くより中国より将来され、印行も正安四年（一三〇二）をもって嚆矢とする。→観経疏、善導

【金戒光明寺《こんかいこうみょうじ》】 浄土宗

京都市左京区岡崎黒谷町にある浄土宗大本山。山号は紫雲山。新黒谷ともいう。法然上人の「没後遺誡文」にある「白川本坊」の旧址で、円頓戒《えんどんかい》の法統とともに信空《しんくう》に受け継がれたという。九世定玄は万里小路仲房の子で清浄華院との両寺を兼帯してからは公家衆からの信仰を厚く受けるようになった。応仁の乱の後は十七世理聖が寺観を旧に復し中興と称された。その後二十二世道残が清浄華院から晋山すると清浄華院との本末争いの中で無本寺としての興隆を示すようになり、江戸時代を通じて浄土宗四箇本山の一つに数えられた。

【金光房《こんこうぼう》】 一一五四～一二一七

鎌倉時代の人、筑後竹野《たかの》郡石垣（福岡県浮羽郡田主丸町）の出身。幼い頃当地の石垣山観音寺で出家し、のち比叡山に登り、帰郷して観音寺の別当となる。寺の領地のことで鎌倉へ訴訟に出かけて法然の門弟安楽房に会い、『選択集《せんちゃくしゅう》』（選択本願念仏集）の

講義を受けて法然の門下となる。のち法然の依頼により奥州へ念仏布教の旅に出る。宮城県栗原郡に往生寺を、岩手県遠野市に善明寺を、同花巻市に広隆寺を、同水沢市に真城寺を、秋田に金光寺を建て、青森の藤崎・飯詰・市浦等で教化を行い、最後は浪岡で没したと伝えられる。享年六十三歳。現在、遺跡寺院として前記のほか浪岡西光院、弘前西光寺、藤崎摂取院等があり、浪岡には墓地がある。

【今昔物語集《こんじゃくものがたりしゅう》】

三十一巻(現存本は三巻を欠く)。説話集。撰者未詳。成立未詳、上限は保安元年(一一二〇)、下限は限定できる資料はない。構成は天竺《てんじく》(インド)・震旦《しんたん》(中国)・本朝(日本)の三部編成。天竺部(巻一〜五)は釈迦伝・本生譚・譬喩譚、震旦部(巻六〜十)は中国への仏教伝来創始譚・諸仏諸経の霊験利生譚・因果応報譚・世俗孝養譚・歴史譚、本朝部(巻十一〜三十一)は日本への仏教伝来弘通譚・高僧行状譚・諸大寺建立縁起譚にはじまり、霊験功徳譚・往生譚・観念利益譚・因果応報譚と続き巻二十一からは世俗

譚となる。説話配列は国別、主題別に類聚しさらに仏法から世俗へと展開され集大成されており、念仏の功徳も広く示されている。

さ

【罪悪生死の凡夫《ざいあくしょうじのぼんぶ》】

自らの造った罪や咎《とが》、あるいは煩悩などによって生まれ変り死に変りをくり返している人びとのことで、広くは現実に生活している人びとすべてをいう。善導《ぜんどう》は『観経疏』散善義に「自身は現に是れ罪悪生死の凡夫、曠劫《こうごう》より已来《このかた》常に没し常に流転して出離の縁有ることなし」と述べている。

【西円寺《さいえんじ》】

山口県長門市大日比にあり、江戸時代の末に法岸・法洲・法道のいわゆる大日比三師が歴住した寺院。開山は心蓮三誉というが詳細は不明。安永八年(一七七九)法岸が住職したときは檀家も三十軒ほどの寺であったが、文化九年(一八一二)に法洲、文政七年(一八二四)に法道が入寺して堂宇を整え、

関通以来の浄土律と専修念仏で漁村大日比の地を大いに教化、近隣を伝道した。西円寺はその拠点で、今日残る伽藍は法道の功になるものが多い。尼僧のための法船庵や法蔵、無常院のほか関通をまつる廟塔などを今日に伝える。→大日比三師《おおひびさんし》

【最澄《さいちょう》】　七六七～八二二

伝教大師。平安初期の僧。近江（滋賀県）の生まれ。日本天台宗の開祖。はじめ南都仏教を修学し、のちに比叡山に籠り今日の延暦寺の前身となる一乗止観院（根本中堂）を開創した。その後入唐し、道邃より大乗円頓戒、行満より中国天台の奥義を授かり、その他禅の付法、密教金胎両部の伝授を受け、多くの典籍をもたらした。帰国後、天台法華宗を開創した。さらに比叡山に大乗戒壇の設立を願い出、寂後に勅許を得た。法然は比叡山で修行し、そこから新しい浄土の教えを広めることとなっただけに銘記しなければならない。著書に『山家学生式』『守護国界章』『顕戒論』等多数がある。

【西方指南抄《さいほうしなんしょう》】

法然の著述・法語・書簡類や伝記などを編集した書。編者不明。成立年も不明であるが親鸞が書写しているので鎌倉時代に作られたとはいえる。原本は現存せず親鸞書写本によって知られる。二十八篇が収録されており、同類の書で最大部の『黒谷上人語灯録』と共通のものが多いが、伝記の『源空聖人私日記』などは他に見られない。法然の言行を知るうえで欠かすことのできない貴重な書である。親鸞自身が編集したという説もある。→黒谷上人語灯録

【嵯峨義《さがぎ》】

嵯峨義は西山四流の一流にして、開祖は道観房証慧（一一九五～一二六四）。証慧ははじめ東山義の観鏡につき、のち西山流祖証空の門下に入り法門を学び、寛元年中に盛んに法を弘めた。証慧の法門を聞き、帰依した後嵯峨帝は嵯峨の小倉山二尊院の境内に浄金剛院を建て、証慧を開山となした。以来、証慧はここに住して浄土教を宣揚したので、この流義

を嵯峨義という。証慧の著書として現存するものに『浄土名目』二巻、『曼荼羅縁起抄』一巻がある。証慧滅後、門人の覚道・円道などが法灯を継いだが、その後、南北朝時代の末には嵯峨義の教勢衰え、法灯を絶つに至る。→道観

【策伝忌】さくでんき

浄土宗西山深草派総本山誓願寺において、当寺第五十五世、安楽庵策伝（一五五四～一六四二）の遺徳をたたえて毎年十一月の第二日曜日に行われる法会。このときには策伝ゆかりの落語の会と献茶の会があわせて催される。策伝は茶人・文人・咄家としてもすぐれ、落語の始祖として上方落語・江戸落語の先駆をなした。晩年に『醒睡笑』八巻を著わし、板倉重宗に呈した。また誓願寺境内に竹林院を創建して隠居し、小堀遠州作の八窓の茶室を造り、風流の人士を招いて茶事をなし、自ら安楽庵と号し、寛永十九年（一六四二）正月八日、八十九歳にて寂す。

→誓願寺

【作業】さごう

念仏信仰者としての心構え（安心）と実践すべき五種の行い（起行）を毎日の生活の中でどのように実践していくべきかということの規定をいう。その規定には恭敬修《くぎょうしゅ》・無余修《むよしゅ》・無間修《むけんじゅ》・長時修《じょうじしゅ》の四種があり、これを四修《ししゅ》という。恭敬修とはまた慇重修《おんじゅうしゅ》ともいい、仏菩薩に対して身心ともに敬いの態度を保つことをいい、これをさらに細分して、㈠有縁《うえん》の聖《しょう》人《にん》（弥陀・観音・勢至）、㈡有縁の像教《ぞうきょう》（仏像や浄土三部経等）、㈢有縁の善知識《ぜんちしき》（浄土の信仰へ導く人）、㈣有縁の同伴（念仏の仲間）、㈤広く一切の三《さん》宝《ぼう》（仏・法・僧）等をそれぞれ敬うべきであるとする。無餘修とは浄土宗の五つの正行《しょうぎょう》（五種正行）を中心とし、他の行は行わないようにする。無間修とは、念仏行を跡絶えることなく続けるようにする。たとえ煩悩のために一時的に跡絶えても、すぐに懺《さん》悔《げ》をすればよい。念仏は懺悔の行ともなるので、できるだけ懈《おこた》らずに念仏行を続けるようにする。長時修とは浄土の教えに帰依してから臨終に至るまで、

前の三修を絶やさずに保ち続けるようにする。これらの四修はどれが一つ欠けてもいけないのであるが、法然の釈ではとくに中心となるのが無間修と長時修であるとする。→安心、起行、五種正行

【三縁】 さんえん〈さんねん〉

称名念仏する者だけが受ける利益《りやく》を、阿弥陀仏との関係において、親縁《しんねん》・近縁《ごんねん》・増上縁《ぞうじょうえん》の三種で表わしたもの。親縁とは、一切衆生（あらゆる人びと）の救済を願う仏と、浄土往生を願う念仏者とがきわめて親密な関係であることを表わす。近縁とは、衆生の念仏の声に応じて、仏は時と所を問わず目前に現われることをいう。増上縁とは、衆生の浄土往生の障害となる遠い過去世からの罪が念仏によって除かれ、臨終には仏が来迎《らいこう》して必ず往生することを表わしている。→応声即現、摂取不捨

【三巻七書】 さんがんしちしょ

浄土宗の五重伝法における伝書三部三巻とその末注疏五部七巻を併合した呼称。法然撰述の『往生記』、弁長撰述の『末代念仏授手印』、良忠撰述の『領解末代念仏授手印鈔』の三部三巻を『三巻書』と称し、その末疏である聖冏《しょうげい》の『往生記投機鈔』『授手印伝心鈔』『領解授手印徹心鈔』各一巻と、良忠の『決答授手印疑問鈔』、聖冏の『決答疑問銘心鈔』各二巻の五部七巻を『七書』と称し、合して『三巻七書』としている。とくに『三巻書』は五重相伝において各々初重・二重・三重に配され、浄土宗伝法のうえで最要の書とされている。→五重相伝

【散華】 さんげ〈さんか〉

仏を招いたり、讃えるために華をまき散らして供養すること。また、まく華を指す。特殊法会の次第にある散華《さんげ》というのは聲明《しょうみょう》のこと。法会のとき仏前に華をまき供養することは古来より広く行われた。元来は樒《しきみ》の葉、菊などの生花であったが、現在では蓮弁形に切った五色の紙の花を用いている。法会の種類により蓮弁の紙の色をかえることがあるものの、普通は五色のものを五枚あるいは数十枚を華籠《けこ》に盛り、偈頌をとなえながら一〜二枚ずつまく。まき方

は右手を伏せて人差指を下に、中指を上にして華をはさみ、そのまま捧げ、続いて掌を仰向けて華籠の右前方に出し、静かに華を離す。次第の中で四奉請《しぶじょう》、礼讃行道、道場散華、散華という聲明の中で作法が行われる。→華籠

【懺悔偈】さんげげ

我《が》昔《しゃく》所《しょ》造《ぞう》請《しょ》悪《あく》業《ごう》　皆《かい》由《ゆう》無《む》始《し》貪《とん》瞋《じん》痴《ち》
従《じゅう》身《しん》語《ご》意《い》之《し》所《しょ》生《しょう》　一《いっ》切《さい》我《が》今《こん》皆《かい》懺《さん》悔《げ》

この偈文は、『華厳経《けごんぎょう》』普賢行願品、第四十所説の一節からの引用であって、ここでいう懺悔とは、自分の犯した過ち、むさぼり（貪《とん》）、いかり（瞋《じん》）、おろかさ（痴《ち》）を悔い改め、み仏に許しを請《こ》うという意である。浄土宗においては、ただ阿弥陀仏の名号のみをとなえるところにもおのずから懺悔が生まれる、という考え方がある。善導《ぜんどう》も『般舟讃《はんじゅさん》』の中で「専ら弥陀の号を念ずるには如《し》かず。念念の称名は常の懺悔なり」と述べ、念仏あるところ、常に懺悔の生活が生まれ、自己の反省がなされるのであると力説している。

【三鈷寺】さんごじ　西山宗

京都市西京区大原野石作町。善峰寺の北尾にある。承保元年（一〇七四）善峰寺の源算がその西北に一宇を創建し、北尾往生院と名づけた。その後一時衰退したが、応保年中に法橋観性が住して復し、曼荼羅・遣迎二尊を安置する。建久元年観性の入寂にあたり慈円に譲与した。その後承久元年（一二一九）西山流祖証空は慈円より譲り受けて四世として入寺する。証空は藤原家一門の経済的援助を背景として、不断念仏などを行い浄土の教えを弘めた。証空没後遺骨を納めて華台廟と名づけ、宇都宮蓮生が多宝塔を建てた。その後、長空・円空などの高弟が相続して西山本流の円戒相承が行われた。建武二年（一三三五）勅命により四宗兼学の道場となったが、応仁の乱など数度の兵火に遭い、灰燼に帰した。その後一部が復興し、現在に至る。

【三時知恩寺】さんじちおんじ　浄土宗

京都市上京区新町通上立売にある浄土宗別格寺院。

十四世紀末頃、後光厳天皇の皇女見子内親王が崇光天皇の旧御所・入江殿を賜わって寺とした。『親長卿記』によればすでに文明年間には「三時知恩院」と見え、所伝にあるように後柏原天皇の勅により昼に三回の勤行をしたので三時知恩寺の称があるのは疑問である。また中世の記録類には「三時知（智）恩院」と記される例が多い。正親町天皇のときに現在地に移転し、現在も尼門跡寺院とされている。

【三身即一】さんじんそくいつ

仏の性格や働きを三つの方面からとらえて、通常、法身《ほっしん》（真理・悟りそのもの）・報身《ほうじん》（菩薩が誓願をおこして実践し、その報いを得て仏となった）・応身《おうじん》（人びとを教化するために相手に応じて現われる仮の仏のすがた）の三身で表わすが、それらが別々の仏身ではなく、一仏に具わっているということ。阿弥陀仏については、他の諸仏に対する独自性を示すため、法蔵菩薩時代（阿弥陀仏が仏となる前に衆生済度を願って修行した時代）における誓願と修行が報われて、あらゆる功徳をそなえた報身の仏であることが強調される。しかし本来、一切の仏が三身をそなえ、悟りの内容やそなえる功徳は平等であって、阿弥陀仏も例外ではないとの見方を表わしている。

→阿弥陀仏

【三身礼】さんじんらい

南無《なむ》西方《さいほう》極楽《ごくらく》世界《せかい》　本願《ほんがん》成就《じょうじゅ》身《しん》阿弥陀仏《あみだぶ》
南無西方極楽世界　光明《こうみょう》摂取《せっしゅ》身《しん》阿弥陀仏《あみだぶ》
南無西方極楽世界　来迎《らいこう》引接《いんじょう》身《しん》阿弥陀仏《あみだぶ》

本文は日常勤行で経の利益をあげて大いに広める部分である流通分《るずうぶん》（日常勤行は経の説かれる理由を明らかにする序分《じょぶん》、経の主要な部分の正宗分《しょうじゅうぶん》の三《さん》分《ぶん》の配当という分け方で全体を三分に分けている）に出る一節で、阿弥陀如来の三つの徳行をたたえたものである。第一に本願を成し就げられたこと、第二に、慈悲の光明でわれわれを救済したもうこと、第三に、臨終に臨んで彼の極楽国より来迎《らいこう》してくださることの三つである。この三徳に対して報恩感謝の念、願いをもって心からとなえる偈文である。

【三途の川】 さんずのかわ

罪人が死後、闇黒の世界である冥土《めいど》にいく途中死後初七日に必ず越えなければならない川をいう。川には流れの急緩によって三つの瀬があり、生前の罪業によって渡るところが異なるという。また、川のほとりには奪衣婆《だつえば》と懸衣翁《けんねおう》がいて、亡者の衣服を奪いとって衣領樹《えりょうじゅ》にかけ、その枝の垂れ方により罪の軽重が知られるという。こうした考えは道教の冥府信仰と仏教の地獄思想や地蔵十王信仰が結合してできあがったと思われる。

【三千大千世界】 さんぜんだいせんせかい

全宇宙を表わすことば。古代インドの宇宙観では世界の中心に須弥山《しゅみせん》があり、その周囲に九山八海、四大洲、日月星、さらに六道があってこれで一世界が構成される。一世界が千集まって小千世界、小千世界が千集まって中千世界、中千世界が千集まって大千世界ができる。大千世界は小千、中千、大千の三種の千世界からできているので三千大千世界という。『阿弥陀経』には、阿弥陀仏の功徳《くどく》をもろもろの仏が讃歎して「広長の舌相を出しあまねく三千大千世界を覆う」と説く。

【三念仏】 さんねんぶつ

三部経読誦《どくじゅ》により阿弥陀仏の功徳の超世たることを聞き、報恩感謝のあまりに思わずとなえ出されてくるところの歓喜の念仏を、三たびとなえることを三念仏という。善慧房証空はその著『述誠』に、「我等は常没常流転の悪ながら、やがてその心の底にこれを捨て給わぬ仏の慈悲の万徳が充ち満ちたりけるよと思う故に、あまりのうれしさに、南無阿弥陀仏と称うるなり」と念仏について述べる。三念仏は機法一体、弥陀三昧の心境にてとなえるものであり、となえ方は一称目は句頭《くとう》にて金子を打ち、以下同唱にて二称する。

【三輩】 さんぱい

極楽往生を願って修行する人びとの三種の区別。『無量寿経』に「十方世界の諸天人民、それ至心ありてかの国に生ぜんと願ぜば、凡《およ》そ三輩あり」として、その人が本来もっている機根と、それにもとづく行の種類によって上輩・中輩・下輩に分ける。こうした区別は、『観無量寿経』に「九品《くほん》」が説かれているが、法然は『選択集《せんちゃくしゅう》』四において、この三輩と九品とは開合（分解と結合）の違いであり、同一のものであるとする。→九品

【三部経釈】さんぶきょうしゃく

法然撰。帰依者のひとりである俊乗房重源の懇請により東大寺において文治六年（一一九〇）南都諸宗の学僧を相手に『無量寿経』『観無量寿経』『阿弥陀経』の浄土三部経の一々について講述した講本といわれている。『東大寺講説三部経釈』『浄土三部経釈』『三部経私記』等ともいわれる。『無量寿経釈』『観無量寿経釈』『阿弥陀経釈』の三部より成り経文にそって解釈しながら往生浄土の法門を説き明かしたもの。また『逆修説法』『選択本願念仏集』に先立つ法然の念仏思想を見るうえで重要な一書である。
→阿弥陀経、観無量寿経、無量寿経

【三福】さんぷく

『観無量寿経』の序分に説かれる世福・戒福・行福の三種の福業のこと。世福は父母に孝養を尽くす等の世間的道徳、戒福は戒律を守る仏教的道徳、行福は菩提心を発して法を信ずる等の宗教的善業をいう。法然は『選択集』十二に、この三福と、同じ『観無量寿経』本文に説かれる九品とは、開合の違いであって本質的には同じであるとする。→九品

【三宝】さんぽう

仏宝・法宝・僧宝の三で、三宝に帰依することにより仏教徒の資格が生まれる。仏宝はすべての仏、法宝は仏の教え、僧宝はその教えを実践するものである。法然は仏の説かれた教えの中から念仏の一行を選びとったのであるから、阿弥陀仏と、念仏の教えと、念仏の実践者の三宝がとくに大事である。阿弥陀仏の像、浄土三部経の経巻、念仏者の像も、念仏信仰を助けるから第二義的な三宝である。三宝の精神を、あかるく(仏)、正しく(法)、なかよく(僧)

と表現することもある。

【三法印】 さんぼういん

仏教の根本規範となる三つの真理で、諸行無《しょぎょうむ》常《じょう》・諸法無《しょほうむ》我《が》・涅《ね》槃寂静《はんじゃくじょう》の三項目をいう。仏教以外の宗教、哲学に対して教えの独自性を明らかにすることから法印、つまり真理の旗じるしといわれる。諸行無常は、一切の現象は常に変化し、ついには壊滅するということ。諸法無我は、一切の存在は永久不変で実態的な主体をもたないということ。涅槃寂静は、前二項目の真理を悟って煩悩《ぼんのう》の消滅した境地は平安であるということ。これに一切皆苦《いっさいかいく》（すべては苦である）を加えて四法印という。

【三宝礼】 さんぽうらい

一心敬礼《いっしんきょうらい》　十方法界常住仏《じっぽうほうかいじょうじゅうぶ》
一心敬礼　十方法界常住法
一心敬礼　十方法界常住僧

仏、法、僧の三宝《さんぽう》を信じ、心から敬まう態度、気持を称《たた》えた偈文である。中国宋時代の遵式《じゅんしき》が著わした『往生浄土《おうじょうじょうど》懺願儀《さんがんぎ》』に出典を見る。仏とは、覚った人、覚者すなわち釈尊を指す。法は釈尊の説いた真理をいい、僧とは仏教教団の人びとの集団のことである。法要での三宝礼の礼拝は、正式には、五《ご》体投地《たいとうち》、接足作《せっそくさ》礼《らい》といった上品礼《じょうぼんらい》と定められている。→三法印

【三昧発得】 さんまいほっとく

心を一箇所に集中させて散乱させない状態を三昧といい、修練によってその境涯を体得することを発《ほっ》得《とく》（発定《ほつじょう》）という。善導（六一三〜八一）の『観念法門』に「若《も》し定心《じょうしん》三昧を得れば、心眼即ち開きて彼の浄土の一切の荘厳《しょうごん》を見る」といい、浄土宗では専ら阿弥陀仏の名をとなえることによって、浄土の荘厳や仏身等を観見する境涯を指して念仏三昧発得とする。法然は善導や懐感《えかん》（七世紀の中国僧）を三昧発得の人として敬仰している。→善導、懐感、念仏利益

【椎尾弁匡】しいお べんきょう 一八七六～一九七一

浄土宗大本山増上寺《ぞうじょうじ》第八十二世。近代仏教界の指導者。文学博士。愛知県春日井庄内村円福寺に生まれる。浄土宗高等学院を経て東京帝国大学を卒業。宗教大学（現大正大学）教授、早稲田大学講師、東海中学校校長、日本大学教授、大正大学教授などを歴任、大正大学学長を勤める。仏教学の分野においてすぐれた業績を残し、後学の指導にもあたった。また念仏弘通には共生運動を進める中で、社会運動にも活躍し、当時の仏教界をリードした。さらに昭和三年（一九二八）から三期国会議員として政界でも活動した。代表的著作は『椎尾弁匡選集』十巻に収められている。→共生会

【食作法】じきさほう

僧侶の食事に際して行う作法をいう。『浄土宗法要集』によると、まず、施主除災福の文、つぎに十仏名、以下、般若心経、展鉢偈《てんぱつげ》、受食《じゅじき》偈、呪願《じゅがん》偈、五《ご》観《かん》、正食偈、当得《とうとく》、出生食偈、誓願、十念《じゅうねん》と次第する。しかるのちに食事がすむと、食訖《じきこつ》偈をとなえ十念というのが第一式である。一般用としては、食前のことば「みひかりのもと、今、この浄《きよ》き食を受く。つつしみて、天地の恵を感謝いたします」ととなえ、食し終って「ごちそうさま」十念、（合掌）とする第二式がある。→十念

【地獄草紙】じごくそうし

六道の一つである地獄道の惨苦を描いた図。平安末期から鎌倉期にかけての社会不安と六道信仰の流行を背景として製作された。藤原期の作品に奈良国立博物館蔵、東京国立博物館蔵の二種の傑作がある。前者は『起世経』の八大地獄に説かれる十六別所のうちの七別所（屎糞所《しふんしょ》・函量所《かんりょうしょ》・鉄磑所《てつがいしょ》・鶏地獄《けいじごく》・黒雲沙《こくうんしゃ》・膿血所・狐狼地獄）を題材としたもので、同草紙の断片（銅釜所一段）はボストン美術館所蔵。後者は『正法念処経』の叫喚地獄に説かれる十六別所のうちの四別所（髪火流《ほっかる》・火末虫《かまっちゅう》・雲火霧《うんかむ》・雨炎《うえん》火石《かしゃく》）を描いたもの。→六道絵

【地獄の沙汰も金次第】じごくのさたもかねしだい

死後、地獄の閻魔王のもとで受ける審判もお金によってどうにでもなるというくらいであるから、この世ではすべて何事もお金により有利になるという諺。『法華経直談抄』六には「常の人の言う地獄の沙汰も銭がすると言うは、かりそめながら、実義に叶ひたる事也」とある。「地獄の沙汰も金」「地獄極楽金次第」「地獄極楽の道も銭」も同じ。

【師資相承】ししそうじょう

師から弟子に法門を伝授し、受け継いでゆくこと。法然は『選択本願念仏集』第一章の私釈段で「道綽善導の一家に依って師資相承の血脈を論ぜば」として、浄土宗の師資相承について『安楽集』所説による六大徳相承（菩提流支・慧寵・道場・曇鸞・大海・法上）と、『続高僧伝』『宋高僧伝』によるとして浄土五祖相承の二説をあげている。また『逆修説法』にも同様の説が見られる。→浄土五祖

【四十八願】しじゅうはちがん

阿弥陀仏が法蔵菩薩として修行の過程にある間（因位《いんに》）に起こした四十八に及ぶ誓願。法然は『選択集』三に「諸仏おのおの総別二種の願あり」といい、四弘誓願を総願とし、四十八願を阿弥陀仏の別願といっている。六八弘《ろくはちぐ》誓《ぜい》（願）ともいう。本願の数については、漢訳『無量寿経』の異訳経典、および梵文、チベット文では必ずしも一様でない。すなわち支婁《しる》迦《か》讖《せん》訳『平等覚経』・支謙訳『大阿弥陀経』は二十四願、康僧鎧訳『無量寿経』・玄奘訳『無量寿如来会』は四十八願、法賢訳『無量経荘厳経』は三十六願、梵文が四十六願、チベット文が四十九願となっている。

この本願の内容は救われるべき凡夫（人）を中心とするもの、浄土そのもの(国)、浄土にある仏(仏)を中心とする三種に大きく分けられるが、その解釈は古来から数多くある。善導は四十八願中の第十八願（念仏往生願）を重視するのである。法然は善導の影響を受けて、『選択集』六に「四十八願の中にす

でに念仏往生の願をもって本願中の王となすなり」と指摘してこれを重んじ、選択本願念仏の聖意を明らかにした。→本願

【璽書道場】じしょどうじょう

浄土宗宗侶に対して伝法の最奥義を相伝する道場のこと。璽書とは元来は天子の印をおした書の意であるが、浄土宗においては宗戒両脈を相承した宗侶に対して、さらに後日奥義三箇条を相伝する伝法を意味し、その道場を璽書道場という。第二次大戦の頃付法道場と名称を変更したが現在は復している。現在は知恩院・増上寺で年一度開設されている。

【四誓偈】しせいげ

『無量寿経』上巻所説の経偈であって、浄土宗の僧俗ともによく読誦されているものである。この経は五字一句、四句詰《づめ》の十一行にて構成され、内容は、阿弥陀仏の前身である法蔵菩薩《ほうぞうぼさつ》が立てた四十八願を凝縮したもので、誓不成正覚（誓って正覚を成ぜじの意）の文が三度連続して説かれているところから、三誓偈《さんせいげ》ともいわれるが、最終行にある斯願若克果《しがんにゃっこっか》（斯の願若《も》し克果せば）の「斯願」をもって四誓偈というのである。日常勤行中に、小経《こぎょう》として用いる。→四十八願

【地蔵菩薩】じぞうぼさつ

釈尊なきあと弥勒仏が出現するまでの間、六道の衆生救済を託された菩薩。六地蔵は六道のそれぞれを救済する意味。中でも最も苦しい地獄道の救済に特色がある。また出産や嬰児の擁護を誓った菩薩でもあり、日本では延命地蔵としても信仰を集める。普通は剃髪した僧形で、左手に宝珠、右手に錫杖を持つ。観音・勢至、龍樹とともに阿弥陀仏の脇侍となり、これを弥陀の五仏という。また阿弥陀仏の分身とも、阿弥陀仏の前身の法蔵菩薩ともいわれる。地蔵和讃も作られるに至った。→六道

【地蔵菩薩像】じぞうぼさつぞう

釈尊滅後の無仏の時代に六道の衆生を救済すると信じられる菩薩の像。像容は、比丘形もしくは声聞

形で宝珠および錫杖を持つ像が一般であるが、声聞形で盈華形を持つもの、両手に鉢を持つもの、また胎蔵界曼荼羅では菩薩形で描かれる。中国では五世紀頃から地蔵信仰が行われ、隋唐期には道教思想と結びつき地蔵十王の経典や図が描かれるようになった。日本には奈良時代に地蔵経典が伝わり、天平期の『東大寺要録』に造像の記録が見え、様式上は五種類ほどに分類される。地蔵像の古式を伝えるものに広隆寺講堂の声聞形坐像、法隆寺蔵の立像がある。宝珠のほかに錫杖を持つ像が現われたのは平安後期からで、六道救済のために巡行する地蔵の性格が知られてからである。このほかに半跏像のものも多く、風変りなものに裸形像もある。絵画では、最古のものとして矢田地蔵をモデルにした知恩院蔵の立像、雲中の方形台座に坐って小休止する姿を描いた醍醐寺蔵坐像、また浄土教の影響を受けた来迎形式の地蔵図も現われた。→地蔵菩薩

【地蔵盆】じぞうぼん

盆月の二十四日に行われる地蔵菩薩縁日の行事。地蔵会、地蔵祭ともいう。地蔵は冥界と現世の六道の衆生を救済する菩薩として信仰されてきたが、鎌倉期頃から日本古来のサエの神信仰と重ねられ境の神としても信仰され、地蔵堂や路傍の地蔵尊に提燈、燈明を掲げ供物を捧げて祀られた。地蔵は子供の守り神であるから現在では子供の祭りとなっていることが多い。またこの日に六地蔵詣（地蔵参り）が行われた。文徳天皇の仁寿二年（八五二）平清盛が分置したのを七月二十四日（現在は八月二十三日、二十四日）西光法師が順拝したのがはじまりと伝える。江戸時代には慈済庵空無（元禄二年）、地蔵坊正元（寛永三年発願）によって江戸の六地蔵が造立された。
→地蔵菩薩

【四諦】したい

四つの誤りのない道理という意味で、苦諦《くたい》・集諦《じったい》・滅諦《めったい》・道諦《どうたい》の四つをいう。釈尊の最初の説法（初転法輪）の内容と伝えられる。また仏教教理を体系化するときの基本となるもの。苦諦は人間生存の現実を苦と見ること。集諦は苦を集め引きおこす原因の

ことで、渇愛《かつあい》を指す。滅諦は苦が消滅した悟りの境地。道諦は悟りに至るための修行のことで、八正道《はっしょうどう》を指す。苦集の二諦は迷いの世界の因果関係を、滅道の二諦は悟りの世界の因果関係を説き明かしている。『観経』に、「衆の音声を聞くに四諦を讃歎す」とある。→八正道

【七箇条起請文】 しちかじょうきしょうもん

元久元年（一二〇四）十一月、法然が南都北嶺の批判に気を配り、門弟らの非行に対して七箇条から成る誡飭《かいちょく》をうながし署名を募ったもので「七箇条制誡」ともいう。条文は弟子の信空《しんくう》が執筆し、法然が花押を署している。そのあと署名が百九十名に及ぶ。この署名を見ると、建永の法難時に処罰を受けた一《いち》念義《ねんぎ》主張者やこれをとりまく念仏者たちが最前部に並んで署名している。また比叡山には同日付にて「送山門起請文」を呈し法然自らの真意を開陳している。あわせて初期専修念仏者の実態を知るうえに貴重な史料といえる。

【十劫正覚】 じっこうしょうがく

『阿弥陀経』に「阿弥陀仏、成仏して已来《このかた》、今において十劫なり」と説かれるように、阿弥陀仏が法蔵菩薩という名で修行していたとき、人間救済のために四十八の本願を立て、すべてを完成して阿弥陀仏となってから十劫という長い期間がたったことをいう。正覚とは仏の悟りのことで、『無量寿経』に示されている四十八願の内容をいい、その中心となるのが第十八の念仏往生願である。→法蔵菩薩

【十即十生】 じっそくじっしょう

念仏を相続すれば、十人が十人ことごとく往生できることをいう。善導の『往生礼讃』に「若し能く上の如く念念相続し畢命の期と為す者は十は即ち十生じ、百は即ち百生ず」とある。法然は善導のこの文を解釈して「念仏するものはすなわち十は十人ながら往生し、百はすなわち百人ながら往生すという」と述べている。この文は法然の『選択集』に大きな影響を与えた重要な文である。

【実導】《じつどう》 ?～一三八八

浄土宗西山六流の本山義祖康空示導の弟子。本山義の大成者。仁空といい、浄衍《じょうえん》院とも号する。藤原為信の子。はじめ仲円、禅月などについて修学し、のち三鈷寺の示導に師事して浄土西山義・円戒を受ける。大慈恩寺などにおける示導の『観経疏』の講義を筆録した『康永鈔』をはじめ、師示導の多くの書はことごとく実導の手に成る。示導・澄空示浄のあとを受け三鈷寺に住する。浄満寺一宇を建立する。嘉慶二年十一月十日寂する。享年八十歳。のちに諡して円応と号す。弟子に頓証・照慧・正睿・円慧などがある。著述には『西山上人縁起』六巻、『論義鈔』八巻、『浄土希聞鈔』五巻、『菩薩戒義記聞書』十三巻など多数。↓示導

【示導】《じどう》 一二八六～一三四六

浄土宗西山六流のうち、本山義の祖。康空と号する。弘安九年誕生。はじめ比叡山忠円の弟子となり、のち廬山寺本光禅仙、無動寺法曼院相実、三昧院良祐、鎌倉覚空仏観、三鈷寺玄観の室に入り修学。しかし直接『観門義鈔』『積学房鈔』を研鑽して本山義を開く。宗風大いに栄え、門弟に示観・示浄・実導・明導などの学匠がある。著述に『観経疏康永鈔』『三心出要鈔』などがある。貞和二年九月十一日寂。享年六十一歳。↓康永鈔、本山義

【自筆鈔】《じひつしょう》

証空著。全四十一巻。善導の全著作を注釈したもの。ただし、『法事讃自筆鈔』は現存していない。『観門要義鈔』『観音義』ともいうが、これは江戸時代の空覚が命名したものである。また、証空自身の手によって書かれたという意味で、没後、弟子たちが『他筆鈔』に対して『自筆鈔』と呼称したものであろう。本書は行門・観門・弘願の術語を用いて善導教学の精髄、浄土教の奥義を開顕している。実導によると、本書は法然の口伝を証空がそのまま筆録したものとされるが、やはり証空独自の解釈であろう。また、本書は証空の若い時代に書かれたもので、のちにさらに深く展開された証空教学の基礎ともいえる書で

ある。→証空、他筆鈔、西山流、西山義

【写経会】しゃきょうえ

経典を書写する法会。礼願、追善、報恩などを目的とする。写経には複数の人によって一日で写す頓写一切経、一人で写す一筆一切経、平家納経のように装飾された写経の装飾経、一石に経文の一字を書いた一字一石経等がある。天武天皇白鳳二年（六七四）三月川原で多くの書生が集められて一切経を書写したのが写経会のはじまりである。奈良時代には写経所が設けられたが、一般の行事としては末法思想の流行した平安時代末頃の『法華経』写経の盛行がある。浄土宗では法然上人の浄土三部経の如法写経法則がある。現在知恩院では毎月の十三日発願文写経会、二十三日一枚起請文写経会が、増上寺では毎月十四日に写経会が行われている。

【釈浄土二蔵義】しゃくじょうどにぞうぎ

了誉聖冏《しょうげい》が至徳二年（一三八五）に著わした書物。聖冏の頌義七部作の一つで三十巻から成る。善導大師の二蔵二教判を用い、仏教全体における浄土宗の教義の位置づけをし、聖冏教判といわれる二蔵二教二頓判を著わした。浄土宗を「頓中の頓」であるとし、本願力と信を強調している。→聖冏

【釈尊】しゃくそん（西紀前四六三～三八三説有力）

仏教の開祖。インドの釈迦族の尊者の意で、釈迦《しゃか》牟尼《むに》ともいう。また釈迦如来、世尊とも。本名はゴータマ・シッダールタ。釈尊は永遠の昔に悟りを開いて仏となったが、人びとに仏の教えを説くために娑婆世界に誕生したのが歴史上の釈尊とされる。

釈尊は浄土宗の根本聖典である浄土三部経（無量寿経・観無量寿経・阿弥陀経）の説法者である。『観無量寿経』では、釈尊は説法のあと念仏往生の要法を後世に伝えるように、弟子の阿難《あなん》に託している。念仏する人を直接に救済するのは阿弥陀仏であるが、その阿弥陀仏の存在を、浄土三部経を通して人びとに知らしめたのは釈尊である。したがって浄土宗では、釈尊と阿弥陀仏を二尊としてあがめる。法要でも最初にこの二尊を道場に勧請する。

中国の善導は、二河白道の譬喩を説き、煩悩のもえさかる火の河と水の河にかかる一すじの白道を、勇気をもって渡るようにとすすめるのが娑婆の釈尊であり、渡ってきた者を迎え入れるのが極楽の阿弥陀仏であると説明する。↓二河白道、仏教

【洒水】しゃすい

そそいで清めるための香水《こうずい》。またその香水をそそいで清める作法をいい灑水とも書く。もとはインドのバラモン教徒の間に行われたものが仏教徒にも伝わり、浄土宗では密教《みっきょう》各派に行われた作法を採用した。作法は相伝によるものの一定の形はない。洒水は新たにできたものに入魂《にゅうこん》したり、供物や荘厳具を清めるための開眼《かいげん》作法と腐朽したものを修復したり焚焼《ぼんしょう》するための撥遣《はっけん》（もとへお戻しする）作法に用いる。また堂内を清める道場洒水、地鎮式のような露地を清める四方洒水など、多くの仏教教団の儀礼として重きをなしている。

【沙石集】しゃせきしゅう

無住道暁著、弘安二年（一二七九）起筆し弘安六年に脱稿、十巻から成る説話集。題名は「彼の金を求める者は沙を集めて是れを取り、玉を翫ぶ類は、石を拾いて是れを磨く」による。その内容は巻一神明説話、巻二は仏菩薩利益譚にはじまり、巻十発心遁世譚、臨終往生譚に跋文的な述懐で締めくくられ、とくに編目は設けられていないが一応の類従編纂がなされている。その特色は著者の出身である東国や後半生を送った尾張の話、中世の庶民生活の模様を題材にしており、また狂言綺語観にもとづく「和歌即陀羅尼」論は中世の文学と仏教とのかかわりあいを示している点にあるといえよう。

【捨世派・興律派】しゃせは・こうりつは

捨世派とは、世俗を離れ、厳粛な規則の中で専修念仏を実践し、その興隆に努めた僧たちの一派で、称念（一五一三〜五四）によって首唱された。興律派とは、戒律を守って念仏生活すべきことを主張し、

律儀（浄土律）を復興し、持戒念仏に努めた一派をいう。霊潭（六七六～七三四）などによって提唱された。この二つの流れは、中世以後浄土宗教団が世俗化し堕落していった風潮の中で起こってきた新しい念仏運動であり、両者は密接な関係がある。↓専《せん》修念仏《じゅねんぶつ》

【娑婆】しゃば

この世のこと。現実の世界。梵語サハーの音写。語源としては忍の意で、漢訳では忍土、忍界、堪忍土。衆生が煩悩によるいろいろの苦悩を堪え忍んでいる所、すなわちこの世で釈尊が出現し教化する世界をいう。人間界、俗世界。『阿弥陀経』に「五濁悪世の娑婆国土」とある。転じて、軍隊や刑務所などからみて、外の自由な世界をいう。

【捨閉閣抛】しゃへいかくほう

日蓮《にちれん》が初期の著作である『立正安国論《りっしょうあんこくろん》』において、法然の『選択集《せんちゃくしゅう》』の中から、捨てる・閉じる・閣《さしお》く・抛《なげう》つの四語を取り出し、『法華経』を誹謗したとして、法然の念仏を批難するために並べたことば。のちに日蓮の折伏《しゃくぶく》の対象となる禅・真言・律に先がけて念仏を取りあげたことは、当時それだけ法然の念仏が流行していたとみることができる。↓日蓮

【舎利礼文】しゃりらいもん

これは遺骨の埋葬回向、荼毘《だび》、灰葬回向の際に読誦する文。『持宝通覧《じほうつうらん》』下によると、翻訳家の不空三蔵の所作と伝えられ、仏の舎利（遺骨）を礼拝する文である。各宗派を問わず誦される。以下、全文を掲載する。

一心頂礼《いっしんちょうらい》　万徳円満《まんとくえんまん》　釈迦如来《しゃかにょらい》　真身舎利《しんじんしゃり》
本地法身《ほんじほっしん》　法界塔婆《ほうかいとうば》　我等礼敬《がとうらいきょう》　為我現身《いがげんしん》
入我我入《にゅうがにゅう》　仏加持故《ぶつかじこ》　我証菩提《がしょうぼだい》　以仏神力《いぶつじんりき》
利益衆生《りやくしゅじょう》　発菩提心《ほつぼだいしん》　修菩薩行《しゅうぼさつぎょう》　同入円寂《どうにゅうえんじゃく》
平等大智《びょうどうだいち》　今将頂礼《こんじょうちょうらい》

【じゃんから念仏】じゃんからねんぶつ

旧七月の盆に福島県磐城地方で新盆の家で行われる念仏踊り。「若衆念仏・立ち念仏」ともいう。自安

我楽念仏と字をあてているが、腰太鼓と鉦をもって円陣をつくってとなえ、踊る念仏であるから、その音声から名づけられたものと推定されている。創始は磐城の出身である袋中（一五五二〜一六三九）で中興は増上寺三十六代の祐天（一六三七〜一七一八）と伝えられている。長崎県平戸市のじゃんから念仏は志々岐神社の領民の豊年祈願鉦と小鼓の音から名づけられた。↓念仏

【思惟像】しゆいぞう

浄土宗西山派に属する京都市内寺院が護持している西山証空の画像。証空の忌日、いわゆる西山忌を輪番にて厳修する、二十八か寺門中が所伝する「思惟の御影」といわれるもの。証空の教学とその事跡が示すように、哲学的な思索を好んだ風貌が、その画像から窺い知ることができる。後世、妙空弁才がこれを模して「鎮勧用心」の法語と合わせ、木版刷りにして頒布。↓鎮勧用心

【執持名号】しゅうじみょうごう

阿弥陀仏の名をしっかりと心に刻みつけること。それは極楽に往生するための行因往生の原因となる行であり、一心に称名念仏することと解釈する。『阿弥陀経』に「もし衆生が阿弥陀仏の名号の功徳や極楽浄土の勝れたありさまを聞いて、自らも往生の志をおこし、一日ないし七日一心不乱にその名号を執持すれば、臨終に阿弥陀仏を見たてまつり、心乱れず命終して極楽浄土に往生することができる」とある。この経が称名念仏による往生を説く経典の一つとされる根拠である。↓念仏

【宗祖降誕会】しゅうそごうたんえ

法然の生誕を祝し、恩徳に感謝する法会。一般には四月七日だが、知恩院では五月二十日に宗祖誕生会と呼んで行う。法然は長承二年（一一三三）四月七日、美作国久米南条郡稲岡（岡山県久米郡久米南町北庄里方）に押領使漆間時国を父親に、秦氏を母親として生まれた。幼名を勢至丸というから勢至祭

ともいう。生誕の地に熊谷次郎直実（入道蓮生法師）の開基によって造立された寺院が誕生寺である。法式は法然の御影像を安置し、誕生のときに白旗二旒がとび来ったという瑞相を示した二旒の白旗をたていとなむ。→法然

【十二因縁】　じゅうにいんねん

現実が十二の要素によって成り立っていることをいう。その十二とは、真理に対する無知（無明《むみょう》）、潜在的形成力（行《ぎょう》）、認識活動（識《しき》）、精神と肉体から成る個体（名色《みょうしき》）、眼耳鼻舌身意の六つの感覚器官（六処《ろくしょ》）、感覚器官と対象との接触（触《そく》）、感受作用（受《じゅ》）、愛着（愛《あい》）、執着（取《しゅ》）、執着にもとづく生存（有《う》）、その出発である誕生（生《しょう》）、その帰結である老化と死（老死《ろうし》）のこと。十二因縁は、釈尊が悟りを開いたときの内観の内容で、これによって苦に満ちた現実を明らかにした。→四諦

【十二光】　じゅうにこう

『無量寿経』巻上に説示されている阿弥陀仏の十二の異名。阿弥陀仏が有している十二種の光明の特性。具体的には、無量光仏・無辺《むへん》光仏・無礙《むげ》光仏・無対《むたい》光仏・炎王《えんのう》光仏・清浄《しょうじょう》光仏・歓喜《かんぎ》光仏・智慧光仏・不断《ふだん》光仏・難思《なんし》光仏・無称《むしょう》光仏・超日月《ちょうにちがつ》光仏のことを言う。この十二光については古くから着目され、曇鸞や善導が礼讃として導入している。また、法然は『逆修説法』において言及し、念仏を実践する衆生が阿弥陀仏から蒙る光明を常光・神通光として理解し、罪悪生死の凡夫が阿弥陀仏の光明を蒙ることで、持戒の人や智者と等しくなると述べている。

【十二光仏】　じゅうにこうぶつ

阿弥陀仏の放つ光明の働きを十二種に分け、これを阿弥陀の異名としたもの。『無量寿経』巻上に説かれる。無量光仏・無辺光仏・無礙光仏、無対光仏、燄王光仏、清浄光仏、歓喜光仏、智慧光仏、不断光仏、難思光仏、無称光仏、超日月光仏のことで、この光明にあえば貪欲《とんよく》・瞋恚《しんに》、愚痴《ぐち》が消滅し、また命終ののち解脱《げだつ》（悟り）を得ると説かれる。法然は逆修説法三七日の条にその徳用を解説している。山崎

弁栄は十二光によって浄土教の組織体系化を行い光明主義を提唱した。→阿弥陀仏

【十念《じゅうねん》】

仏教一般では、「念仏・念法・念僧・念戒・念施・念天・念休息・念安般・念身・念死」の十、あるいは、十遍仏を念ずることをいうが、浄土宗においては十遍「南無阿弥陀仏」をとなえることをいう。『無量寿経』に説く第十八願文に、「乃至十念せんにもし生ぜずんば正覚をとらじ」とあり、『観無量寿経』には「十念を具足して南無阿弥陀仏を称えしむ」とあるのを、善導は『観経疏』において、『無量寿経』の十念を『観無量寿経』の「称南無阿弥陀仏」と解釈し、これを受けた法然は『選択集』の中で、十念を十声ととらえ、「念声是一」であるとした。→念声是一、念仏

【宗脈・戒脈《しゅうみゃく・かいみゃく》】

浄土宗伝法における宗義を伝える系譜と円頓戒を伝える譜脈のこと。浄土宗の伝法は宗祖法然説示の要義相伝と、同じく源空相承の円頓戒の相伝とから成る。これを伝宗伝戒といい、その血脈譜を宗脈・戒脈という。この両脈を相伝され、はじめて浄土宗宗侶となるが、現在は知恩院と増上寺で年一度この両脈が相伝される道場が開かれている。→血脈印信

【十夜念仏《じゅうやねんぶつ》】

十夜法要のときの双盤《そうばん》念仏。引声《いんぜい》念仏、六字詰《づめ》念仏ともいう。在家の講中によって組織されているときは鉦講、念仏講ともいう。多くは双盤を打ちながら独特な節回しでとなえる念仏であるが、鎌倉光明寺、安土《あづち》浄厳院の楷定《かいじょう》念仏（楷定は古今の誤解をただして、真実の内容をひらき明かすという意味）などのように、雲盤、太鼓を使うこともある。光明寺十夜として知られ、鉦講の在家信者が雲盤、太鼓を打ち、僧侶が唱和して香盤行道を行う。打ち方には六字詰・四つ打ち・山道・雷落としがある。三浦半島や神奈川の浄土宗寺院にも伝えられているが、念仏一会で僧から鉦講が受け継ぎ、総願偈で僧に返すという形が一般的である。→双盤念仏

【十夜法要】じゅうやほうよう

陰暦十月六日より十五日までの十日十夜の念仏会で阿弥陀仏の成等正覚を祝す法要。十夜念仏、十夜講ともいう。現在では十月、十一月に行われている。一般には一日十夜が多く、鎌倉光明寺では十月十二日夜から十五日の四日三夜、善光寺では十月（浄土宗）、十一月（天台宗）の五日から十五日に、真如堂では十一月五日より十日十夜を勤めている。典拠は『無量寿経』の「此に於善を修すること十日十夜すれば、他方諸仏の国中に於いて善をなすこと千歳するに勝れたり」に求められる。室町時代に平貞国によって天台宗の真如堂ではじめられ、明応四年（一四九五）観誉祐崇が後土御門天皇の勅許によって鎌倉光明寺に移して浄土宗十夜の根本道場となった。真如堂十夜の法要の中心は引声念仏、引声阿弥陀経であり、光明寺もこれを伝えたのである。十月は収穫感謝のときでもあったから農耕儀礼である亥の子、十日夜《とうかんや》の行事とも重なって民間に広まった。→十夜念仏

【授戒会】・じゅかいえ

戒法を授けることを授戒といい、受ける場合は受戒という。授戒会とは戒法を授ける儀式、法会。尸《し》羅《ら》会《え》、戒会ともいう。小乗仏教では師僧によって受ける従地受法によるが、大乗仏教では自ら誓う自誓受法を一般とする。浄土宗は円頓戒の系統にあり自誓受法だが、それによれば釈尊（戒和尚）、文殊（羯磨師）、弥勒（教授師）、十方の諸仏（証明師）、十方の諸菩薩（同学等侶）の五師を道場に請じて直接釈尊から授戒する形をとる。古くは授戒は五重相伝を受けて、碩学の僧に授けられたが、のちには一般の僧、在家にも授けられた。在家への授戒は結縁授戒といい、おもに三帰、五戒、三聚浄戒、十重禁戒、十二門戒儀等を説いた。能家の授戒は加行中に行われる。→如行、五重相伝

【修正会】しゅしょうえ

正月のはじめに三日または七日、十日にわたってその年の吉祥を祈願する法会で、子祝とともに滅罪

を主題としているので鬼走り、会隣などの追儺《ついな》が伴うこともある。一般寺院での元旦法要や、民間行事での正月のオコナイを指すことも多い。神護景雲元年（七六七）正月に畿内七道諸国の国分寺に吉祥天悔過《けか》を修せしめた（『続日本紀』）ことや、天長四年（八二七）に東西の二寺で薬師悔過が勤められたことにはじまり、平安中期以降には諸大寺に行われて民間にも広まった。宮廷の正月行事では一日から七日までが神事、八日より十四日までが仏事で御斎会と呼び、昼は『最勝王経』を講じ、夜は吉祥天悔過を行じた。

【数珠】じゅず

荘厳《しょうごん》数珠《じゅず》、日課《にっか》数珠、百八数珠、特別なものに百万遍数珠の四種がある。荘厳数珠は百八顆《か》で水晶、琥珀、菩提子などの珠を用い、両母珠に記子《でし》房糸があり、儀式に用いる。合掌するときは両母珠を左右の中指に、房糸は外にしてかける。入退堂、焼香、礼拝など諸種の作法を行うときは両母珠を左手の中指に移し、房糸を薬指と小指の間から内側にはさんで垂らすのである。日課数珠は、日課念仏を行うために考案されたもので、二輪が組合わされている。一輪は二十七顆、他は二十、四十顆で遊環に記子が六顆と十顆ついている。念仏一称に一顆を繰り、合計して三万遍、六万遍を数えることができる。合掌の際は、両親指にかけ、合掌以外は左手の手首にかける。

【出世の本懐】しゅっせのほんかい

釈尊がこの世に生まれた本当の目的をいい、浄土宗では念仏の教えを説くためであるとしている。人間は自分の力で悟りを開けるような能力はないとする人間観から見ると、煩悩の尽きることのない苦の世界から救済する法は念仏の教えしかなく、釈尊の真の目的はこの人間に対する慈悲の心をそそぐことにあったと説いている。

【順次往生】じゅんしおうじょう

現在の生涯が終れば次の生はただちに極楽へ生まれ他の生をへだてないこと。順次とはこの生の次の生という意。浄土教では念仏を修し浄土に生まれたいと願う者は、この世での生が終ればたちまちに極楽に生まれることができるという。しかし一方では、念仏による往生を認めるが、すぐに極楽に生まれるのではなく、いくつかの生をへだてたのちにその果を得ることができるとする順後往生という考え方もある。→往生

【鉦】 しょう

伏鉦《ふせがね》ともいう。念仏一会《ねんぶついちえ》、御詠歌《ごえいか》に用いるものである。舞楽の打楽器である鉦鼓から変形したもので、形状は鋳銅製で、口縁下端は洪鐘の爪のように外側に出っぱっている。その口縁に三本の足をつけ、台座上に置いて、撞木で叩いて鳴らすものである。左右に懸垂用の耳がついているものは、釣鉦鼓の名残とみられる。念仏の調子をとるときは念仏一称ごとに三打することになっている。→念仏一会

【勝易念仏】 しょういねんぶつ

勝と劣、難と易という基準によって念仏とそれ以外の行（諸行）を比較し、念仏がすぐれた行であり、だれでもが修しやすい行であるということ。法然の『選択本願念仏集』三にある。阿弥陀仏が第十八願において念仏を浄土に生まれるための行として本願とされたことに対する法然の理解を表わした説である。阿弥陀仏のみ名には、仏の悟りの功徳も、救いの力もすべての徳がこめられているから、これをとなえる功徳は最勝であるという。また念仏は、いつでも、どこでも、だれにでも修しやすい行であるから、すべての人びとに通じるという。このように仏は他の諸行に対して勝であり易である念仏を選びとられ衆生済度の本願とされたとするのである。→本願

【浄音】 じょうおん　一二〇一〜一二七一

浄土宗西山六流のなか西谷《せいこく》流の祖。法興という。建仁元年（一二〇一）宰相中将藤原雅清の子として京都に生まれる。はじめ慈円について出家し、のち西山流祖証空に師事して浄土宗義を学ぶ。はじめ粟生光明寺に住し、のち弟子観性に譲って、仁和寺西

谷に新光明寺を建立して移住する。廃立・傍正・助正三重の法門をもって、善導の教義を解釈する。この門流を西谷義《せいこく》と称する。門下に逸材多く、観智・了音・観性・聖達など二十余人をはじめ、後嵯峨・亀山両天皇の厚い帰依を受ける。著述に『西山口決抄』一巻等があり、その他真偽未詳の『観経序分義愚要鈔』三巻がある。文永八年五月二十二日寂。享年七十一歳。↓西谷義

【定機・散機】じょうき・さんき

心を一か所にとどめて精神を統一できる人（定心の機根）と、心がいつも散《ち》り乱れて落ち着かず、精神統一のできない人（散心の機根）のこと。この説は善導の『観経疏』によるもので、「序分義」に「定機というは口称の力によって定心発得してまさに仏をみる。散機というは散心称名して臨終の時に至りてまさにすなわち仏をみて浄土に往生す」とある。

【証空】しょうくう　一一七七～一二四七

浄土宗西山派の祖、善慧房という。加賀権守源親季の長男として誕生、九歳で内大臣久我通親の養子となる。建久元年十四歳で浄土宗祖法然の門下に入り、以後師入寂に至る二十三年間随従の弟子。建久九年法然『選択集』を撰述する際、勘文の役を務め、元久元年（一二〇四）『七箇条起請文』に第四位に署名する。法然膝下にあって浄土教の深義に達し、円頓戒相承、天台、台密の研鑽に努めた。法然入滅ののちは、証空独自の浄土教団を形成し、小坂より西山へ教化を移し、道俗に対し積極的な宣教を行った。建立した主な寺院に、歓喜心院・浄橋寺・遣迎院などがあり、「観経曼陀羅」の流通、写経などにも努めている。その著作は教相と事相とに大別されるが、教相書に『観経疏自筆鈔』四十一巻、『観経疏他筆鈔』十四巻、『観経疏大意』一巻、『女院御書』二巻、『五段鈔』一巻など、事相書に三十八巻抄といわれるものなど、二十余部百余巻の莫大な著述を残している。門弟も逸材が多く輩出し、その代表的な弟子に法興浄音、円空立信、観鏡証入、道観証慧をはじめ、実信房蓮生などがいる。白河遣迎院にて入寂。享年七十一歳。寛政八年（一七九六）「鑑知国師」の諡号が

おくられている。→鑑知国師、自筆鈔、西山義、他筆鈔

【聖冏《しょうげい》】一三四一～一四二〇

南北朝・室町時代前期の僧。浄土宗の第七祖。常陸国（茨城県）岩瀬の生まれ。八歳のとき瓜連常福寺《うりずらじょうふくじ》（茨城県）の了実《りょうじつ》について出家し、のち常陸太田の蓮勝《れんしょう》や箕田の定慧《じょうえ》にも学んだ。当時の浄土宗は独立した宗として他宗に認められていなかったため、聖冏は諸宗の学匠にも学び、新たに浄土宗の教義の体系をたてた。また、僧侶養成のために五重相伝《ごじゅうそうでん》の法を定めるなど、独立教団としての基礎を固めた。『釈浄土《しゃくじょうど》二《に》蔵義《ぞうぎ》』をはじめ多くの著書がある。伝通《でんずう》院《いん》（東京都）の開山。→五重相伝、決疑鈔直牒、三巻七書、釈浄土二蔵義

【少康《しょうこう》】?～八〇五

八世紀後半の中国の浄土教者。浄土五祖の第五祖。越州嘉祥寺で受戒、律を学ぶ。貞元のはじめ洛陽白馬寺において、善導の西方化導の文を見て浄土教に帰した。長安の善導影堂に至って霊感を得、のち専ら浄土教宣布に努めた。少康に対する道俗の敬慕は厚く、宋初に至っても「後善導《ごぜんどう》」と称されていたという（『宋高僧伝』）。著書に『往生西方浄土瑞応删伝』（文諗と共著）一巻がある。→浄土五祖

【荘厳浄土《しょうごんじょうど》】

仏が衆生を救済するため、本願力すなわち智慧と慈悲の働きによって、浄土を飾り、形成すること、またその状態をいう。世親《せしん》（四～五世紀頃のインドの学僧）の『往生論』には阿弥陀仏の極楽浄土につき、国土・仏・菩薩の三種について合計二十九種の荘厳功徳をかかげている。『観無量寿経』には極楽浄土の荘厳につき「もと法蔵菩薩の願力の成すところなり」とあり、善導は『往生礼讃』に「四十八願より荘厳起る」とし、仏が建立した国である浄土は、そのすべてが菩薩時代に衆生済度を願って立てた誓願と修行によって完成された衆生救済のための智慧と慈悲の具現である。菩薩の修行になぞらえ、亡くなった出家者の回向にはこの語を用いる。→極楽

【清浄華院】しょうじょうけいん 浄土宗

京都市上京区寺町広小路にある浄土宗大本山。慈覚大師円仁の開基。法然は四宗兼学の堂を十二光院と称して念仏道場としていた。のちに三条坊門高倉に移され、乾元二年（一三〇三）これが向阿証賢に譲られる。伏見天皇の皇孫敬法、万里小路家から定玄らが続いて住持となり公家衆の帰依も深まり、さらに政所執事勢氏との師檀関係などによって浄土宗一条派《いちじょうは》の中心寺院としての興隆を見る。そして天正年中（一五七三～九二）に今の寺町に移転。

【正定業・助業】しょうじょうごう・じょごう

極楽往生するための五種の行（五種正行）のうち、阿弥陀仏の第十八願こそ念仏往生する原因であるから正定業とし、読誦・礼拝など他の四種は念仏を助成する行であるから助業という。善導の『観経疏』散善義に「一には一心に専ら弥陀の名号を念じ、行往坐臥に時節の久近を問わず、念念に捨てざるもの、これを正定の業と名づく。彼の仏の願に順ずるが故に。もし礼誦等によるをばすなわち名づけて助業とす」とあるのがそれで、専ら南無阿弥陀仏と口々にとなえることが本願に誓われた浄土往生の行であるとし、それ以外の行と判別したものである。助業は正定業を助成するもので、不足を補助するという意味ではない。→五種正行

【上尽一形下至十声一声】じょうじんいちぎょうげしじっしょういっしょう

念仏のあり方や数の多少を表わした語。善導の『往生礼讃』に「信心求念するものをして上一形を尽し、下十声一声に至るまで仏願力をもって往生することを得やすからしむ」といっている。また、一形とは一生涯をいい、少なきは十声、一声をいう。つまり往生の要因は数の多少にかかわらないことを説いている。

【浄真寺】じょうしんじ 浄土宗

東京都世田谷区奥沢。三仏堂に上品《じょうぼん》・中品《ちゅうぼん》・下品《げぼん》それぞれ三体、合計九体の阿弥陀如来が安置されているので、九品仏《くほんぶつ》とも通称される。延宝六年（一六

七八）河碩の創建。弟子の河憶の代に九体丈六《じょうろく》の阿弥陀如来が造られる。三年ごとの八月十六日に行われる。善男善女が三仏堂と本堂である竜護殿を往き来するお面かぶり（二十五菩薩来迎会）は有名で、都の無形民俗文化財。鐘楼・鐘は都の重文。境内のイチョウやカヤの木は都の天然記念物。

【少善根・多善根】 しょうぜんごん・たぜんごん

善を生ずる根源で効用の少ないものと多いものの意味。『阿弥陀経』に「少善根福徳の因縁を以て彼の国に生ずることを得べからず」とあるによって法然は『選択集』十三で「念仏を以て多善根と為し、雑善を以て少善根と為す」と説き、念仏を大善根、雑善である諸行を少善根と解した。↓五種正行

【聖聡】 しょうそう 一三六六〜一四四〇

南北朝・室町時代前期の僧。浄土宗の第八祖。下総国（千葉県）に千葉氏胤《うじたね》の子として生まれる。はじめ明見寺（千葉寺）で真言密教《しんごんみっきょう》を学んだが、至徳二年（一三八五）聖冏《しょうげい》の教えを聞いて浄土宗に帰依し、のち相伝を受けて独立し、武蔵国（東京）に布教した。貝塚にあった真言宗光明寺《こうみょうじ》を復興して浄土宗に改め増上寺《ぞうじょうじ》を建立し、布教と僧侶養成に力をいれるとともに、多くの著作を残している。聖冏のあとを継いで教団の発展に努め、すぐれた弟子を輩出したことによって、浄土宗の基礎を確立していった。
↓増上寺

【成道会】 じょうどうえ

釈尊が仏陀伽耶（ブッダガヤ）の菩提樹の下で悟りを開いた日を讃えて行われる法会。成道の日は二月八日、四月八日の二説があり、二月は唐暦で十二月にあたることから十二月八日としている。日本では平安時代に三月十五日に行った西大寺の例などがあったが、禅宗の普及とともに十二月八日になった。釈尊は悟りを求めて精進したが苦行では得られないことを知り、少女から乳糜《かゆ》の供養を受けて菩提樹の下に座して思惟をかさねて成道した。このとき三十歳とも三十五歳とも伝えるが、現在では三十五歳説がとられている。この日食べる温糟《うんぞう》粥、臘八粥など

は乳糜の供養に因《ちな》んだものである。

【聖道門《しょうどうもん》・浄土門《じょうどもん》】

仏教を戒定慧の三学を修して煩悩を断じ、悟りを開くことを求める教え。すなわち聖道門（自力の仏門）と、煩悩を断ずることもなく阿弥陀仏の本願の力に乗じて浄土に往生してこの迷いの世界から救われんとする教えを浄土門（他力の仏門）として分けたものである。法然はこの浄土門の教えこそ時代（末法）と人びと（罪悪生死の凡夫）に適した教えであることをもって浄土門に帰入して生死輪廻を脱することを勧めた。→罪悪生死の凡夫、凡夫

【聖徳太子《しょうとくたいし》】五七四～六二二

飛鳥時代、用明天皇、穴穂部間人皇后の第一子として誕生。日本仏教の祖。執政として冠位十二階、十七条憲法の制定、遣隋使の派遣など内政、外交に手腕を発揮するとともに仏教文化の移入、興隆に努めた。このうち十七条憲法には、三宝帰依、和の尊重など仏教による理想国家の実現がうたわれている。四天王寺、法隆寺、中宮寺など七か寺を建立、四天王寺に施薬院、療病院、悲田院、敬田院の四院を設けて慈善事業を行った。太子の撰述として『勝鬘経』『法華経』『維摩経』の注釈である『三経義疏』が伝えられている。『上宮聖徳法王帝説』は最古の太子伝である。

【浄土五会念仏略法事儀讃《じょうどごえねんぶつりゃくほうじぎさん》】

中国の唐時代中期の僧で後善導の呼称がある法照の撰。一巻。八世紀末頃成立。『五会法事讃』『略法事讃』などと略称される。音楽的浄土教儀礼である五会念仏の行法を明かしたもの。法照には本書の広本ともいうべき『浄土五会念仏誦経観行儀』（『広法事讃』）三巻がある。五会念仏は五種の曲調によってとなえる念仏で、本書とともに円仁によって日本に伝えられ、後世全国に流行した引声《いんぜい》念仏（不断念仏）はこれに由来している。内容は序に述作の理由、本文には五会念仏の利益・出典・解釈・実践法などが述べられ、次いで五会念仏と唱和すべき種々の讃文が掲げられている。法然も『選択集』三章段、『漢語

灯録』七に讃文の一節を引用している。

【浄土五祖】じょうどごそ

浄土宗相承次第上の中国浄土教五人の祖師。浄土宗祖の法然が浄土五祖として選定した曇鸞・道綽・善導・懐感・少康を指す。源空は『選択集』一で「唐宋両伝に出ず」としているが、その『両伝』にはこのような明確な血脈譜は見られない。したがってこれは法然が『両伝』をもとにした信念から選定したものと考えられる。→懐感、少康、善導、道綽、曇鸞

【浄土五祖像】じょうどごそぞう

浄土宗の師資相承血脈上、とくに選ばれた中国浄土教の曇鸞・道綽・善導・懐感・少康の五師を描いた図像。『勅伝』六、ならびに二十には、俊乗房重源が入宋してこれを将来し、法然が東大寺で供養したこと、また『逆修説法』には、安楽房遵西の父、外記禅門師秀の逆修のときに図画し、供養したとも記す。現存の作例としては、京都市嵯峨二尊院所蔵の一幅本、愛知県江南市曼荼羅寺蔵の五幅本が著名。増上寺、知恩寺、清浄華院などにもあり、鎌倉光明寺所蔵の『浄土五祖絵伝』は十四世紀初頭の作で、五祖の略伝を記す独特のもの。→浄土五祖

【浄土三曼荼羅】じょうどさんまんだら

わが国の浄土曼荼羅を代表する智《ち》光《こう》・当麻《たいま》・清海《せいかい》の三つの曼荼羅をいう。極楽浄土のありさまを図示した浄土曼荼羅は、中国において盛んに描かれたが、わが国における浄土曼荼羅として最古のものは、中将姫が蓮糸で織ったと伝えられる奈良当麻寺の当麻《たいま》曼荼羅《まんだら》であり、現存する浄土曼荼羅はこの系統のものが多い。智《ち》光《こう》曼荼羅《まんだら》は奈良元興寺の智光が感得した浄土を画工に描かせたものといい、清海曼荼羅《せいかいまんだら》は奈良超昇寺の清海が、清水観音の化身である老人から授かったと伝えられる。いずれも『観無量寿経』の所説により極楽浄土のようすを描いている。→曼荼羅、当麻曼荼羅

【浄土宗読本】じょうどしゅうどくほん

大野法道・中村弁康・前田聴瑞共著。昭和十五年（一九四〇）法然上人鑽仰会刊、昭和四十五年（一九七〇）再刊。浄土宗の解説書であるとともに、浄土教とは何かという問題にも答えた書。内容は、歴史編・教義編・実践編から成る。歴史編ではブッダ以来の仏教の流れの中に浄土宗を位置づけ、教義編では浄土教義のみならず、信仰の獲得や念仏の意義、信仰の生活にまで言及している。実践編は、生活の上における念仏の位置づけ、寺院のあり方、行儀面など、浄土宗侶への参考書的役割もはたしている。

【浄土宗要集】じょうどしゅうようしゅう

浄土宗第二祖弁長《べんちょう》（一一六二〜一二三八）の口述を三祖良忠《りょうちゅう》（一一九九〜一二八七）が筆記したもの。嘉禎三年（一二三七）春、筑後国（九州）上妻《こうづま》の天福寺において成立。良忠の同名の書と区別するため『鎮西宗要《ちんぜいしゅうよう》』『西宗要《せいじゅうよう》』とも呼び、六巻から成っている。本書の草稿は弁長が法然のもとで教えを受けていた盛年時期にすでに法然からの口伝をもとにできていたものといわれ、三経一論をはじめ、善導の『観経疏』などの中から、念仏・機根・往生・浄土・本願など、浄土宗義の要点について、問答体によって八十項目にわたって述べたものである。口述筆記のため方言もまじり難解な部分もあるが、法然から弁長へ伝承されただけでなく弁長の自説も見られ、二祖の浄土教義の特色も見うる重要な書である。→弁長

【称念】しょうねん 一五一三〜一五五四

浄土宗捨世派《しゃせいは》の祖。永正十年（一五一三）武蔵国江戸品川に生まれる。姓は藤田氏、母は富永氏。増上寺第七世親誉周仰につき剃髪、下総国飯沼弘経寺鎮誉祖洞のもとで学んだ後、岩槻浄国寺に住し江戸に帰って西久保に天智庵を開く。天文十二年には伊勢国松阪樹敬寺に入るが、同十七年知恩院第二十七世徳誉光然と出会い、不断念仏《ふだんねんぶつ》の道場として知恩院《ちおんいん》の廟所南側に新しく庵を結んで一心院《いっしんいん》と号した。規律を重んじたことから、専称庵同行衆法度をはじめ

として、多くの厳格な念仏道場法度の類を伝える。

【上品・下品】 じょうぼん・げぼん

「品」は能力、性質、性状、地位などによって種類分けする、区別をするの意。したがって上品は上、中、下の三種類に分けた中での最上級を、下品は最下級をいう。仏教語としては、極楽浄土に往生する人の能力や性質などから三段階に分けた最上級を上品、最下級を下品という。また、九品に分けると、上品上生、上品中生、上品下生の上からの三種を上品、下品上生、下品中生、下品下生の下から三種を下品という。→九品

【摂益文】 しょうやくもん

光明遍照《こうみょうへんじょう》　十方世界《じっぽうせかい》　念仏衆生《ねんぶつしゅうじょう》　摂取不捨《せっしゅふしゃ》

この文は、浄土三部経のうち『観無量寿経』第九真身観文《しんじんがんもん》にある。阿弥陀仏の光明は、あらゆる空間を照らして、念仏をとなえる人びとを救いとり給うて、現世、来世ともに仏の光明の中に生き生きと暮すことができるという意である。浄土宗の宗祖である法然は、この文の意《こころ》を自作の和歌に託して、「つきかげの　いたらぬ里はなけれども、ながむる人のこころにぞすむ」と詠んでおり、浄土宗の宗歌ともなっている。→摂取不捨

【勝林院】 しょうりんいん　天台宗

京都市左京区大原勝林院町にある天台宗寺院。平安時代から中世にかけて梵唄が興隆した。来迎院とともに魚山流《ぎょざんりゅう》声明《しょうみょう》の発祥地である。文治二年（一一八六）秋、法然と各宗の碩学との間に浄土の宗義について論談した大原問答《おおはらもんどう》（論義）はこの地において行われた。本堂は安永七年（一七七八）に建てられ、現在に至る。

【昭和新修法然上人全集】 しょうわしんしゅうほうねんしょうにんぜんしゅう

一巻。石井教道編。昭和三十年（一九五五）刊。明治期に黒田真洞・望月信亨によって編纂された『法然上人全集』のあとをうけて、法然上人七百五十年遠忌を記念して「昭和新修」と冠して出版された。内容は八輯に分かれ、教書篇・法語類篇・消息篇・

対話篇・伝語篇・制誡篇・雑篇・伝法然書篇から成る。その特徴は、法然関係の遺文・著述類を思想史的に分類し、さらに書誌学的考察を加え、底本を定めたうえで異本の校合を行っていることにある。その意味からも、近年の法然研究にはたした役割は大きい。

【諸仏証誠】　しょぶつしょうじょう

すべての仏が真実であると証明すること。浄土三部経の一つ『阿弥陀経』の中で、釈尊が説かれる念仏往生の説が真実であることを六方の諸仏が広長の舌を出してその世界をおおってみせ、いつわりでないことを証明したとある。広長舌相というのは仏の特徴の一つで、舌が鼻をおおえばその言葉に嘘がないといわれる。法然も、この舌を出しておおうというのは疑惑不信を除くためであると述べている。

【除夜】　じょや

十二月の大晦日の夜。除日の夜、年の夜ともいう。一年が終り、新しい年へ移行するから、その年の納

めの法要を行い除夜の鐘が撞かれる。百八の鐘は人間の煩悩をさらうものといわれるが、その数え方には仏教の六根と六塵が対するときに、好・悪・平の三種があって十八の煩悩が生じ、それに染と浄があるから三十六種を数える。さらに過去・現在・未来の三世があるから百八煩悩になるという説と、心を惑わす十の煩悩である十纏《てん》と九十八結《けつ》を足したものとの説がある。また一年の十二か月、二十四節季、七十二候を足した数とも考えられている。民間行事では年籠り、御霊の飯、年の火などさまざまな行事がある。

【白木念仏】　しらきねんぶつ

証空の法語。白木のたとえによって他力念仏をやさしく説いている。『法然上人行状絵図』第四十七巻に出る。他の系統による伝承はない。

法然の『一枚起請文』に説く愚鈍念仏によく似た内容で、『観無量寿経』にもとづいて白木を他力の念仏にたとえ、色を塗った木を自力の念仏にたとえてその違いを示し、続いて下下品の念仏を説き、最後

に「申せば生れると信じて、ほれぼれと」念仏せよと説く。↓一枚起請文、平信じの念仏

【自力・他力】 じりき・たりき

自らの力によって三学《さんがく》（戒・定・慧）を行じ、その結果としての解脱《げだつ》・成仏を得ることを自力といい、一方他力は、いかなる凡夫をも救済する阿弥陀仏の強力な本願《ほんがん》力また本願を信ずる信仰をいう。浄土教の解説書で自他二力を初めて使用したのは曇鸞《どんらん》であるが、法然上人は、「自力というは、わがちから（力）をはげみて往生をもとむ。他力というは、仏の力をたのみたてまつる也」と述べている。↓定機・散機

【信機・信法】 しんき・しんぽう

自己の存在は現実には煩悩におおわれて、迷いの世界を離れることができないものであると深く信じ（信機）、そのものが阿弥陀仏の本願によって浄土に往生できると深く信ずる（信法）こと。善導の『観経疏』散善義に説かれている深心、すなわち往生のために起こすべき信心の二種の内容をいう。

古来、「機法二種の深心」といわれ、浄土念仏者として最も大切な心がけとすべきものであり、この心が起これば信仰が確立する。善導によると信機とは、自身の機根の無力であることを信ずること、すなわち人間は本来罪悪生死の凡夫であって、自分の力では悟りに到達することのできないという自覚を持つことである。つぎに信法とは、浄土の真理（法）を信ずる、すなわち、阿弥陀仏の本願不思議力を深く信ずることとしている。これにより浄土教の往生は罪悪生死の救われがたい凡夫が、阿弥陀仏の本願によって救われるということを信じて、口にとなえる念仏によって成就される。なお信心が確立していく場合に信機と信法のいずれが先でいずれが後であるかについて、法然は信機が先であるとしている。

【真宗院】 しんじゅいん 浄土宗西山深草派

京都市伏見区深草直違橋七丁目。浄土宗西山深草《せいざんふかくさ》派の大本山。深草山という。流祖証空の弟子円空立信が建長三年（一二五一）深草に草創して、浄土教義を弘宣する。以来円空のこの流義を深草義といい、

この地を根本道場とする。歓喜心院とともに、永仁元年（一二九三）焼失。円空の弟子二世顕意《けんに》は、その弟子道意・良慧に命じて奈良十市郡に移築したが、正安四年（一三〇二）再度炎上。三世堯空道意は翌年再び京都市猪熊綾小路に移転した。花園天皇の勅願所として綸旨を賜わり円福寺と額する。→誓願寺、深草義

【真身観文】　しんじんがんもん

『観無量寿経』所説の文で、阿弥陀如来の真身を克明に観想《かんそう》したさまを表わした経文。定善十三観《じょうぜんじゅうさんかん》のうち、第九番目に位置するところから、第九、真身観文と呼ぶ。『観無量寿経』は、心を一処《いっしょ》に落ち着けて観想する定善《じょうぜん》と、移り気な日常心のままに観想する散善《さんぜん》の定《じょう》、散《さん》、二つの観想を説くが、心が動揺し悩み多き凡夫には、散善の観想が定善より適切といえよう。ともかくも、第九真身観文は定善中、最重要な箇所であり、阿弥陀仏の身相《しんそう》（お姿）と光明について要説され、その光明があまねく十方世界を照らして念仏する衆生を救済したものと説かれている。

→阿弥陀仏

【親鸞】　しんらん　一一七三～一二六二

鎌倉時代前期の僧。法然の弟子で浄土真宗の開祖。承安三年（一一七三）日野有範の子として生まれ、九歳で出家して、比叡山で堂僧として修行した。建仁元年（一二〇一）京都六角堂に百日参籠を行い、聖徳太子の示現を受けたことを契機として法然のもとに日参し、弟子となる。元久元年（一二〇四）に法然が門人たちを戒めた『七箇条制誡』に僧綽空《しゃくくう》として署名し、同二年（一二〇五）『選択集』の書写を許されるが、承元の法難によって承元元年（一二〇七）法然らとともに流罪になり越後に流された。赦免後、常陸の稲田、晩年の帰洛で浄土真宗の基礎を築く。法然の伝記や遺文を収録した『西方指南抄』は親鸞の編ともみられる。別名綽空・善信、愚禿とも号す。→法難、興福寺奏状、七箇条起請文、西方指南抄、教行信証

す

【随自意・随他意】ずいじい・ずいたい

自分の考えをありのままに説くことを随自意、相手の考え方や素質・能力に合わせて説くことを随他意という。これに随自他意を加えて如来の三語というが、もともと『涅槃経』に説かれた言葉である。法然は『選択集』十二で、「随他の前にはしばらく定散の門を開くといえども、随自の後には還って定散の門を閉す。一たび開いて以後永く閉じざるは、ただこれ念仏の一門なり」と述べ、定散二善を随他、念仏一門を随自の教えとし、念仏一門が仏教の究極であり、仏の真実の教えであるとしている。→定機・散機

【随犯随懺】ずいぼんずいさん

罪を犯したならば、すぐに告白懺悔して、罪障を消滅して精神の清浄を期すること。善導の『往生礼讃偈』に「貪瞋煩悩をもって来し間《へだ》てず、随犯随懺して、念を隔て時を隔て日を隔てしめず、常に清浄

ならしむるをまた無間修と名づく」と示すように、人間は意識無意識、大小にかかわらず罪を犯すのであるから、それをすぐに反省し、また犯さないように努力することが必要である。自分を知ることであり、念仏者の心構えである。

せ

【誓願寺】せいがんじ　浄土宗西山深草派

京都市中京区新京極三条下ル。浄土宗西山深草派《せいざんふかくさ》の総本山。三論宗の恵穏《えおん》が天智天皇の勅願によって奈良に開創する。桓武天皇の平安遷都に伴い山城国深草に移し、中世に至って京北に再建した。蔵俊が住持のとき、法然に帰依して浄土宗に改め法然を開祖とする。証空の弟子円空立信が、深草に真宗院《しんじゅいん》を創建し浄土宗義を宣揚したが、円空の門弟寿覚が当寺に入ってより、円空の流れをくむ西山深草流の本寺として確立してゆく。応仁元年（一四六七）兵火に罹り、文明九年（一四七七）十穀沙門が再興を計る。その後三度火災にあうが、天正年中豊臣秀吉が命じて現在地に移建する。その後もたびたび炎上し

広大な寺域も縮小を余儀なくされた。『絹本著色誓願寺縁起』三巻、木像毘沙門天立像一躯などの寺宝がある。→真宗院、深草義

【西谷義】 せいこくぎ

西山四流の一流にして、開祖は浄音房法興（一二〇一〜一二七一）。西山浄土宗および浄土宗西山禅林寺派は西谷義を源流とする。浄音は久我一門の出身で、十三歳のときに西山流証空の弟子となり、のち粟生光明寺第六世、禅林寺第十七世を歴任。文応二年（一二六一）仁和寺の西谷に光明寺を建て隠居し宗義を宣布したので、この流義を西谷義という。その教旨は、廃立・傍正・助正の三重名目をもって五祖異轍偏依善導一師の証道を強調するもので、後世その門流の最も大をなした。門弟に観智・了音・観性など二十余名あり、中でも観智は関東に法を弘め行観という法器を得て西谷の教えを七百年後の今日に伝え、了音は別に六角義の一門を開いた。→浄音、偏依善導

【西山忌】 せいざんき

西山流祖善慧房証空の忌日に勤める祖恩報謝のための法会。証空は宝治元年（一二四七）十一月二十六日、洛南の遣迎院（京都市東山区本町十九丁目）で寂す。享年七十一歳。遺身は西山往生院に埋葬し華台廟と称す。のち弟子の実信房が願主となって多宝塔を建て観念三昧院と号し、さらに一宇を建てた。今の三鈷寺がそれである。証空は生前に後嵯峨天皇から、天皇御授戒の戒師として弥天の国師号を賜わり、滅後五百五十年の遠忌には、光格天皇から「弥天善慧鑑知国師」の徽号加贈の綸旨を下賜された。一般に証空を西山国師、弥天国師、鑑知国師と称する。→証空、西山忌念仏、三鈷寺

【西山義】 せいざんぎ

西山流祖善慧房証空は、京都西山善峰寺の北尾往生院に住して所承の法門を弘めたので、所住の地名に因《ちな》んで西山義といい、証空を西山上人という。証空は行門・観門・弘願という独自の用語を用いて凡

夫往生の道を明かし、多くの一般の教えを説く聖道門を行門、観経定散二善十六観の所説を観門、観門により顕わされる弥陀の本願成就の功徳を弘願とし、行門は難行であるから直ちに修行すべき相にあらずとしてさけ、凡夫往生の道は観門を聞信して三心発得し、弥陀の本願成就の功徳に帰命し、報恩感謝のうちに彼此一体となって念仏をとなえ、日暮しをすることにあるとし、行門にいう諸行は弘願に帰してのち修すべきものであるとする。↓弘願義、小坂義

【西山忌念仏】せいざんきねんぶつ

西山浄土宗の流祖善慧房証空の忌日法要の念仏。白木念仏として知られる。証空は西山善峰寺の往生院に住して教化と教学研究に勤めたので西山上人と称され、その教学を西山義と呼ぶ。西山義の特色には善導大師の教学の強い影響がある。宝治元年十一月二十六日に入寂、本山粟生の光明寺での西山忌は十月二十一日に行われるが、このときの念仏を白木念仏という。証空は自力に執着する心をのぞいた他力の念仏を白木にたとえたので、白木念仏と呼び、十一遍の念仏がとなえられる。↓証空、日課念仏

【西山上人縁起】せいざんしょうにんえんぎ

全六巻。実導の編著。西山証空の一代(一〜四巻)および滅後の門弟の動向(五〜六巻)を、絵入りで記したもの。末尾に、至徳三年に証空の百四十回忌にあたって、報恩のためにこの草案を作ったとある。揮毫は、後青蓮院尊道親王をはじめ当時の貴人高僧五人に依頼し、一部を実導が書いている。絵師は不明。証空伝としては最も古い成立で、是湛の『報恩鈔』とともに、最もまとまった内容の伝記である。

↓証空、実導

【西山流】せいざんりゅう

宗祖法然の高足である善慧房証空を流祖とする。証空は治承元年(一一七七)十一月九日、久我一門源親季朝臣の嫡男として誕生。天性明敏にして九歳のときに通親公の猶子となり、十四歳のときに自ら進んで宗祖の室に入り善慧房証空と名づけられる。以来同宿して朝夕座下に常侍し、指授を受けて善導

の疏などを研鑽し、建久九年（一一九八）二十二歳のときに、師の『選択集』撰述に際しては、勘文の役を勤めるとともに、その十三章段より十六章段の「一如経法応知」までを助筆。三十三歳のときには願蓮について天台止観の法門を学び、のち政春について密教を学ぶ。法然滅後、建保元年（一二一三）三十七歳のときに、慈円から西山善峰寺の北尾往生院を譲り受けて止住し、ここを本居として師承の法門を宣説したのでこの教説を西山義といい、流派を西山流といい、証空を西山上人という。また往生院に移り住むまでは東山の小坂に住んでいたので、その所説を小坂《こさか》義ともいい、また弥陀の弘願を基とする教説なのでその義を弘願《ぐがん》義ともいう。証空は善導の『観経疏』および『具疏』を注釈した『観門要義鈔』四十一巻、『観経疏他筆鈔』十巻をはじめ『五段鈔』『当麻曼荼羅註記』など二十余部百巻を著わす。その教義は『観経』を中心として、行門・観門・弘願・正因・正行などの独自の用語によって念仏一類往生義を宣揚するもので、『観経』以前の諸経所説を行門、観経定散二善十六観の所説を観門、観門により

説き顕わされる阿弥陀仏の大悲願力を弘願とし、穢土を厭い、浄土を願うに、行じ難き自力行門には依らず、『観経』に説く念仏往生の教え（観門）を聞信し、一切衆生の苦悩を救い給う阿弥陀仏の大悲願力（弘願）に帰命し、報恩感謝のうちに歓びの念仏生活を開くことを旨とし、弘願に帰命したる後は諸行も往生行となるので、進んでこれを行うことをすすめる。証空の門弟には二十七名を数えるが、そのうち一家をなした門流に西山四流がある。即ち道観房証慧の嵯峨義（現存せず）・観鏡房証入の東山義（現存せず）・浄音房法興の西谷義（西山浄土宗、浄土宗西山禅林寺派）・立信房円空の深草義（浄土宗西山深草派）の四流である。

この他に、浄音門下の了音は六角義（現存せず）、三鈷寺の示導は本山義（現存せず）を開き、この二流を先の四流に合わせて西山六流という。→弘願義、小坂義、嵯峨義、証空、西谷義、西山義、東山義、深草義、本山義、六角義

【勢至菩薩】せいしぼさつ

智慧の光はすべてを照らして三塗の苦しみからのがれさせる力を得ているので、大勢至、得大勢至ともいう。弥陀三尊の一で、阿弥陀仏の右脇侍の菩薩。左脇侍の観音は慈悲の菩薩であるのに対して、智慧の菩薩である。『観無量寿経』は勢至菩薩を観想する方法を説いている。浄土宗祖法然は、幼名を勢至丸といい、比叡山修行中、智慧第一とうたわれたことから、後年勢至菩薩の化身とみなされた。↓観音菩薩

【青龍寺】せいりゅうじ

滋賀県大津市坂本本町、すなわち比叡山延暦寺の西塔黒谷にあり、現在は浄土宗総本山知恩院が管理している。良源《りょうげん》の創建と伝えられ、法然が十八歳にして隠遁し四十三歳までの二十五年間修行に励んだ別所である。境内には法然が一切経閲覧五回に及んだという報恩蔵《ほうおんぞう》がある。また法然谷と称する地があり、法然の庵室があったと伝えられる。現在はおもに青少年などの教化活動の道場として利用されている。

【清涼寺】せいりょうじ　浄土宗

京都市右京区嵯峨釈迦堂藤ノ木町にある浄土宗寺院。釈迦堂ともいう。法然が二十四歳のとき比叡山を下り七日間参籠をした寺。東大寺奝然が請来した立像釈迦仏を本尊とする。一条天皇の頃、嵯峨天皇皇子源融の別荘棲霞寺の境内に安置、釈迦堂建立の許可を得て寺号を与えられる。以降、本尊釈迦像に対する信仰は全国的となり、各種文学作品に取り上げられたり、釈迦像の模刻が多く行われたりするなどの展開を見せる。胎内文書に法然・証空・蓮生（熊谷直実）らの自筆書状がある。

【施餓鬼会】せがきえ

餓鬼に飲食を施す法会。空海ら入唐の僧によって施餓鬼の諸経典がもたらされ、当初は密教修法として行われたが、鎌倉時代末期頃から死者追善、先祖供養として禅家にはじまり、諸宗もこれを行った。

盆行事となって盆施餓鬼として行われることが多いが彼岸、十夜法要に付属したり、戦い、飢饉などのときに応じて勤めることもある。由来は釈尊の弟子の阿難が念法のときに焰口餓鬼が現われ、汝は三日ののちに命が尽きて餓鬼の身になると告げる。しかし阿難は釈尊の教えによって陀羅尼を誦して一切の餓鬼に施して福徳寿命を得たと伝える。水辺での施餓鬼も多く、川施餓鬼、海施餓鬼は地域の名物になっていることが多い。

【世親】 せしん　五世紀頃

北インドのバラモン出身。ヴァスバンドゥといい、中国、日本の浄土教では「天親」と呼ばれる。唯識派の学匠無着は実兄。アビダルマと唯識の両思想に関する重要な著作を残し、両思想を大成した。また主要な大乗経典を注釈したが、唯識思想の立場から浄土教を説いたのが『往生論』（浄土論ともいう）である。なお著作がアビダルマと唯識にわたることや、諸伝記の年代説の矛盾から、弥勒や無着の著作に注釈書を作った世親と、『倶舎論』を著わした世親の二人説も有力である。伝記に真諦造『婆藪槃豆法師伝』、プトン『仏教史』、ターラナータ『仏教史』の記述がある。→往生論

【是心作仏是心是仏】 ぜしんさぶつぜしんぜぶつ

阿弥陀仏の姿形を観ずるとき、この心が仏を作り、その心が仏であることをいう。『観無量寿経』にある語である。善導は『観経疏』の「定善義」で「是心作仏と言うは、自らの信心によって相を観ずること作の如し、是心是仏と言うは心によく仏を想えば相によりて仏身しかも現ず。即ち是《こ》の心、仏なり、此の心を離れて外に更に異仏なければなり」とある。→観経疏

【摂取不捨】 せっしゅふしゃ

無量光仏ともいわれる阿弥陀仏の大慈悲の光明は念仏する人びとをおさめとり、護り念じ、決して見捨てないことをいう。『観無量寿経』第九観に「光明は遍《あまね》く十方世界を照らして、念仏の衆生を摂取して捨てたまわず」とある文による。阿弥陀仏は常に念

仏の行者を救いたまうことを表わしたもので善導の『観経疏』定善義では親縁《しんえん》・近《ごん》縁・増上《ぞうじょう》縁という三縁によってこのことが説明されている。→三縁・真身観文

【節分《せつぶん》】

立春、立夏、立秋、立冬の季節の変わり目をいうが、一般的には立春の前日を指している。現在の太陽暦では二月の三、四日頃であるが、旧暦では十二月一日であった。新春を迎える前夜であるから除災招福を願う行事が行われた。代表的なのが追儺《ついな》である。追儺は悪鬼を駆逐する中国の行事で、文武天皇の慶雲三年（七〇六）に取り入れられて十二月晦日の宮中の行事となった。鎌倉時代末頃から神社、寺院に行われるようになり、修正会・修二会の行事の一部ともなった。民間の節分行事には農耕儀礼の神迎えとしての豆撒きがあった。追儺と豆撒きが結びつけられて現在の節分行事となった。知恩院、増上寺は追儺式として行っている。

【善光寺大本願《ぜんこうじだいほんがん》】浄土宗

長野県長野市元善町にある。長野の善光寺は聖徳太子の時代にまでさかのぼる古刹であり、また庶民信仰の寺として有名であるが、善光寺そのものは超宗派の寺院。その善光寺を、天台宗の大勧進とともに運営しているのが大本願で、浄土宗の大本山の一つ。勅許号である善光寺上人の本坊で、善光寺の仁王門の外西側の一角を占める。伽藍は、大殿本誓殿を中心に光明閣・表書院・奥書院・位牌堂・宝物殿・明照殿・寿光殿などがある。大本願は、善光寺創建当時大臣蘇我馬子の姫君（開基尊光）を天皇御杖代として遣わし、守護にあたらせたのが起こりと伝えられる。代々尼僧法主が継承し、本堂へ大本願法主が出座の際、信徒の頭に数珠を触れる「お数珠頂戴」は有名。

【専修念仏《せんじゅねんぶつ》】

浄土往生を目指してもっぱら念仏を称えること。法然が「いま決定して浄土に往生せんとおもはば、

専雑二修の中には、専修の教によりて一向に念仏をすべし。正助二業の中には、正業のすすめによりて、ふた心なくただ第四の称名念仏をすべし（『津戸三郎へつかはす御返事（十月十八日付）』）」と述べているように、衆生が浄土に往生するための正しい行としての五種（称名念仏を含めた五種正行）をもっぱら修めることを専修といい、それ以外のさまざまな行をまじえながら修めることを雑修という。ただし、「いはゆる念仏のひとは十はすなはち十ながら生じ、百は百ながら生ずるこれなり…雑修のものは百人の中にまれに一二人往生することをう（『大胡の太郎実秀が妻室のもとへつかはす御返事』）」などと念仏と雑修とを対として用いていることから、法然はその他の五種正行を含めずに、ひたすら称名念仏のみをもっぱら修することをも専修、とくに一向専修という。→一向専修

【選択伝弘決疑鈔】《せんちゃくでんぐけつぎしょう》

浄土宗第三祖然阿《ねんあ》良忠《りょうちゅう》（一一九九～一二八七）が建長六年（一二五四）鏑木《かぶらき》九郎胤定《たねさだ》入道在阿の請によって著わしたもの。『決疑鈔』と略称。法然の著『選択集』を注釈したものである。法然没後、その門下が幾流かに分かれ、法然の著作に対する解釈が互いに異なり、門流の中に混乱が生じてきたため、良忠が二祖弁長から伝えられた法然の教えをもとに教義の解釈を記したもの。全五巻から成り、第一巻は『選択集』の序と第一章を、第二巻は同二～三章を、第三巻は四～八章（至誠心釈）を、第四巻は八（深心釈）～十一章を、第五巻は十二章以下について述べている。浄土宗正伝の教義を述べ、今日でも浄土宗義を論ずる場合の典拠となる書である。→選択本願念仏集、良忠

【選択本願念仏】《せんちゃくほんがんねんぶつ》

阿弥陀仏によって選択された本願念仏のことで、さらに善導が選択し、それを法然が選択した三重の念仏のこと。すなわち『無量寿経』に説かれる「摂取」と『大阿弥陀経』に説かれる「選択」とを同義であるとし、阿弥陀仏が因位（修行段階）に法蔵菩薩であったとき、二百一十億の諸仏の国土の善悪・

麁妙を見て麁悪を選捨し、善妙を選取して立てた本願、選択された四十八願の中に、往生行として念仏を選択して本願とした第十八念仏往生願を指すとともに『選択本願念仏集』に一貫して説き明かされる念仏の特徴をいうものである。信徒の側からいえば、種々の仏道修行のうち、ひたすら念仏をとなえる信仰をいう。↓阿弥陀仏、四十八願、念仏往生願、法蔵菩薩、本願

【選択本願念仏集《せんちゃくほんがんねんぶつしゅう》】

法然が建久九年（一一九八）に撰述した念仏の教義書。浄土宗の根本聖典。一般に略して『選択集』という。真宗では「せんぢゃく」と読む。どんな人間でも念仏によって往生できることを体系的に述べている。人間とは煩悩《ぼんのう》にまみれ、自力では悟れない存在であり、その人間のために阿弥陀仏の本願がある。その本願は四十八項目（四十八願）あり、あらゆる仏国土のすぐれた点のみを選りすぐったものである。中でも第十八願はだれでも心から阿弥陀仏の名号をとなえたなら往生できるというもので、一切衆生を平等に往生させるために、すぐれており、まただれにでも可能な念仏を仏が選び定められたのである。この選択された本願の念仏によって万人が救われるのであるから、釈尊もあらゆる仏も念仏の教えこそ最高の教えであると賛意を表わしている。われわれはこの本願を心から信じて念仏することにより、生死《しょうじ》をくり返している迷いの三界世界をぬけ出して極楽浄土に生まれ成仏への道を歩めるのである。

以上のような内容で、従来の学問や困難な修行を条件としない仏教、だれでもが参加できる仏教を開いた画期的な書として日本仏教史上に位置づけられる書である。↓勝易念仏、選択本願念仏

【善導《ぜんどう》】六一三〜六八一

浄土五祖のなかの第三祖。曇鸞・道綽の流れをくむ唐代中国浄土教大成者。山東省臨淄県の朱氏の家に生まれ、幼くして同県明勝法師について出家。のち『観無量寿経』を得て生死解脱の法門とした。時に『観経』の講説など名声が広まっていた道綽の高名を聞き及び、山西に訪ねてその膝下にあって『観

経』など研鑽精進する。貞観十九年（六四五）四月、師の道綽の遷化にあい、終南山の悟真寺に入り専ら念仏を修する。その後長安の市街に出て民衆を教化した。『阿弥陀経』を書写すること数万巻、その断巻がトルファンの遺跡より発掘されている。また「浄土変相図」三百鋪を描く。敦煌出土の浄土変やわが国の当麻曼荼羅図がその著書の所説と合致していることからわかるように、その影響が大きい。善導の教化の中心地は、光明寺と慈恩寺であった。六十九歳で入寂。弟子に『群疑論』の著者懐感、実際寺主の懐惲、直弟子ではないが祖述宣揚につとめた浄業などがある。著書には『観無量寿経疏』四巻、『法事讃』二巻、『往生礼讃』一巻、『観念法門』一巻、『般舟讃』一巻などがある。→観経疏、浄土五祖、偏依善導

【善導忌】《ぜんどうき》

中国唐代の浄土教の大成者である善導大師の忌日法要（高祖忌）。高祖と称されるから高祖忌とも呼ぶ。善導（六一三〜六八一）の祥忌は三月十四日説と三月二十七日説の二説があったが法然は十四日説をとり、以来三月十四日もしくは毎月の十四日に勤められた。久留米の善導寺では陰暦三月（現在は四月）十二日より十四日の三日間行われた。知恩院は善導忌、増上寺などは高祖忌と呼んで三月十四日に勤めている。→善導

【善導寺】《ぜんどうじ》 浄土宗

福岡県久留米市善導寺町にある浄土宗大本山。井上山光明院。浄土宗二祖聖光房弁長《べんちょう》（鎮西）を開基とする九州の浄土宗における根拠地。弁長は法然のもとを離れて下向し、筑前・筑後・肥後を遊化して多くの寺院を開き念仏教化に励んだ。三祖良忠《りょうちゅう》もこの地に赴き弁長から念仏の宗義を授かっている。その後の寺史は分明でないが、戦国期には草野氏らの外護によって伽藍の整備が行われるが、数度の火災で堂宇をしばしば焼失。現今の本堂は天明六年（一七八六）に四十八世慇海によって再興されたもの。→弁長、良忠

【善導大師像】ぜんどうだいしぞう

浄土宗祖法然に「偏依善導」と仰がれた中国浄土教の祖師の像。浄土宗寺院では、本尊阿弥陀三尊像の両脇にさらに法然像と並べて善導大師を安置する。中国における善導像は、『宋高僧伝』二十五の少康伝に大師の御影堂建立の記事があり、京都二尊院に伝わる南宋画の浄土五祖像中に描かれている。日本の善導像は、彫像と画像の二種があるが、様式上からは、京都の知恩院蔵善導大師木造立像や知恩寺蔵善導大師画像などに代表されるような、やや口を開き合掌念仏する形のものと、京都の二尊院蔵善導大師画像（浄土五祖像所収）に代表される口を真一文字に結び、左手に払子を持つ坐像の二つのタイプに分けられる。前者は主に鎌倉期の作品に見られ、後者は南北朝期のもので、その作例はきわめて少ない。
→浄土五祖像、善導

【禅林寺】ぜんりんじ 浄土宗西山禅林寺派

京都市左京区永観堂町四十八。浄土宗西山禅林寺派の総本山。聖衆来迎山無量寿院、通称は永観堂という。空海の弟子真紹が、故藤原関雄の東山荘を改めて寺とし、仁明天皇の報恩のため鎮護国家の道場として開創した。十世紀末七世として永観が入寺し、寺域に東南院を建て念仏道場として栄えるに及んで、永観堂の呼称が起こった。その後十二世静遍が入山して法然に帰依し、法然の門弟証空、そして西谷浄音と次第するに至って、西山西谷流の本寺として確立していった。応仁の乱で焼失、その後天正の頃より再興し現在に及んでいる。本尊木像阿弥陀如来立像は、永観感得の伝記とともに「見返の阿弥陀如来」としてその奇瑞を留めている。他に国宝「山越阿弥陀如来図」「金銅蓮華文磬」をはじめ、多くの寺宝を蔵している。→西谷義、みかえりの弥陀

そ

【総回向偈】そうえこうげ

願《がん》以《に》此《し》功《く》徳《どく》　平等施《びょうどうせ》一切《いっさい》
同発菩《どうほつぼ》提心《だいしん》　往生安楽国《おうじょうあんらっこく》

この一文は、善導《ぜんどう》の『観経疏《かんぎょうしょ》』玄義《げんぎ》分《ぶん》の一節より

採用されたもので、念仏をとなえる者には、以前に修した諸種の功徳がそなわり、その功徳を平等に、一切衆生に施すことを願うという大慈悲回向の義を端的に表わしている。ひとりだけでなく、皆、もろともに多くの衆生とともに、菩提の心をおこして西方極楽《ごくらく》浄土に往生せしたまえ、との意である。↓回向文

【総願偈】そうがんげ

衆生無辺誓願度《しゅじょうむへんせいがんど》　煩悩無辺誓願断《ぼんのうむへんせいがんだん》
法門無尽誓願知《ほうもんむじんせいがんち》　無上菩提誓願証《むじょうぼだいせいがんしょう》
自他法界同利益《じたほうかいどうりやく》　共生極楽成仏道《ぐしょうごくらくじょうぶつどう》

念仏信者としての共通の願いを総まとめにしたもので、四つの広大な誓願を指しており、四弘誓願《しぐせいがん》、四弘行願《しぐぎょうがん》ともいう。大乗仏教では菩薩は「上求菩提《じょうぐぼだい》、下化衆生《げけしゅじょう》」を究極の目的としており、その最終目的達成のために四誓願をおこして仏道成就を誓うわけである。願文は各宗派で若干異なり、浄土宗においては、先の四誓願に源信の『往生要集』にある残り二句を加え、欣求《ごんぐ》往生浄土を強調した。

【葬儀式】そうぎしき

亡者を引導して極楽へ往生させるために行う儀式で、遺族の悲しみを和らげることはもちろんであるが、儀礼を荘重に行うことにより、未信の人びとを仏教に帰入させる重要な儀式である。仏教では釈尊の父、浄飯王《じょうぼん》が亡くなった際に、釈尊自ら手に香炉をとって棺前に立ち引導したという故事をその起源としている。↓納棺式

【総持寺】そうじじ　西山浄土宗

和歌山市梶取《かんどり》八十六。西山浄土宗の三檀林の一つ。受陽山知足院。宝徳二年（一四五〇）明秀光雲の開基。後奈良・正親町両天皇から勅願所の綸旨を賜わる。その後兵乱天災により諸堂全壊するが、二十二世南楚大江が学徳兼備で活躍し、一山ことごとく中興するとともに、宗内の学徒群集して梶取学寮の名声大いに揚がる。一時は逸材多く輩出して紀州門末は栄え、現在に至る。↓西山流

【増上寺】ぞうじょうじ　浄土宗

東京都港区芝公園の地にあり、浄土宗の七大本山の筆頭。三縁山広度院。現在約五万二八〇〇平方㍍の境内に、三解脱門《さんげだつもん》（三門）や経蔵など江戸時代の建物も残るが、昭和四十九年建立の大殿《たいでん》など近代的都市寺院としての特徴を備えている。草創は明徳四年（一三九三）浄土宗第八祖酉誉《ゆうよ》聖聡《しょうそう》によって、真言宗の寺院から改宗。天正十八年（一五九〇）には住持源誉《げんよ》存応《ぞんのう》に徳川家康が帰依し、徳川家の菩提寺として、芝の地に慶長年間（一五九六〜一六一五）に諸堂宇が建立され興隆した。江戸時代には宗侶養成機関である関東十八檀林の頂点として、また宗門行政を行う浄土宗の総録所《そうろくじょ》として大きな役割をはたした。明治以降、三回の大火災や戦乱で焼けたが、近代的建築のもとに再生している。→三縁、檀林、聖聡

【双盤】そうばん

鉦《しょう》の大型のもので、木枠に吊って使用する。釣鉦鼓の変形とみられる。→双盤念仏

【双盤念仏】そうばんねんぶつ

鉦（たたきかね）を打ってとなえる念仏で、普通は二台を一組としたために双盤と呼んだ。その発祥の一つは中国で法照の五会念仏を円仁が比叡山常行堂に伝えたもので、ゆるやかな曲調《しらべ》をもつ引声念仏の一種である。この念仏が京都真如堂に下って、永享の頃に鎌倉光明寺に移されて十夜念仏となり、釣鉦鼓の変形した楽器を使ったところ双盤念仏と呼ばれた。また一遍の鉦たたき念仏にはじまるとの説もある。光明寺、真如堂のほかに鳥取県栖岸寺の一千日常念仏の結願式の双盤念仏、安土浄巌院の楷定念仏（開城）が知られる。→引声阿弥陀経、十夜念仏

【送仏偈】そうぶつげ

請仏随縁還本国《しょうぶつずいえんげんぽんごく》　普散香華心送仏《ふさんこうけしんそうぶつ》
願仏慈心遥護念《がんぶつじしんようごねん》　同生相勧尽須来《どうしょうそうかんじんしゅらい》

本文は、善導作の『法事讃』上巻に出る一節で、勤行のはじめに道場に来臨した諸仏を終りにあたつ

て、香を焚き、華を散じて本国に還られるのをお送りするための偈文である。心の中に、仏が本国に還られた後も、常に遥かに護念したまえと願い、浄土に往生した念仏の信者たちも、仏とともに相勧めて、ことごとく護念したまえと祈願するのである。

【即便当得】 そくべんとうとく

往生の時期に関して使用される言葉。聖光・良忠の系統である鎮西義では即便往生と当得往生を同義として、臨終時の来迎による順次往生を意味する。また、証空の系統である西山義では、現生における阿弥陀仏の来迎を即便往生とし、臨終時の来迎による順次往生を当得往生として理解している。但し、この西山義の見解においても即便往生と当得往生は別々の内容ではなく、即便往生を得たならば当得往生は成立し、同時に当得往生を得たならば即便往生が成立しているという。また、真宗では阿弥陀仏を信ずる者は、この世で必ず仏となることが定まっている（現生正定聚《しょうじょうじゅ》）という立場から、即便往生と当得往生を区分して理解する傾向にある。→離三業念仏

【尊照】 そんしょう　一五六二～一六二〇

近世初頭に知恩院を浄土宗総本寺に導いた中興の祖。十一歳のとき盧山寺《ろざんじ》で剃髪、のちに叔父の知恩院第二十八世浩誉聡補《そうほ》に師事。十五歳で関東に下り文禄四年（一五九五）三十四歳のとき徳川家康の猶子となり、青蓮院宮二品親王の令旨を仰いで知恩院第二十九世となる。慶長二年（一五九七）には家康に図って関東諸寺掟書を発し、同時に増上寺存応《ぞんのう》に諮り香衣《こうえ》の執奏《しっそう》権を知恩院のみのものとした。のち元和元年（一六一五）元和《げんな》条目《じょうもく》の制定、御影堂をはじめとする諸堂舎の竣工など、徳川氏の帰依のもとに知恩院を浄土宗第一の本山として不動のものにした。→存応、知恩院

【存応】 ぞんのう　一五四四～一六二〇

字《あざな》は慈昌《じしょう》。江戸時代初期の白旗《しらはた》派の僧。武蔵国（埼玉県）に生まれる。永禄四年（一五六一）鎌倉大長寺存貞の弟子となり、源誉存応と改名する。天正十

二年（一五八四）江戸増上寺の十二世となったが、徳川家康が江戸に入ると帰依を受け、増上寺は徳川家の菩提寺となり、その地位も向上し勅願所にもなった。その後、安心問答《あんじんもんどう》や、慶長十三年（一六〇八）の日蓮宗との宗論を経て、存応の力量も広く宗内外に認められ、優秀な弟子たちを配した檀林《だんりん》制度（宗侶の養成機関）の確立に努め、近世浄土宗の基盤を築いた。普光観智国師《かんちこくし》、貞蓮社源誉存応。→増上寺、檀林

た

【大師号】だいしごう

中国やわが国で朝廷から高僧に賜う称号。本来、大導師という意味で、経論では仏や法や戒も大師と称した。称号としては、中国では慧遠《えおん》が大中二年（八四八）に弁覚大師と諡《おくりな》され、わが国では最澄が貞観八年（八六六）に伝教大師と諡《おくりな》されたのがはじめ。法然は元禄十年（一六九七）に東山天皇から円光大《えんこうだい》師《し》、その後、中御門天皇から東漸《とうぜん》を諡され、その後五十年ごとに慧成《えじょう》、弘覚《こうかく》、慈教《じきょう》、明照《めいしょう》、和順《わじゅん》の大師号が加諡された。

【大樹寺】だいじゅじ　浄土宗

愛知県岡崎市にあり、徳川家康の祖・三河松平氏八代の菩提所で三河浄土宗の中心寺院。文明七年（一四七五）松平親忠建立の草庵が次第に発展し、開山僧愚底以降、関東の僧侶の多くが京都諸寺院に入る出世寺院となった。天文四年（一五三五）勅願所、永禄三年（一五九四）寺内法度の制定、慶長二年（一五九七）朱印十六石余となり、歴代将軍が特別に保護を加えたので隆盛をきわめた。寺蔵の多宝塔、如意輪観音画像等みるべき寺宝も多く、古文書等は、浄土宗史料としてはもとより一般史料としても貴重である。

【袋中寺】たいちゅうじ

沖縄県那覇市字小禄六九二番地にある。琉球を教化した、近世初期の名越派僧袋中良定《たいちゅうりょうじょう》に因《ちな》んだ寺院。現在本堂・慰霊堂・鐘楼などがある。袋中良定が復興した京都檀王法林寺によって昭和十二年（一

九三七）檀王法林寺《だんのうほうりんじ》別院寧王院袋中寺が創建されるが、太平洋戦争によって壊滅。昭和四十七年（一九七二）「沖縄浄土宗別院設立準備委員会」が設置され、復興の端緒となる。最初の建設予定地の糸満市には、社会福祉法人「袋中園」が建設され、昭和五十年（一九七五）十月、小禄の地に浄土宗沖縄別院袋中寺として完成。その後昭和五十三年二月宗教法人「袋中寺」として独立した。→良定

【大日経】《だいにちきょう》

正しくは『大毘盧遮那成仏神変加持経』七巻。密教の根本経典。教主は大日如来である。通常の経典は釈尊が説法しているが、本経は真理そのものである大日如来が説法主であり、仏のみが知り得る密教の教えや行法が説かれる。『大日経』にもとづいて作製された曼荼羅を胎蔵《たいぞう》界曼荼羅という。大日経は密教の経典であるのに対し、浄土三部経は人びとに理解できるように説かれた顕教《けんぎょう》の経典である。『大日経』を読誦する功徳を、法然は否定はしていない。
→大日如来

【大日如来】《だいにちにょらい》

大いなる太陽の意味。真言密教の教主である、宇宙の真理そのままが人格化した仏である。すべての仏菩薩は大日如来を本体としてそこより生まれ、またあらゆる世間の森羅万象もこの仏の顕現したものにほかならないとされる。真言密教では、阿弥陀仏もその本体は大日如来である。真言宗でも念仏をとなえることがあるが、極楽往生のためではなく、大日如来の密厳《みつごん》浄土に悟入するための手だてである。
→大日経

【大念仏】《だいねんぶつ》

大声でとなえる念仏や多数でとなえる念仏（大衆念仏）をいうが、また融通念仏宗（大念仏宗）良忍（一〇七二〜一一三二）の念仏をも指す。大念仏は一定の曲調をもつ音楽的な念仏で、先駆は常行堂の不断念仏・引声念仏である。大念仏が記録に現われるのは正暦（九九〇〜九四）の頃の「超昇寺の大念仏」であるが一般化したのは良忍によってである。鎌倉

時代末頃には悪疫退散を目的とした無言劇の念仏勧進である大念仏狂言（壬生狂言）を生み、また死者供養・農耕儀礼を目的とした太鼓・鉦・笛・鰐口等の楽器を用い、独特の音曲とともに輪舞を伴う会津大念仏、岩手の大念仏剣舞、遠州大念仏なども生み出した。→良忍

【大悲の筏】だいひのいかだ

『無量寿経』に説かれる阿弥陀仏の四十八の誓願《せいがん》のこと。聖光《しょうこう》の『末代念仏授手印《まつだいねんぶつじゅしゅいん》』序に「法蔵菩薩《ほうぞうぼさつ》の大悲誓願の筏」とあるように、阿弥陀仏の大慈悲は、生死苦悩の大海に迷い、常に流転している衆生をのせて、この苦海を越え彼岸《ひがん》つまり極楽浄土に渡す筏にたとえられる。→四十八願

【当麻寺・奥院】たいまでら・おくのいん

奈良県北葛城郡当麻町にある。極楽を描いた浄土曼荼羅（いわゆる当麻曼荼羅《たいままんだら》）で有名で古来から浄土教信仰の的とされてきた。当麻寺《たいまでら》は寺伝によると用明天皇の皇子麻呂子親王の開創、河内国の二上山の西麓にあったのを白鳳二年（六七三）に当麻役小《えんのお》角《づぬ》の宅趾に移転。万蔵院・禅林寺などと称した。現在、浄土宗と真言宗が年番交替の住職を務める。境内奥院は往生院といい、応安二年（一三六九）知恩院十二世誓阿普観が隠退したことにはじまり、本来は知恩院奥院であるが、一般には当麻寺奥院といわれている。五月十四日には中将姫を追慕して二十五《にじゅうご》菩薩仮面《ぼさつかめん》の練供養《ねりくよう》による来迎会でにぎわう。→当麻曼荼羅、二十五菩薩来迎会

【当麻曼荼羅】たいままんだら

浄土三曼荼羅の一つ。大和当麻寺所蔵の『観無量寿経』を所依とした変相図。製法は綴織によるもので、成立年は二説あるが七六三年説をとるものが多い。図様の構成は善導の『観経疏』の所説にもとづく。内陣と外陣に区画され、内陣には舞楽、父子相迎、宝地、樹下、三尊、宝楼宝殿、虚空の七会が下から上へと順次描かれる。下陣は左側に序分義の二十七項を十図にまとめ、最上段に化前序、右側に定善義の十三観、下辺に散善義の九品来迎を配置する。

当麻曼荼羅の流布は鎌倉期に至って西山流証空によって世に紹介され、徳川期にはその信仰が隆昌を迎え多くの縮小版が製作された。→浄土三曼荼羅

【棚経法】たなぎょうほう

盂蘭盆会《うらぼんえ》のとき、仏壇仏具を清掃し、精霊棚《しょうりょうだな》を設け、先祖代々の位牌を祀り、檀那寺《だんなでら》の僧侶を招いて誦経、念仏、回向を勤めることをいう。各家ではお盆前に催される草市などで精霊棚に供える百味五果の供物、花などを求め準備する。『浄土宗法要集』には正式な次第が示されているが、時節柄、短期間に多くの檀家の招きに応じて勤める読経であり、したがって次第の扱いは檀那寺の僧侶に委ねられているので、時には省略される偈文もある。→盂蘭盆会

【他筆鈔】たひっしょう

証空の著。全十四巻(または十巻、十一巻)。善導の『観経疏』を注釈したもの。正しくは『観経疏他筆鈔』、略して『他筆鈔』また『他筆御鈔』『他筆御書』ともいい、古くは『十巻鈔』ともいわれた。証空の講義を観鏡証入が筆録したものという伝承から、他筆の鈔と呼ぶ。実導の説によれば、『自筆鈔』は法然の口伝をそのまま記したもので、特殊用語は行門・観門・弘願を用いる。『他筆鈔』は証空自身の研究によって、宗旨の淵源をきわめたもので、顕行・示観、正因正行を用いている。とはいえ決して浅より深へというのではなく、粗より細に至ると見るべきである、という。しかし、本書は筆字の期間が長く、後人の加筆の部分がかなり多い。→証空

【他力本願】たりきほんがん

自己の修行による功徳によって悟りを得る自力ではなく、専ら仏菩薩の本願力、すなわち他力によって救済されることをいう。とくに浄土宗では、阿弥陀仏がいまだ悟りに至る前の法蔵菩薩のとき修行の過程でおこした四十八の誓願、中でも第十八願である念仏往生の願を成就したことによって、極楽往生の望みを遂げることをいう。転じて、俗には物事を行うとき、ひたすら他人の力ばかりをあてにして事をなし遂げようとすること。→自力・他力

【誕生寺】たんじょうじ　浄土宗

岡山県久米郡久米南町北庄にある浄土宗特別寺院。法然誕生の地、美作《みまさか》国久米南条郡稲岡北庄に造られた由緒寺院である。成立の事情については父漆間時《うるまのとき》国《くに》、法然の開宗、帰郷、弟子の熊谷直実《くまがいなおざね》などと関連づけたさまざまな伝説があるが、『四十八巻伝』にすでに記述のあることなどから、この頃には存在していたようである。のちに戦国期になると原田氏一族、近世には森氏によって厚い外護を受ける。元禄年間には出開帳も行われ、この奉加によって再建された御影堂が現在に至る。→法然

【但信称名】たんしんしょうみょう

法然の『無量寿経釈』に「たとえ観念なくとも、但だ称名を信ずるまた往生を得」と説かれるように、仏を観ずる観念の修行を用いずとも、たとえ十声の念仏でも必ず極楽へ往生ができると信じて念仏をとなえることである。この信は阿弥陀仏の本願力と自分自身がその対象であることへの絶対的な意識をもつことであり、聖冏《しょうげい》は単信の大信といっている。→念仏

【檀那】だんな

梵語ダーナの音写。旦那とも書く。布施、与えること。中国、日本では、布施を施す人、檀主、檀家、僧が金や物を施す信者を呼ぶときにいう、檀越との混同により用いられているともいわれる。転じて、主人、目上の人、夫を呼ぶ尊称。商人が得意客を呼ぶ称。『徒然草』一八八に「法師のむげに能なきは、檀那すさまじく思ふべし」とある。

【歎異抄】たんにしょう

著者不明であるが親鸞の弟子唯円《ゆいえん》(鎌倉後期の人)とする説が有力である。著者は親鸞から直接信心のあり方を聞いていたが、親鸞没後、自分が聞いた信心とは異なる解釈をする者が出てきた。これを歎いた著者が親鸞の語を並べ記して異義を批判した書である。十八章で、前半の十章が親鸞直接の語録、後の八章は批判となっている。明治以後とくに注目さ

れるようになった。中でも悪人正機を述べた一節は有名であるが、これは法然のことばであるという考えが最近強くいわれるようになった。↓悪人正機、親鸞

【檀林】だんりん

栴檀樹林《せんだんじゅりん》の略で僧がその樹下で勉強したことに由来する学問寺の名称。談林・譚林とも書き、談所・談義所などともいった。浄土宗では鎌倉時代から見られ、三祖良忠が下総に福岡や飯沼の談所、性心《しょうしん》が秩父に水沼の談所、聖冏《しょうげい》が下野に横曽根談所、妙観が磐城に栃葉《とちは》（折木《おりき》）談所などを作った。もともと師僧が弟子に浄土宗義や仏教学を教えていた所が次第に整備され、江戸時代には関東で鎌倉光明寺、江戸増上寺をはじめとする学問寺が整備され、十八檀林と称されるに至った。

ち

【知恩院】ちおんいん　浄土宗

京都市東山区林下町にある浄土宗総本山。法然が

念仏教化の根本道場とした地で、法然入寂の霊跡でもある。歴代住持の手腕によって興隆を示すが、とくに二十二世周誉珠琳が出て将軍足利義政の外護により仏殿・御影堂などを造営し、発展の礎を築いた。近世になって二十九世満誉尊照《そんしょう》の代になると、徳川家康や増上寺存応《ぞんのう》と図って一宗総本寺とし、宮門跡を設け香衣《こうえ》執奏《しっそう》を知恩院所管とするなどの地位を確立した。現在の大伽藍は家光のときに再建された御影堂を中心に整備されたもので、御廟所とともに世人の信仰を集めている。↓尊照、法然

【知恩寺】ちおんじ　浄土宗

京都市左京区田中門前町にある浄土宗大本山。百《ひゃく》万遍《まんべん》ともいう。もとは賀茂《かも》の河原屋《かわはらや》といい、比叡山皇円《こうえん》阿闍梨の住房功徳院の里坊であった。この堂は、生家漆間家から神官になる人の多かった下鴨《しもがも》神社の本地仏を釈迦としていたことから、法然は招かれてよく訪れたと伝えられる。常随の弟子源智《げんち》はこの功徳院で寂したとされ二世になっている。六世如空のとき知恩寺と改めた。八世善阿空円は除疫の百万遍

念仏を修して後醍醐天皇より百万遍の号を賜わる。寛文二年（一六六二）に北白川田中の地に移転し現在に至る。→百万遍念仏

【長西《ちょうさい》】 一一八四～一二六六

　鎌倉時代前期の浄土宗の僧。讃岐国（香川県）西三谷に伊予守藤原国明の子として生まれる。九歳のとき上洛し、十九歳で出家して法然の弟子となり覚《かく》明《みょう》房《ぼう》と号す。常に法然の身近に仕えていたが、二十九歳のとき師の入滅にあい、以後は長期間にわたり諸宗の学匠に学んだ。こうして長西は、念仏以外の諸行も本願の行であり、極楽往生が可能であるという諸行本願義《しょぎょうほんがんぎ》を主張するようになった。洛北の九品《くほん》寺《じ》に住して布教につとめたことから、九品寺義《くほんじぎ》（流）ともいう。多くの弟子の中でも、道教たち一派の関東における活躍がめざましかった。

【兆載永劫《ちょうさいようごう》】

　はかりしれないほど長い期間のこと。兆と載は中国における巨大な数の単位で、両方で非常に大きな数を指す。劫はインドの最も長い時間の単位で、きわめて長い時間、永遠の時間を表わす。『無量寿経』巻上に「不可思議兆載永劫において菩薩の無量の徳行を積植す」とあり、衆生済度を願って出家した法蔵菩薩が阿弥陀仏になるまでにきわめて長い期間にわたり、修行や功徳を積んだことを表わしている。
→十劫正覚

【鎮勧用心《ちんかんようじん》】

　証空の法語。証空一代の教えとその宗教体験が巧みにまとめられており、西山流内に最もよく知られている。三鈷寺に証空の親筆として仮名書きのものが伝えられているが、現在は漢文体のものが多い。題号は後世に付加されたものであろう。

　由来については諸説あるが、証空の晩年に、弟子たちに示したものである。上段にこの法語、下段に証空の画像を配した軸物が広く流布している。→証空、西山義

【鎮西忌】ちんぜいき

浄土宗二祖聖光房弁長（一一六二〜一二三八）の忌日法要。聖光は久留米の善導寺を拠点として筑前、筑後、肥後を中心として布教したために鎮西上人、筑紫上人と称された。久留米の善導寺では開山忌と呼んでいる。忌日は陰暦二月の二十九日であるから二月二十七日より二十九日の三日間行われ、中日には門前の薬師堂より聖光の像を御輿に乗せて数十人の天童が担いで行う庭儀式で知られる。現在では三月二十七日より二十八日（閏年は二十九日）に法要が営まれる。知恩院、増上寺は二月二十八日に勤めている。→鎮西流、弁長

【鎮西流】ちんぜいりゅう

浄土宗祖法然門下五流と称される中で、聖光房弁長の門流を意味する語。主として九州地方すなわち鎮西の地において教線を拡張したので鎮西流と称され、現在の浄土宗を指している。この門流は宗祖の法然以下弁長を二祖、良忠を三祖と次第し、やがて中興の祖聖冏《しょうげい》が出るに及んで宗の内外を充実させ、教団として勢力を拡大した。→聖冏、弁長、良忠

つ

【追善回向】ついぜんえこう

先亡者の苦しみを除き、その境涯の安らぎを増進させるために生存者が善根功徳を積み、その功徳を先亡の霊に対して振り向ける（回向）こと。追善行としては一般に没後七七日（四十九日）の中陰をはじめ、百箇日・一周忌・三回忌・七回忌ないし百回忌などに法会を行い、あるいは仏像・堂塔などを造立し、また読経・写経・持呪などの行を行う。しかし、浄土宗では法然の教えにより、念仏をもって最高の追善行とし、専ら念仏行を行うのが通例となっている。→回向、供養

【月かげのいたらぬさとはなけれどもながむる人のこころにぞすむ】

法然の代表的和歌で浄土宗の宗歌である。平安末期から鎌倉初期の成立。『続千載和歌集』十釈教歌

の中に選ばれている。詞書に「光明《こうみょう》偏照《へんじょう》十方《じっぽう》世界《せかい》念仏《ねんぶつ》衆生《しゅじょう》摂取《せっしゅ》不捨《ふしゃ》の心を」とあるとおり、阿弥陀仏の救いの光明を月の光で表わし、その光はだれにも降りそそがれるが、念仏信者こそがその恩恵をこうむり、心に光を宿し、心が澄むのであるという意味。「住む」と「澄む」の掛詞になっている。さらにすべての人が念仏信者になってもらいたいという法然の願いがうかがわれる。信仰の境地を歌いあげたものとして知られている。

【通夜】 つや

夜伽《よとぎ》、逮夜《たいや》ともいう。伽とは慰めるの意、逮夜とは葬送に逮《およ》ぶ夜の意である。すなわち葬送の前夜を指してそういう。喪主は死者の枕元に付き添い、親類、知人が集まって故人を追慕し、冥福を祈る儀式である。『浄土宗法要集』によると、念仏、礼讃、誦経のほか、宗祖の御法語、和讃《わさん》など僧俗ともに和唱できるものを用いるよう指示されているが、定まった次第はない。→葬儀式

【徒然草】 つれづれぐさ

上下二巻(二四三段から成る)。随筆集。卜部兼好作。成立年代未詳。諸説があり十四世紀前半頃の成立か。その内容は、㈠つれづれとは何か、㈡無常の認識、㈢趣味論者としての言説、㈣求道としての言説、㈤人間理解者としての言説、㈥日常生活の訓え、㈦有職、考証、芸能への愛、㈧自讃に分類され(富倉徳次郎説)、兼好の世界の広さがうかがえる。第三十九段をはじめ、法然をたたえる文がいくつかあり、中でも「疑いながらも念仏すれば往生す」の一文はここだけに紹介されていて注目を浴びている。中世隠者としての求道、歌人、故実家としての認識にもとづく鋭い批評は文章にも反映され、和文漢文脈を駆使しての独自の世界が形成されている。

て

【徹選択本願念仏集】 てっせんちゃくほんがんねんぶつしゅう

浄土宗第二祖弁長撰。二巻。本書の制作年時は上下二巻のうち、上巻は嘉禎三年(一二三七)六月十

九日、下巻は同年六月二十五日である。本書は上下の内容がそれぞれ異なっており、上巻では『選択集』十六章段についての記述がなされており、下巻は問答形式により、念仏に通（総）別の二義ありとし、通（総）の念仏では、とくに『大智度論』を引いて、万行すべて念仏であるとし、別の念仏では、口称念仏は阿弥陀仏の選択本願の念仏であるから、この念仏三昧はたちまちに成就し、往生の本懐をとげることができる。それは念仏三昧が不離仏、値遇仏の両義をもつためとし、法然の選択念仏の主旨を力説高揚したのである。

【天下和順】てんげわじゅん

仏法が広まることによって天下が穏やかに治まること。『無量寿経』巻下にはそのありさまを「天下和順し、日月清明なり。風雨時をもってして、災厲（災害や疫病）おこらず、国豊かに民安くして、兵戈（軍隊や武器）用いることなし。（人びとは）徳を崇め仁（友情）を興して、務めて礼譲（礼儀と謙譲）を修む」と説く。この偈は祝聖文または天下泰平回向文といい国家安穏、五穀豊饒、道徳礼儀の興隆を祈るためにとなえ、また慶祝の法要に用いられる。

【伝通院】でんずういん　浄土宗

東京都文京区小石川にある。関東十八檀林《かんとうじゅうはちだんりん》の一つ。無《む》量山寿経寺《りょうざんじゅきょうじ》と称す。応永二十二年（一四一五）聖聡《しょうそう》の要請で移り住んだ聖冏《しょうげい》の草庵が前身で、聖冏を開山として寿経寺と号した。慶長七年（一六〇二）徳川家康の生母お大《だい》の方が葬られ、その法名により伝通院と改められた。同十三年、家康の命令で大伽藍が建立され、存応《ぞんのう》（一五四四〜一六二〇）の弟子廓山《かくざん》が入寺し中興開山となった。幕府の厚い保護のもと、多くの子院をもち、歴代住持の多くが増上寺《ぞうじょうじ》・知恩院《ちおんいん》に転進するなど、その基盤が確立し、檀林として寺運大いに栄えた。→聖冏、聖聡、檀林

と

【道観】どうかん　一一九五〜一二六四

浄土宗西山六流のなか嵯峨流の祖。諱は証慧。建

久六年（一一九五）京都に生まれる。文章博士孝範の養子。はじめ阿弥陀院の観鏡証入《しょうにゅう》（西山六流のなか東山《とうざん》流祖）に師事し、のち直接善慧証空について習学し浄土宗義をきわめる。後嵯峨天皇の崇信を受けて、洛西嵯峨小倉山に浄金剛院を建立し開山第一世となる。ここに多くの道俗を教化し、善導『観経疏』の注釈書など多くの撰述とともに盛んに講席を張った。大いに門葉広がり、弟子に覚道・修観・円道・尊観・道念など俊材輩出し、のちにこの門流を嵯峨《さが》義という。著述に『浄土宗名目』二巻、『当麻曼荼羅縁起』一巻がある。文永元年（一二六四）五月三日寂。享年七十歳。→嵯峨義

【道元】《どうげん》一二〇〇～一二五三

鎌倉時代の僧。日本曹洞宗の開祖。京都の名門の出身。幼なくして父母を失い出家、比叡山で受戒。学道への疑問から入宋、天童山の如浄《にょじょう》に参禅、只管《しかん》打坐《たざ》（ただひたすら坐る）による禅を継承した。帰国後、臨済禅や比叡山の圧力を受けながらも京都で布教。のちに永平寺を開き、厳しい修行のうちに生涯を終った。道元は修行のほかに証（悟り）を求めることを否定し、修行がそのまま悟りであるという修証一如の坐禅を説いた。著述として『正法眼蔵』や『学道用心集』など多数がある。

【道光】《どうこう》一二四三～一三三〇

字は了慧。望西楼・蓮華堂ともいう。法然の遺文類を集めて『黒谷上人語灯録《くろだにしょうにんごとうろく》』を完成。良忠《りょうちゅう》から円頓戒《えんどんかい》・『末代念仏授手印』双方を相承し、京都三条の悟真寺《ごしんじ》を中心として布教活動を展開し、後醍醐《ごだいご》天皇からは広済和尚号を賜わる。さらに浄土宗二祖の聖光房弁長《べんちょう》（鎮西）ならびに恩師然阿良忠の別伝を作るなどの多くの著述類を残し、鎮西流《ちんぜいりゅう》の基礎を固めて三条派という一派を成した。→黒谷上人語灯録、鎮西流、末代念仏授手印、良忠

【東山義】《とうざんぎ》

西山四流の一流。東山義の開祖は、西山流祖証空の法脈を承けた観鏡房証入（一一九五～一二四三）。観鏡は東山宮ノ辻子（六道の辻の辺）に阿弥陀院を

建てて祖承の教えを弘めたので、地名に因んでこの流義を東山義という。観鏡はのち京極に安養寺を興す。教旨は五組一轍、正因正行などの義にあると伝えられているが、当流に関する資料が残存していないので要義は明らかでない。観鏡の門弟に証仏・観明・阿日などがおり弘法に専念した。法孫の了観は三福寺を興し、教えを弘めたが、南北朝時代の末には東山の阿弥陀院は廃滅し、安養寺は西谷義に、三福寺は深草義に転じ、法灯は断絶した。→観鏡、西山流

【道綽】どうしゃく　五六二～六四五

浄土五祖の第二祖。曇鸞に私淑してその思想を継承し、七世紀前半に活躍した浄土教祖師の一人。十四歳で出家し『涅槃経』の研鑽につとめ、のち慧瓚に師事して学ぶ。その後玄中寺の曇鸞事跡の石碑に会い、慕って当寺に住み浄土教者となる。称名念仏怠りなく『観経』の講説、道俗の教化に尽くした。八十四歳で玄中寺に入寂する。著書に『安楽集』二巻がある。→浄土五祖

【塔婆】とうば

死者の埋葬、年忌、施餓鬼《せがき》、十夜《じゅうや》などに法名または、先祖代々追善などと書き、読経、念仏回向して墓に建てるものである。梵語ストゥーパの音写で仏《ぶつ》舎利《しゃり》などを安置し供養《くよう》するための構築物をいうが、ここでは死者供養に用いている。現形の塔婆は、角塔婆と板塔婆で、板塔婆は略式である。上方を五輪に刻み、正面には五大を表わす梵字または名号を書き、つぎに法名を記す。裏面は年号、施主名などを書く。→追善回向

【得浄明院】とくじょうみょういん　浄土宗

京都市東山区林下町知恩院山内にある浄土宗別格寺院。天正十一年（一五八三）、寺町四条聖光寺内に宗慶なる僧によって創立された西光院と号した寺院を前身とする。これを明治十五年（一八八二）信濃善光寺大本願百十八世久我《こが》誓円《しょうえん》尼公が、もと華頂宮尊秀法親王の宮跡を兄久邇宮朝彦親王の配慮によって、知恩院七十五世養鸕徹定《うがいてつじょう》より寄進を受けて移転

し開創した善光寺の別院である。誓円尼公は、伏見宮邦家親王の女にして知恩院より院号「得浄明院」を授与される。現在もおもに近畿圏の信者の参拝が多い。→善光寺大本願

【徳本《とくほん》】一七五八～一八一八

江戸末期の念仏の行者。紀伊（和歌山県）の人で、幼年から発心するが許されず、父の死後二十七歳で出家。その後、十津川・萩原・塩津谷山等の地元で草庵を結び、日夜、体をいとわず一心不乱に念仏に励む。独学で宗の大要を知り、寛政九年（一七九七）頃、河内・摂津を念仏教化。法然院を経て、四十六歳で小石川伝通院智厳から両脈を受けた。以降、日光・勝尾寺を参拝、近江・越前等を遊歴教化し、文化十一年（一八一四）増上寺典海の招きで江戸に入り、最後まで東国各地を教化して歩いた。世に徳本行者といわれ、各地に特殊な名号の碑を残している。

【特留念仏《とくるねんぶつ》】

末法万年の後、他のすべての教えや仏道実践の道

がなくなっても、ひとり念仏の教えのみは、なお百年の間この世に留まって、人びとを救うということ。『無量寿経』下巻に「当来の世に経道滅尽せんに、我れ慈悲を以て哀愍して特《ひと》り此の経を留めて止住すること百歳ならん」とあるにもとづき、法然はこの経に説くところは念仏におさまると説いた。

【登山状《とざんじょう》】

法然が専修念仏の興隆を懸念する比叡山に対して自らの真意を書き送った書状で、『拾遺《しゅうい》黒谷語《くろたにご》灯録《とうろく》』『四十八巻伝《しじゅうはちかんでん》』に所収する。執筆者は聖覚。年代は明らかでないが、建永の法難に近い時期と考えられる。内容的にはとくに浄土の宗意を明らかにし、その念仏を誹謗することは理不尽であり、同時に本願を曲げて放逸する念仏の徒は許されないと主張している。元久元年（一二〇四）十一月に比叡山に送られた「送山門起《そうざんもんき》請文《しょうもん》」と同様に、法然が門弟の行動に対する批判の対応に苦慮したようすが知られる。
→七箇条起請文

【曇鸞】どんらん　四七六～五四二

五世紀後半から六世紀前半に至る中国の浄土教者。浄土五祖の第一祖。インド浄土教を中国的に展開させ、中国・日本浄土教思想に大きな影響を与えた。最初四論の研鑽につとめ、なかほどには『仙経』にも傾くが、菩提流支に会い浄土教に回心しその思想と信仰の高揚に努めた。後年太原の南西玄中寺において僧俗の教化を行った。著書に『無量寿経論註』（『往生論註』）二巻、『略論安楽浄土義』一巻、『讃阿弥陀仏偈』一巻などがある。→浄土五祖

な

【南無阿弥陀仏】なむあみだぶつ

南無は帰命という意味で、阿弥陀仏に身も心も捧げて帰依するということ。六字の名号または単に名号といい、念仏ともいう。阿弥陀仏が衆生済度を願って修行していたときに立てた誓願（本願）の第十八番目に、その名をとなえる者をすべて救いとるという誓いがあることにより、南無阿弥陀仏と名号をとなえ仏に帰依する。『観無量寿経』に「至心に声をして絶えざらしめ、十念を具足して南無阿弥陀仏と称す」とあるのにもとづく。曇鸞《どんらん》（五～六世紀の中国僧）は『讃阿弥陀仏偈』の冒頭に六字の名号を掲げ、『往生論註』上には名号をもって『無量寿経』の根本精神とする。道綽《どうしゃく》（五六二～六四五）の『安楽集』上には第十八願文の「乃至十念」を「十念相続して我が名を称せんに」といい、善導《ぜんどう》（六一三～六八一）の『観念法門』にはこの文を「我が名字を称することは下十声に至るまで」といっている。これらの十念十声がみな六字の名号を意味するものであることは善導のつぎの釈によって知られる。『観経疏』玄義分に、南無阿弥陀仏は西国（インド）の正音であるといい「南はこれ帰、無はこれ命、阿はこれ無、弥はこれ量、陀はこれ寿、仏はこれ覚なり、故に帰《き》命無《みょうむ》量寿覚《りょうじゅかく》という」といい、また同書に「南無と言うは即ちこれ帰命、亦《また》これ発願《ほつがん》回向《えこう》の義なり、阿弥陀仏と言うは即ちこれその行なり、この義を以ての故に必ず往生を得」と述べ、六字の名号には願と行とがそなわっているとする。これらの説はみな本

願の念仏は六字の名号として伝承されていることを示している。法然は『選択集』三にこの本願の念仏について、念仏の功徳は最もすぐれていて、しかもあらゆる功徳が含まれ、また行じやすいという二点をあげて仏がこの念仏を選ばれた理由とし、善導の説を継承している。→阿弥陀仏、光明名号摂化十方、十念、利剣名号、勝易念仏

【南無阿弥陀仏　仏のみ名と思ひしに称ふる人のすがたなりけり】

浄土宗西山流祖証空の歌とされる。初出は、明治二十六年（一八九三）四月刊の光明寺法主関諦承撰『西山善恵国師要話録』に出る。しかしその典拠は明らかでない。弥陀の大悲が今、帰依しようとする衆生の願心に燃えついて一団の炎となったとき、いずれを救済すべき木（衆生の願心）ともいずれを救済する火（弥陀の法体）とも分けがたい。ただ全体が南無阿弥陀仏という真相があらわれるとする。西山義の特色である機法一体の境涯をうたったものである。→機法一体

【南米浄土宗別院】 なんべいじょうどしゅうべついん

日伯寺《にっぱくじ》。ブラジル・サンパウロ市ピケリー区にある南米唯一の浄土宗寺院。昭和二十八年（一九五三）特命開教使長谷川良信により創設され、翌年同国宗教法人として認可。開創以来、布教、教育、社会福祉を基本方針とする。青少年教育を行う日伯学園は初代から。長谷川良昭・西本尊方は知恵おくれの子供たちの施設イタケーラ子供の園を設立。池口龍雲、村上秀道は養護施設マリンガ和順ホームを設立し、これら施設活動はブラジル仏教界の草分け的存在。別院内に南米総監部が置かれ、各国への布教も盛んである。

に

【二河白道】 にがびゃくどう

善導の『観経疏』散善義、回向発願心釈におけるたとえ。善導は念仏信仰者の心境を具体的な譬喩をもって説明している。すなわち、二河とは水（貪欲《とんよく》）と火（瞋恚《しんに》）の河であり、中間に足幅ほどの白道が

あり、その上を行者が東岸（穢土《えど》）の釈迦の勧めにうながされ、西岸（浄土）の弥陀の招きにもよおされて、絶対絶命の状況の中を一心に歩んでゆく願生者の信心をたとえたものである。古来よりこのたとえを絵画化した二河白道図が多く描かれた。↓二河白道図

【二河白道図《にがびゃくどうず》】

水と火の二つの河の中間にある足幅ほどの白道を絶対絶命の危機に迫られた旅人が決断してたどることによって、穢土である東岸より極楽浄土の西岸に渡って救われるたとえを絵画化した図。このたとえは善導が『観経疏』散善義の中に説いたもので、念仏者が往生する過程とただ念仏のみ信じてとなえる教えを美術化したもの。この図様は鎌倉時代以降に描きはじめられ広く後代にも製作され、五重相伝など教化資材に用いられる。京都の粟生光明寺、鳥取の万福寺に秀作が伝わる。↓二河白道

【二十五菩薩来迎会《にじゅうごぼさつらいこうえ》】

阿弥陀如来と二十五菩薩が極楽から来たりて衆生を引接するという来迎思想を儀式化したもので迎《ごう》接会《しょうえ》、練供養、迎講、お面かぶりともいう。源信が横川の華台院で行ったのが最初で来迎図が製作されるとともに盛んになった。一般には本堂を極楽浄土、地蔵堂・娑婆堂・開山堂を現世とし、その間に設けられた来迎橋、来迎道を二十五菩薩に扮した信者が講中に導かれて練り歩く。当麻寺（五月十四日）は中将姫の、岡山誕生寺（四月十九日）では法然の両親の極楽往生が主題となっている。世田谷の浄真寺では三年ごとの八月十六日、十七日に、長野十念寺は四月二十七日、岡山弘法寺は五月五日、大阪大念仏寺は五月四日から一週間、京都即成院は十月十五日に行っている。↓来迎

【二十五菩薩来迎図《にじゅうごぼさつらいこうず》】

来迎図の一種の名称。阿弥陀如来が二十五菩薩を率いて念仏者を極楽浄土に迎え導く（来迎引接）あ

りさまを描いた図様。二十五の尊名は『十往生阿弥陀仏国経』に観世音・大勢至・薬王・薬上・普賢など説かれる。平安時代以降、二十五菩薩来迎信仰が高まって、源信作と伝える『二十五菩薩来迎和讃』があり、鎌倉時代に最盛期をむかえた。二十五菩薩式来迎図は来迎図の様式の中でも古いもので中国宋代の影響を受けたとされる。古い作品では仏菩薩が坐像であるが、後代になるにしたがって全部立像になってくる。→阿弥陀来迎図、来迎

【二祖三代】《にそさんだい》

浄土宗の祖師を総称した言葉。二祖とは唐の善導と宗祖法然の二人を指し、三代とは法然・二祖弁長（聖光）・三祖良忠のこと。三代は弁長・良忠・白旗派祖良暁《りょうぎょう》という説もあるが、浄土宗制では前者を三代と定めている。法然は浄土五祖のうちとくに善導に依憑して「偏依《へんね》善導」といい、善導の教説にもとづいて開宗したことによりとくに高祖を善導とし、宗祖法然とともに二祖としているのである。三代は法然からの師資相承をいったもので良忠が名づけたものである。→善導、弁長、法然、良暁、良忠

【二尊院】《にそんいん》

京都市右京区嵯峨二尊院門前長神町。法然上人二十五霊場の第十七番札所。小倉山二尊教院華台寺。天台宗に属する。承和年間（八三四―四八）嵯峨上皇が嵯峨院へ行幸の折りに一寺を建立し、釈迦・阿弥陀の二尊仏を安置したことから二尊院という。天台・真言・律・浄土の四宗兼学であったが、その後荒廃し、法然が再興し、以来浄土宗となり、明治以後は天台宗となった。湛空が建立した法然の五重塔、足曳堂には宅間法眼勝賀筆という法然の影像が安置された。伝説によって「足曳の御影」と呼ばれる。重源将来という浄土五祖像、『七箇条起請文』などが現存する。→足曳の御影

【二尊教】《にそんきょう》

釈迦と阿弥陀仏との二尊の教えのこと。善導の『観経疏』玄義分に「今乗二尊教」とあるによる。表面上には阿弥陀仏の説法はどこにもなく、釈尊が阿弥

陀仏のことを説く（観門）のであるから、厳密には一尊教である。しかし、証空は『観経』と『観経疏』を中心に研究した結果、釈尊の説法は阿弥陀仏の本願による（弘願）のであり、観経第七華座観の住立空中の弥陀三尊は、そのことを表現している。この点から弥陀教を第一義にみなければいけない。したがって、二尊二教といえる、とする。西谷義では、両者の不二一体の関係を重視して二尊一教を説き、深草義では、二尊の立場の相違と意義を重要視して二尊二教を説く。→証空、西山流、自筆鈔

【日常勤行式《にちじょうごんぎょうしき》】

浄土宗において日常に行う勤行の式次第のこと。法然は『選択集』第二章で五種正行《ごしゅしょうぎょう》として、読誦、観察、礼拝、称名、讃歎供養の五種を規定しているが、日常勤行はおのずから念仏が励まれ、信仰が深まってゆき、先出の五種正行のこころが知らず知らずのうちにそなわってゆくように、その順序配列がととのえられている。→五種正行

【日蓮《にちれん》】 一二二二〜一二八二

鎌倉時代の僧。日蓮宗の開祖。安房国（千葉県）の漁師の子。鎌倉に遊学ののち、比叡山に登り修学十二年、真実の仏教は『法華経』であると感得した。一時、安房に帰り、末法の現世には題目（南無妙法蓮華経）でなければ救われないと説き、諸宗を批判した。このため故郷を追われ鎌倉に出た。鎌倉では執権北条時頼に『立正安国論』を呈し『法華経』にもとづく政治を説いたが、伊豆に配流されることになった。再び蒙古軍来襲の時、激しく幕府に対論を求めたため佐渡に流罪になった。晩年は身延に籠り生涯を終った。浄土宗に対しては『念仏無間地獄抄』を記し念仏を非難した。

【日課誓約《にっかせいやく》】

浄土宗信徒や僧侶が、一日にとなえる念仏の数を自ら定めて、五重相伝や授戒の際に、毎日となえることを誓うこと。『阿弥陀経』に「名号を執持することもしは一日乃至七日」とあり、『般舟三昧経』に「一

心に念ずることもしは一昼夜、もしは七日七夜、七日を過ぎて以後、阿弥陀仏を見たてまつる」とあることにもとづく。法然も「一百四十五箇条問答」の中で「かずを定め候わねば、懈怠になり候えば、かずを定めたるがよき事にて候」と述べ、自らも晩年、六万遍乃至七万遍の日課念仏を行っていたと伝えられる。

【日課念仏】にっかねんぶつ

一日に称える遍数を定めた念仏のこと。また、それに基づき毎日称名念仏すること。法然は「かずをさだめ候はねば、懈怠になり候へば、かずをさだめたるがよき事にて候（『百四十五箇條問答』）」、あるいは、「人の心は当時見る事、きく事にうつる物にて候へば、なにとなく御まぎれの中にはおぼしめしいでん事かたく候ぬべく候。御所作おほくあてて、つねにずずをもたせ給ひ候はば、おぼしめしいで候ぬとおぼえ候（『往生浄土用心』）」などと述べ、人の心の不安定なありさまを推し量り、日課念仏の数を多く定めて、手に数珠を繰っての念仏相続を勧めた。

法然自身も「源空も大唐の善導和尚の教えに随ひ、本朝の恵心先徳の勧めに任せて称名念仏の勤め長日六万返なり。死期漸く近づくに依りて、又一万返を加へて長日七万返の行者なり（『聖光房に示されける御詞』）」と六万遍、七万遍の日課念仏を修めていた。浄土宗では、五重相伝や授戒会の際、日課念仏の誓約をすることになっている。

【入一法句】にゅういっぽっく

一法句とは阿弥陀仏の清浄な願心（一切の衆生をわけへだてなく救う心）をいい、極楽浄土の荘厳されたもろもろの相《すがた》はすべてこの願心に帰入するという意。阿弥陀仏の極楽浄土には三種（国土・仏・菩薩）二十九句《にじゅうくく》の荘厳功徳相《しょうごんくどくそう》がそなわっているが、これはみな阿弥陀仏の自内証（悟り）である清浄な願心より顕わし出されたものである。したがって、その荘厳相は結局弥陀の願心に帰納すべき性格のものである。世親《せしん》（五世紀頃のインドの哲学者）の『往生論』に「一法句とは謂《い》わく清浄句なり、清浄句とは謂わく真実智慧無為法身《ほっしん》なり」といい、曇鸞《どんらん》はこれを受けて、二十九種荘厳（広）と、一法句（略）とのかかわりを「広略相入《こうりゃくそうにゅう》」二十九種の荘厳相（広）は真実智慧（略）の中に納まるとし、さらにこれを法性法身《ほっしょうほっしん》（真理そのものとしての無色無形の仏）・方便法身《ほうべんほっしん》（人びとを救うために形を現わした仏、阿弥陀仏）の二種法身説を用いて述べている。

【女人往生】 にょにんおうじょう

女人も極楽浄土に往生できること。元来仏教では、女性は五障《ごしょう》すなわち梵天王《ぼんてんのう》・帝釈天《たいしゃくてん》・魔王・転輪王《てんりんのう》や仏になれないという性質を生まれつきもっていて浄土往生もしがたいとされていた。しかし阿弥陀仏の四十八願のうち第三十五に女人往生の願があり、女人の浄土往生を認めている。とくに法然は念仏往生は男女平等であることを主張した。→本願

【人間】 にんげん

浄土教においては人間を凡夫《ぼんぶ》と呼ぶが、それは「おろかもの」という意味内容を含んでいるばかりでなく、人間性に対する深い宗教的自覚を伴う呼称である。善導《ぜんどう》は『観経疏』散善義に「自身は現に是れ罪悪生死の凡夫」といい、さらに『観無量寿経』に説かれる三輩九種の人間はすべて凡夫であると解釈した（九品皆凡《くほんかいぼん》）。→九品、凡夫

【忍澂】 にんちょう　一六四五～一七一一

江戸中期の浄土律僧で法然院を創建した。武蔵国江戸の人で、明暦元年（一六五五）増上寺直伝に従って出家。のち岩槻浄国寺万無・増上寺林冏《りんげい》・幡随院知闡《ちせん》に師事し宗学をきわめた。延宝四年（一六七六）、八斎戒・菩薩戒を自戒授戒し、これより浄土律の復興に尽力。天和元年（一六八一）祖跡京都鹿谷《ししがたに》の地に法然院を律院として完成させ、十七条の規則を作り子弟を育成した。公武の帰依者も多く、一条輝子・近衛基凞・家凞や将軍綱吉・桂昌院などは有名。晩年、四年の歳月をかけ、建仁寺高麗版大蔵経と明版を対校した功績は大きい。その対校録（百巻）は没後に弟子の音澂等により完成。

【涅槃会】ねはんえ

釈尊入滅の日とされる陰暦二月十五日の法会。涅槃忌・仏忌ともいい、興福寺・法隆寺・四天王寺では常楽会と呼んでいる。大報恩寺（千本釈迦堂）では釈尊の最後の教えを述べた『遺教経』を訓読することから「遺教経会」（訓読会）とも呼んだ。涅槃会の儀式は源信《げんしん》の「涅槃講式」と高弁の「涅槃講式」「十六羅漢講式」「如来遺跡講式」「舎利講式」の『四座講式』にまとめられている。一般には寝釈迦さまと呼ぶ涅槃図（像）をかかげ、『遺教経』を読誦して釈尊の遺徳を偲ぶ法会である。この法会は桓武天皇二十五年の石山寺涅槃会、山階寺（興福寺）常楽会が著名で各大寺でも行われた。民間での行事には奈良県の子供の行事の涅槃講、ハナクソモライ（花供御貰いのなまり）、団子撒き（新潟）などがある。

【念死念仏】ねんしねんぶつ

念死とは死はさけることができないと念ずること。

念仏とは仏の姿を心に思いうかべること、あるいは仏の名を口にとなえること。浄土宗では聖光《しょうこう》（一一六二〜一二三八）が「安心起行の要は念死念仏にあり。出る息、入る息をまたず。入る息、出る息をまたず。たすけ給え阿弥陀ほとけ。南無阿弥陀仏」と説いている。これは、心や行いがゆるんだとき、死を思い死を念ずればたすけたまえという心がおこり、念仏がとなえられるようになるというのである。念仏者の用心の肝要を示したものである。→念仏

【念声是一】ねんしょうぜいち

阿弥陀仏を念ずることと声を出してとなえることは全く一つであること。念称是一ともいう。これは『無量寿経』に説かれている弥陀四十八願のうち、第十八願の文に「乃至十念」とある念と、善導の『往生礼讃』『観念法門』にある「下至十声」の声と意義は同じであるということ。法然は『選択集』第三章に念と声は同じとし、さらに「観経の下品下生にいわく、声をして絶えざらしめ十念を具足して南無阿弥陀仏と称せしむ……」といっている。→無観称名、

結帰一行

【念念称名常懺悔】《ねんねんしょうみょうじょうさんげ》

南無阿弥陀仏をとなえることにより、一念一念に懺悔や滅罪がなされるということ。善導の『般舟讃』の文の一節。すなわち、その文に「一切の善業回して生ずるの利あれども、専ら弥陀の号を念ずるにはしかず。念念の称名は常の懺悔なり」という。↓念仏と懺悔

【念仏】《ねんぶつ》

善導・法然の示した念仏は、阿弥陀仏の本願に基づき極楽往生を願って「南無阿弥陀仏」と称える行をいう。法然が「念仏は仏の法身を観ずるにもあらず、仏の相好を観ずるにもあらず。ただ心をひとつにして、もはら弥陀の名号を称するを、これを念仏とは申なり。かるがゆへに称名とはなづけて候なり（『大胡の太郎実秀が妻室のもとへつかはす御返事』）と述べているように、善導・法然以前の仏教界において、念仏といえば真理そのもの（法身・真如法性など）や仏の姿形（相好）を心を静めて観念することであった。しかし、善導は『無量寿経』の第十八念仏往生願にある「乃至十念せんに」との一節を、『観無量寿経』下品下生の文、さらには自身の高度な宗教体験を踏まえて「我が名号を称すること、下十声に至るまで（『往生礼讃』）」と解した。この文を受けた法然は「念声はこれ一なり（『選択集』）」と称名念仏こそ第十八願に誓われた行に他ならないと結論づけた。さらに法然は「おほよそ極楽に生まれ候べき行には、阿弥陀仏の本願にも、釈迦仏の説教にも、善導の解釈にも、諸師の料簡にも、念仏をもて本体とする事にて候なり（『御消息』）」、あるいは「諸行の中に念仏をもちいるは、かの仏の本願なるがゆえに（『一紙小消息』）」などと述べ、その生涯をかけて、阿弥陀仏の本願行としての称名念仏の位置づけを一代仏教中に確立した。↓十念、専修念仏

【念仏為先】《ねんぶついせん》

極楽浄土へ往生するためには、念仏が最も大切であることを示す言葉。『選択集《せんちゃくしゅう》』の冒頭に「南無阿

弥陀仏、往生之業念仏為先」とある。浄土真宗系のものには「念仏為本」とあるが、鎌倉時代の古鈔本には、すべて「念仏為先」となっている。源信の書物によったものといわれるが、これは前後関係について述べたのではなく、念仏が最も大切であることを示したものである。→南無阿弥陀仏

【念仏一会】 ねんぶついちえ

念仏には、尋常《じんじょう》、別時《べつじ》、臨終《りんじゅう》の三種行儀があり、念仏一会はこのうち尋常行儀の一つである。一会とは一連の意であり、ある連続した時間に念仏をとなえることを念仏一会と表現する。となえ方は、打物《うちもの》（鉦《しょう》や木魚）を合間打ち（裏拍子で一称三拍する打ち方）しながら念仏するのが浄土宗の大きな特徴である。

【念仏往生願】 ねんぶつおうじょうがん

阿弥陀仏の四十八願の中第十八願に「設我得仏十方衆生至心信楽欲生我国乃至十念若不生者不取正覚唯除五逆誹謗正法」とある文の願名である。法然は布施・持戒等の一切の諸行を捨て、念仏一行を選びとるものとして口称念仏を勧めるよりどころとする。その理由について法然は「聖意《しょうい》測り難し」としながらも名号の中に万徳を有し、一切の人びとが修することのできるゆえに念仏は勝易であるとする。またその念仏は上は一生を尽くすものから下は一たびの口称念仏を明かすもので、念仏を相続して往生を願う者を往生させんと誓った願であるとするのである。→四十八願、上尽一形下至十声一声、念声是一、勝易念仏

【念仏と懺悔】 ねんぶつとさんげ

念仏するところにおのずから懺悔の功徳がそなわること。善導の『般舟讃』の偈《げ》の中に「念念の称名は常の懺悔なり」といい、三祖・良忠は『決答授手《けっとうじゅしゅ》印疑問鈔《いんぎもんしょう》』下巻にこの意をくんで、「善導の御意《ぎょい》は爾《しか》らず、一心専念の念仏者には必ず堅く懺悔の心を立つべからず、只平《ただひら》に称念すれば自然に懺悔の徳を備えるの念仏なり」といっている。→念念称名常懺悔

【念仏付属】 ねんぶつふぞく

釈尊が十大弟子の一人である阿《あ》難《なん》に、南無阿弥陀仏ととなえることが浄土往生の奥義であることを伝授し、これを後世に伝えるよう託したことをいう。『観無量寿経』の最後に「仏、阿難に告げたまわく、汝よくこの語を持《たも》て、この語を持てとはすなわちこれ無量寿仏の名を持てとなり」とあるのを指す。この経には浄土往生のさまざまな方法が説かれているが、結論はこの文であり、釈尊の本意は衆生に、専ら無量寿仏（阿弥陀仏）の名を、南無阿弥陀仏ととなえさせることにあると解釈する。→南無阿弥陀仏

【念仏滅罪】 ねんぶつめつざい

念仏することによってすべての罪障が消滅することをいう。また、念仏自体に、破闇（暗）満願・滅罪生善の徳を挙げることができる。『観無量寿経』下品下生に「至心に声をして絶えざらしめ、十念を具足して南無阿弥陀仏と称せしむ。仏名を称するが故に念念の中において八十億劫の生死の罪を除く」と説かれている。→念仏と懺悔

【念仏利益】 ねんぶつりやく

仏の名をとなえることによって得られる功徳・利益のこと。この世で受ける利益を現益といい、将来における利益を当益という。浄土宗で、阿弥陀仏の名をとなえれば、極楽浄土に生まれることができるというのは当益にあたる。また、名をとなえると、今まで犯してきた罪が滅し、善を修する心が起こってくること、延年転寿（長寿を得る）、転重軽受（災難にあっても小さな結果ですむ）などの現益を受けるといわれる。→南無阿弥陀仏

の

【納棺式】 のうかんしき

死者を棺に納める儀式。納棺の前に湯灌を行うのは、釈尊の父、浄飯王《じょうぼんおう》が亡くなったときに香湯で身体を洗い清めたという故事によるもので、水を入れた後から湯を入れるのが習慣である。現在は消毒薬で拭いて清める程度で済ませることもある。湯灌中

は部屋を屏風でくぎり、念仏を一称一下にてゆっくりとなえる。湯灌が終ると、愛用の着物の上に経帷《きょうかた》子《びら》を着せ、手に数珠《じゅず》をかけ、宝冠のかわりに三角布、手甲、脚絆、頭陀袋《ずだぶくろ》には六文銭（三途《さんず》の渡《わた》し賃）を入れる。白足袋は通常より少し大きめにするのが心得であり、草鞋《わらじ》をはかせ杖を持たせ、生前の好物を入れて棺を閉じる。その後、棺前を荘厳《そうごん》し、洒水、納棺偈、奉請、広懺悔《こうさんげ》、発願文《はつがんもん》、念仏一会《ねんぶついちえ》、総回向《そうえこう》偈《げ》をとなえる。→葬儀式

は

【廃立・傍正・助正】　はいりゅう・ぼうしょう・じょしょう

法然が『選択集』四ではじめて使用した語で、そこでは廃・助・傍の順で述べている。西谷流の浄音が着目し、発展させて、行観が完成させた。西谷義を代表する教義。三重の法門ともいう。廃立とは、一方を立て他を廃することで、自力の心で修行する諸行では往生できないと廃し、弘願《ぐがん》の他力念仏を立てる。傍正とは、定散は弘願を開顕するための方便で、念仏を主とし、定散を伴とする、主伴の関係である。助正とは、安心を得た後は定散諸行を仏恩報謝のために積極的に行うべきであり、これを助とし、離三業の念仏を正とするというもの。

法然は諸行と念仏との関係を述べていたにすぎない（教相・廃立の法門）が、証空になると安心の面から、傍は定散要門、正は弘願としてその不即不離の関係においてとらえられ（傍正の法門）、西谷義になると、定散と念仏の関係をち密に論じ起行に及ぶ（助正の法門）、ここに至って、教相・安心・起行のすべての教義が完備されたという（行観の説）。→西谷義、浄音、行観、離三業念仏

【派祖忌】　はそき

浄土宗西山深草派において、派祖円空立信の忌日に勤める法会。立信は建保元年（一二一三）八月十日、大和源氏多田氏の嫡男として誕生。十五歳のときに西山流祖証空の門に入り剃度を受け、極楽房円空立信と名づけられる。証空に随従すること二十余年、洛南深草の里にて二尊二教三重六義の深草義の教えを弘通せんために真宗院を開創し、のち京極誓

願寺第二十四世の法灯を継ぐ。その間に白河の遣迎院、西山の往生院などを兼住し、洛の中央に円福寺を創建し開山となる。著書に顕意道教により聞き書きされた『深草抄』十巻がある。弘安七年（一二八四）四月十八日深草真宗院にて入寂。→立信

【八正道】はっしょうどう

悟りに至るための八つの正しい実践のこと。正道は聖なる道、聖道でもあり、極端を離れ道理にかなつた修行態度をいい、釈尊の悟りの根本原理である中道の具体的な内容を意味するものである。正しい見解（正見）、正しい思考（正思惟）、正しい言葉（正語）、正しい行為（正業）、正しい生活（生命）、正しい努力（正精進）、正しい憶念（正念）、正しい精神統一（正定）の八種。『阿弥陀経』に「八聖道分」とある。→四諦

【早来迎】はやらいこう

聖衆来迎図の中で、阿弥陀如来が二十五菩薩を率いて迅速な飛雲に乗つて念仏者を来迎する図様のこと。知恩院所蔵の『阿弥陀二十五菩薩来迎図』はその代表作で、急峻な山から滑降するように仏菩薩が白雲に乗って訪れるさまを規模雄大に描く。とくに自然描写が豊かで山水自体がそのまま浄土であることを連想させる。この作品は鎌倉時代末期の仏画の特色をよく表わしたもので、『法然上人行状絵図（勅仏）』の画風との類似性が顕著とされる。→阿弥陀来迎図

【ハワイ浄土宗別院】ハワイじょうどしゅうべついん

オアフ島ホノルル市マキキ街にあり、ハワイ四島十四か寺の中心寺院。明治二十七年（一八九四）岡部学応は特派布教使としてハワイ島ヒロからハカラを布教。のちハマクワに教会、ラウパホエホエに開教院を建立。明治四十年二代目伊藤円定はオアフ島に開教院を移し、六代目福田闡正《せんしょう》は昭和三年に別院殿堂等を現在地に落成。太平洋戦争の不幸な時代を経て、今日では日系人のためだけではなく、アメリカ社会に浄土の教えを生かすため、さまざまな社会活動を通して布教にあたつている。

【般若心経】 はんにゃしんぎょう

詳しくは『摩訶般若波羅蜜多心経』。般若経の一種で、真実を見つめる知恵（般若）をもってすれば、すべては空《くう》であると説く経。数ある般若経典に説かれることの心臓部を最も簡潔にまとめた経典であるから、心経という。異宗派との合同法要や各種祈願に、また食事前の作法等で読誦する。『要義問答』に「とくとく安楽の浄土に往生せさせおわしまして、弥陀観音を師として、……般若第一義空……心のままにさとらせおわしますべし」と。

ひ

【彼岸】 ひがん

生死、迷いのこの世（此岸）から悟りの境界に至ること。また、その悟りの境地、涅槃の境界。サンスクリット「パーラミター」の音写「波羅蜜」の訳語、到彼岸の略。生きているこの世を此岸として、煩悩をあいだの川や海にたとえ、それを越えた悟りの世界を彼岸という。また、春秋二季の彼岸会の略。

浄土教で彼岸といえば西方極楽浄土を指し、春分、秋分の日には太陽が真西に沈むので、彼岸の在所を示すものとして重んぜられる。→極楽、彼岸会

【彼岸会】 ひがんえ

春分と秋分を中日として前後三日ずつの一週間の仏事、法会のこと。彼岸は到彼岸（パーラミター）の意で煩悩や迷いの世界であるこの世（此岸）を離れて涅槃の世界（彼岸）を求める、という仏教の教えが行事化されたものである。浄土宗では善導大師の『観経疏』で春分、秋分の太陽が真西に沈むところを極楽浄土と観想して往生を願う、との説にもとづいている。庶民信仰としての彼岸行事では、四天王寺の西門は極楽浄土の東門に向き合っているとの信仰から彼岸に参詣することがあげられる。民間の農耕儀礼には中日に太陽をまつる日まつり、日送りの習俗があり、これを日願《ひがん》とみて仏教行事の彼岸を受けとめた基盤とする考え方もみられる。

【百万遍念仏】ひゃくまんべんねんぶつ

百万遍の念仏をとなえる行事。一人が七日、十日で百万遍をとなえることと、大念珠をくって多くの人びとの念仏の総和として百万遍を行う方法がある。または多数で一定の時間を念仏することをも指している。日本の各地に見られ、寺院だけではなく民間で行われることも多く、民間念仏の代表的なものともいえる。その目的は㈠葬儀、盆などの追善回向、㈡虫送り念仏、雨乞い念仏などの農耕儀礼に関するもの、㈢流行病などの疫病退散にかかわるものがある。教理上では道綽の百万遍の念仏をとなえれば極楽に往生できるとの教えにある。↓知恩寺

【白蓮社】びゃくれんじゃ

東晋の元興元年（四〇二）慧《え》遠《おん》（三三四〜四一六）が廬《ろ》山《ざん》の般若台精舎の無量寿仏像前において同志百二十三人とともに念仏行を実践し、往生を期した集団に対してつけた名前。この名称は精舎の二つの池に白蓮を植えたことに由来するという。浄土宗で僧侶の法名に蓮社号を用いるのは慧遠の徳を慕ってのことであるが、慧遠の説く般舟三昧の念仏（現生における見仏を目的とする）と本願称名の念仏（阿弥陀仏の極楽浄土へ往生することを目的とする）とは性格を異にする。二祖弁長の門弟宗円が中国へ渡り、廬山の遺風を伝え、堺（大阪）に旭蓮社《きょくれんじゃ》を創設したことはよく知られている。↓慧遠、弁長

【平等院】びょうどういん

無量寿院と称する本堂は、世に鳳凰堂と呼ばれ日本建築美術を代表するとともに、平安時代の極楽浄土を表現したものとして名高い。宇治市宇治蓮華に位置する。藤原頼通が創建し、三井平等院（円満院）明尊を開基とする。左大臣源融の別邸、宇多・朱雀両天皇の離宮であったものが摂政藤原道長に伝わり、その子頼通が寺に改めた。のち数度の兵火に焼けて荒廃するが、十五世紀末に再興され、天台宗の塔頭最勝院、浄土宗の塔頭浄土院が輪番にて寺務を執るようになる。

【平信じの念仏】ひらしんじのねんぶつ

西山派の説く念仏義。学問の裏づけを求めず、ただ信じて念仏すること。法然の愚鈍念仏を受け継いだ語で、但信の称名と同じ。当時、関東で西山義と称して、学問なき念仏は往生できないという説が横行していたため、これを正したものである。証空が津戸の三郎に送った手紙の中のことばで、『法然上人行状絵図』第四十七巻に出る。深草義においてとくに重視されている。→西山義

ふ

【深草義】ふかくさぎ

西山四流の一流である深草義は、浄土宗西山深草派の源流にして開祖は円空立信（一二一三～八四）。立信は大和の蔵人源行綱の末孫で、十五歳のときに西山流祖証空の弟子となり、専念の法を学ぶこと二十余年。洛南深草に真宗院を建て法門を宣布したので、地名に因んでこの流義を深草義という。立信は『深草抄』全十巻を著わし、そこにおいて自力・仏力・願力という独自の名目によって善導の『観経疏』を解釈し、二尊二教三重六義の法門を説き明かした。なお、門下の顕意（?～一三〇三）は、師の二教三重の法門を敷衍して、『楷定記』三十六巻をはじめ、『竹林鈔』『浄土宗要集』などを著わして深草義を大成した。→立信

【福田行誡】ふくだぎょうかい 一八〇九～一八八八

幕末から維新期の仏教の危機に対応した仏教者。浄土宗の学僧。武蔵国（埼玉県）の生まれとされるが詳細は不明。伝通院寛淳・玄順・鸞洲《らんしゅう》・正定院立《しょうじょういんりつ》道《どう》・慧《え》澄《ちょう》等に師事し、学問の目標は貞極《ていごく》、慈雲《じうん》にみると自らいうように律を基礎とし諸宗をきわめた。四十三歳で伝通院学頭となる。維新の廃仏運動に遭遇し、諸宗同盟会を組織しこれに対応。大教院教頭・伝通院貫首・浄土宗大教院教頭・増上寺法主・知恩院門主を歴任し、宗内外の危機を救った。伝宗伝戒の統一、『縮刷大蔵経』の刊行、社会事業の展開など業績はきわめて大きい。また洒脱な性格で、和歌をよくした。

【布薩会】 ふさつえ

布薩とは長養と訳し、説教を主とした仏教教団の定期集会である。月に二回、すなわち月の十五日と三十日（満月と新月）に、同一地域の比丘が一堂に集会し、自己反省し、各々罪過を告白懺悔し、清浄に住せんことを自覚させる集会である。出家の僧は布薩堂に集会し、比丘の法を知る者を請じて戒本を説かしめ、もし比丘中に戒本の所制を犯す者があれば、衆の前で発露懺悔させ、在家の信者は八戒を守り説法を聞き、僧尼に飲食を供養する。西山各宗においては『梵網経』に説くところによって、授戒の受者たりし者を一堂に集めて、罪過を懺悔させる授戒ざらえをいう。その法式は授戒に準じて行う。

【奉請】 ぶじょう

奉請とは道場に仏、菩薩の来臨を請いたてまつることであり、浄土宗においては阿弥陀如来、釈迦如来、十方諸仏および諸菩薩を請じて慈悲を仰ぎ供養する奉請文として、以下にあげる数種類が存在する。「三奉請《さんぶじょう》」（呉音《ごおん》読み）、「四奉請《しぶじょう》」（漢音読み）。これらは日常勤行《にちじょうごんぎょう》、追善法要《ついぜんほうよう》などに用いるが、浄土宗としては一般に後者をとなえるのが穏当と考えられ、とくに古式十夜《じゅうや》法要《ほうよう》で必ず用いられる。「先請弥陀《ぜんじょうみだ》入道場《にゅうどうじょう》」の文は特殊法要で使用する。「奉請六位《ぶじょうろくい》」は盂蘭盆会《うらぼんえ》に、「奉請四天王《ぶじょうしてんのう》」は道場洒水に用いる。ほかに、霊膳供養《れいぜんくよう》や灌仏会《かんぶつえ》、成道会《じょうどうえ》、涅槃会《ねはんえ》などで用いる「一心奉請《いっしんぶじょう》……」の文が各種ある。

【仏教】 ぶっきょう

ゴータマ・ブッダ（釈尊）によって開かれた宗教のこと。釈尊は悟りを開き、真理に目覚めた人（ブッダ）であり、その教えを具体的には、仏教という。

仏教には俗に八万四千の法門があるといわれ、人びとを対象に多様な教えがある。その中から万人に適応する念仏の教えのみを選びとったのが、法然の開宗した浄土宗である。

インドの龍樹《りゅうじゅ》（二、三世紀の人）は、仏教を実践するのに容易である易行道《いぎょうどう》とむずかしい難行道《なんぎょうどう》とに分類した。念仏の教えは易行道であり、その他は難行道である。中国の道綽《どうしゃく》は、悟りの仕方について聖道門と浄土門とに分類した。自らの修行によって悟りを開くのが聖道門であり、阿弥陀仏の救済によって極楽往生して悟りを開くのが浄土門である。法然の浄土宗は、易行道であり浄土門の立場の仏教である。浄土宗の教えは一見すると深遠にはみえなくとも、現代の人間に最も適した教えであると法然は主張する。『一枚起請文』では、釈尊が一代に説いた仏教をどんなに勉学しても、念仏することが、まずなによりも肝要であるという。↓釈尊、聖道門・浄土門、選択本願念仏

【仏性】　ぶっしょう

仏となり得る可能性。大乗仏教では人間をはじめとするすべての存在にそなわっているとする。如来蔵《にょらいぞう》と同義に使われる。浄土宗においては、道綽《どうしゃく》が『安楽集』において『涅槃経』により「一切衆生悉有仏性」を説き、法然も『選択集』の開巻冒頭にこれを引いている。仏性についての法然の立場は、仏道修行者が必ず修めるべき三学の器ではないという自覚を持ち、自らのうちにある仏性の働きを妨げている煩悩を具足している現実の自分の姿を厳しく見つめていたといえる。

【仏体即行】　ぶったいそくぎょう

西山派の用語。善導の『観経疏』玄義分の「阿弥陀仏というは即ち是れ其の行なり」の文にもとづく。衆生を救済しようと誓って成仏した阿弥陀仏であるから、悟った本体（覚体）に衆生の往生のための行がすでに成就されているということ。すなわち、ここが阿弥陀仏の本願が諸仏の願と異なるところで、凡夫が仏の国に往生できる理由である。この用語は、西山派の浄土教的救済論の中心であり重要な意味をもつ。↓機法一体、別願酬因、離三業念仏

【仏壇】　ぶつだん

仏、菩薩などを安置し、供物を供え、読経、礼拝する壇をいう。寺院における仏壇は須弥壇《しゅみだん》といい、その様式は仏典やインド神話の須弥山《しゅみせん》をかたどったものといわれ、飛鳥、奈良時代以降、鎌倉時代にか

けて、日本化の様式美を調えるようになり、禅宗様（唐様）に至って在来様式とはまったく違った繊細な装飾的なものに変り、現在に至っている。つぎに在《ざい》家《け》用仏壇は、江戸時代になって一般家庭で現在使用されているような仏壇を安置するようになった。その種類は大別して塗仏壇と唐木仏壇に分けられ、浄土宗としての一定のきまりはない。

【仏名会】《ぶつみょうえ》

年末に仏の名をとなえて一年間の罪障を懺悔滅罪する行事、法会。仏名懺悔、御仏名ともいう。神道儀式の年末の大祓えに対応するもの。光仁天皇の宝亀五年（七七四）に宮中にて行われ、仁明天皇の承和十三年（八四六）に五畿内七道諸国に十二月十五日から十七日まで修行することが発せられて恒例となった。期間はのちに十九日から二十一に変り、三日間から一日になった。一万三千の仏名を載せる『仏名経』を延喜十八年（九一八）に『三千仏名経』に改編して勤めた。宮中では天皇の持仏と一万三千画仏像を屋内にかかげ、庇に地獄変の屏風を立て、天

皇に代って導師が仏名をとなえて五体投地を行って懺悔をした。貴族たちにも盛んに勤められたが、一般には平安時代末頃から浄土教の発展もあって衰えた。浄土宗では『観無量寿経』の「汝仏名を称するが故に諸罪消滅せり」などの教えから専ら阿弥陀仏の名をとなえて礼拝し懺悔する。知恩院では十二月二日から四日、増上寺は四日から六日、光明寺は二十五日に行っている。↓念仏と懺悔

【不動明王】《ふどうみょうおう》

大日如来を給侍し、如来の教えを妨げるものの命を断ち、また修行者を援護する明王である。左目を閉じて下の歯で唇を嚙む忿怒《ふんぬ》の相を示し、火炎を背に右手に利剣、左手に羂索《けんざく》を持つ姿が普通。平安初期の密教流行以来、大日如来と並んで広く信仰を集める。法然の初七日の法要は不動明王を主尊として営まれ、また浄土宗の三祖良忠も若き日、不動明王に帰依していたといわれている。

【分陀利華】ふんだりけ

白蓮華のことで、『観無量寿経』に「若《も》し念仏する者は当に知るべし。此の人はこれ人中の分陀利華なり」と説かれるように、念仏者を讃えることばである。極楽の宝池に咲いていることから、泥すなわちこの世から極楽の美しい花となることができる人という意味でもあり、念仏することによって得る人格的なことも含まれる。

へ

【平家物語】へいけものがたり

作者未詳。十三世紀末頃より盲目の琵琶法師によって語られ、作者・成立については諸説がある。兼好の『徒然草』二二六段には信濃入道行長が天台座主慈円の保護のもと東国の琵琶法師生仏に教え語らせたという。内容は平家一門の隆盛から壇浦合戦を中心として、平正盛の昇殿（天承二年）から嫡流六代の処刑（建久九年）までの盛衰を描く。成立過程からは語り物文学であり、内容からは戦記文学であるが、序章にあるごとく（諸行無常、盛者必衰）の理を全巻の主題としているところからすればすぐれた宗教文学といえよう。

【別願酬因】べつがんしゅういん

西山派においては、この語に深い意義を見出して重要視している。仏教一般にはどの仏にも共通する総願に対して、それぞれの仏に特有の願を別願という。その限りにおいては、阿弥陀仏の本願も他に異なることはない。相違は、総願を念仏往生の別願に帰し、凡夫に代って長い間修行して仏となった（酬因）ゆえに本願の成就はそのまま衆生の往生が確定したことを意味する、という点にある。→機法一体、西山流、仏体即行、離三業念仏

【弁長】べんちょう 一一六二〜一二三八

鎌倉前期の僧。浄土宗第二祖。弁阿《べんな》ともいい、聖《しょう》光房《こうぼう》と号す。筑前国（福岡県）香月《かづき》荘の生まれ。幼くして出家し天台宗の学問に励んだが、建久八年（一一九七）上洛して法然の弟子となり、念仏の教えを

正しく継承した。のち生国を中心に布教し、筑後の善導寺《ぜんどうじ》をはじめ四十八の寺を開いたという。また、『末代念仏授手印《まつだいねんぶつじゅしゅいん》』など多数の著述を残し、法然の教えの顕彰に努めた。九州鎮西《ちんぜい》の地で活躍したので鎮《ちん》西上人《ぜいしょうにん》とも呼ばれ、その法流を鎮西流《ちんぜいりゅう》という。→浄土宗要集、善導寺、鎮西流、徹選択本願念仏集、末代念仏授手印

【偏依善導】へんねぜんどう

浄土の教えはひとえに善導一師によるということ。立教開宗の依憑《えひょう》を示した語である。法然の『観無量寿経釈』にどうして諸師でなく、善導一師に依るのかという問答を設けて「善導は偏《ひと》えに浄土をもって宗となし聖道をもって宗となさず。ゆえに偏えに善導一師に依るなり」としている。また、『選択集』第十六にも同内容の文が出ており、『勅修御伝』第六には、浄土宗を立てることは、凡夫のためであるとして、ここにも善導に依ることが述べられている。
→善導

ほ

【方丈記】ほうじょうき

一巻。随筆集。作者鴨長明（蓮胤）。成立、建暦二年（一二一二）三月三十日。人と世の無常を、まず安元の大火、治承の辻風、福原遷都の混乱、養和の大飢饉、元暦の大地震によって描き、わが身の衰退を回想、五十余歳にて大原で出家、日野に移りて一丈の草庵を結び隠遁したこと、そして閑居の意味を説く。しかし閑居への執着がまた仏道への妨げになることに苦慮しつつ筆をおいている。その文体と思想は、中世自照文学として独自の境地を形成し、古来より『徒然草』とともに中世随筆の双璧とされる。さらに、「不請の阿弥陀、両三遍申してやみぬ」は有名。

【法善寺】ほうぜんじ　浄土宗

大阪市南区難波新地にある浄土宗寺院。創立は十七世紀初め。開山は琴雲。はじめは宇治郡北村にあったが、中興専念が金毘羅天王懇伝の故事によって

現在地に移建した。幾度と火災にあうが安政二年（一八五五）に見誉が再建し現在に至る。境内の不動明王は広く有名で一般の人びとの深い信仰を集めて、大阪の下町風情を現在に伝えている。

【法蔵菩薩】 ほうぞうぼさつ

阿弥陀仏の修行時代の名称。『無量寿経』によると、世自在王仏のとき、一人の国王が発心し五劫思惟の後、二百十億の仏土からすぐれたものを選びとって西方極楽浄土を建立し、人間救済のために四十八の誓願を立て、今から十劫以前に完成したので阿弥陀仏となったと説いている。→阿弥陀仏、四十八願、五劫思惟、十劫正覚

【法難】 ほうなん

特定の教団が他から受ける迫害。教義や教団を構成する道俗の行動について非難と迫害がなされること。浄土宗において代表される法難は宗祖法然とその教団になされた元久の法難、建永の法難、そして滅後の嘉禄の法難があり三大法難と称している。元久の法難は元久元年（一二〇四）比叡山の衆徒が法然の専修念仏集団に対して、他を誹謗し仏徒にあるまじき所業ありとの理由で時の天台座主真性に念仏停止を強訴、法然は門下に自戒を求め座主に『七箇条起請文』を呈し、事をおさめたという。建永の法難は法然の門弟住蓮・安楽が後鳥羽上皇の女官を出家させたことを理由として斬罪され、法然が処罰され四国流罪となった法難をいう。また嘉禄の法難は滅後彼の撰述書『選択集』に対する見解論争が直接の因となり比叡山衆徒が法然の廟所を毀破した法難である。法然は迫害時にあって『四十八巻伝』には「われたとい死刑におこなわるともこの事いわずばあるべからず」と述べたといい、法難に際しても信念を変えなかった姿勢が察知できる。→七箇条起請文、登山状

【法然】 ほうねん 一一三三〜一二一二

平安時代後期から鎌倉時代初期に活躍し、鎌倉新仏教の浄土宗を開いた。法然は房号、諱《いなみ》は源空。美作国（岡山県）の漆間氏の出身。幼くして父と死別

し、比叡山《ひえいざん》に登り、天台の教義を学んだ。しかし法然は天台の教義に満足せず、山を下りて勉学を重ね、唐の善導《ぜんどう》の『観経疏《かんぎょうしょ》』によって、阿弥陀仏による本願他力の救済を自覚して、天台の浄土教と別れて、新たに浄土宗を確立。その後、既成教団からの迫害もあったが、京都東山吉水《よしみず》（現在の知恩院《ちおんいん》）の草庵で念仏の教えを広めたので、聖光《しょうこう》・隆寛《りゅうかん》・幸西《こうさい》・証空《しょうくう》・長西《ちょうさい》・源智《げんち》などの弟子が集まった。著作に『選択《せんちゃく》本願念仏集』や『一枚起請文《いちまいきしょうもん》』がある。↓一枚起請文、選択本願念仏集

【法然上人絵巻】ほうねんしょうにんえまき

法然上人の伝記を巻物仕立てにしたもので、比較的長く、詳細な詞書をほどこして絵を解説したもの。ほかに伝記に段落をつけて主題を定めて絵を描き、簡単な文言を付した幅仕立ての絵伝類もある。法然の絵伝類の多彩さは他に類例を見ないが、絵巻としては、最初に製作された『法然上人伝法絵流通』四巻、本願寺三世覚如による『拾遺古徳伝絵（黒谷源空聖人）』九巻、『勅伝』あるいは『四十八巻伝』の別称をもつ『法然上人行状絵図』、『法然上人行状画図』四十八巻、『法然聖人絵（黒谷上人伝）』残欠四巻、『法然上人伝絵詞（琳阿本）』九巻、『法然上人伝（十巻伝）』十巻、『知恩伝』二巻、『法然上人伝』残欠二巻がある。

【法然上人二十五霊場】ほうねんしょうにんにじゅうごれいじょう

法然の遺跡二十五箇所霊場。金谷道人撰『法然上人御画伝略讃』によると、その成立は宝暦年間頃。西国三十三箇所巡拝などに擬《なぞ》らえたもので民衆の物見遊山をかねた霊跡参拝の急増による。法然示寂の忌日二十五日あるいは二十五菩薩などの数に因んだとの諸説がある。霊跡は大正十三年浄土開宗七百五十年に際して若干の更改を見、法然生誕の地誕生寺を第一番に、第二十五番の総本山知恩院をもって結びとする。↓便覧編

【方便】ほうべん

方法、手段、てだて、巧みなてだてのこと。仏が衆生を救済し導くための仮につかった手段や法門を

いう場合が多い。とくに『法華経』方便品では「三乗が一乗のための方便である」と開権顕実を説く。さらに転じて、まにあわせの手段、その場をうまく処理するてだてとして、「嘘も方便」という形で用いるようになった。

【北米浄土宗別院】ほくべいじょうどしゅうべついん

カリフォルニア州ロスアンゼルス市ジェファーソン街にあり、野崎霊海の創設による寺院。彼は昭和三年（一九二八）ホノルル別院から米国本土に渡り、同十一年北米浄土宗教会を設立。窪川旭丈を管長代理として活躍した。太平洋戦争の困難な時期を経て、同二十二年に再び同市東一街に仮会堂を設け、同二十四年に今の会堂を購入した。翌年椎尾弁匡大僧正を迎えて法要が営まれ、別院に昇格。その後同三十七年には内陣の改装等規模も整い、青年会・壮年会・婦人会・日本語学校などのクラブ活動を通じ布教が行われている。

【法華経】ほけきょう

詳しくは『妙法蓮華《みょうほうれんげ》経《きょう》』といい、八巻二十八章より成る。遠い昔に仏となり永遠の寿命をもつ釈尊が説かれ、すべてのものが仏となると説く。二十三章の「薬王菩《やくおうぼ》薩《さつ》本事《ほんじ》品《ぼん》」に、『法華経』の教えのとおり修行すれば阿弥陀仏の極楽浄土に往生できると説いている。本経は阿弥陀仏による念仏往生を説かないので、法然は『選択集』で、間接的に往生浄土の教えを説く経典とする。また本経二十五章は『観音経』に相当する。→観音経

【本願】ほんがん

仏になるために修行中の菩薩が必ず実現させようとしておこす誓い、希望のことで、その目的はすべての人びとを救おうとするところにある。すべての菩薩が共通におこす誓いを総願（四弘誓願《しぐせいがん》）といい、またそれぞれの菩薩には固有の誓いがあり、これを別願という。たとえば阿弥陀仏の四十八願、普賢の十八願、釈迦の五百願、薬師の十二願などである。

浄土宗で本尊とする阿弥陀仏は、『無量寿経』によれば、かつて法蔵菩薩といわれ、世自在王仏《せじざいおうぶつ》のもとで修行中に四十八の誓いを立て、必ずその誓いを成就させようと誓った。そして四十八の誓いを成就して阿弥陀仏となり、どんな人でも迎え入れる最適の浄土（仏国土）として建設されたのが極楽といわれる。四十八願の中でも浄土宗では第十八「念仏往生願」を王本願として重視する。そこには一心に阿弥陀仏の名をとなえる者は必ず浄土に救いとると誓われている。→四十八願、選択本願念仏、念仏往生願、法蔵菩薩

【本山義】ほんざんぎ

京都西山北尾往生院（三鈷寺）は、西山流祖善慧房証空が自身で悟った（己証）法門を唱導した根本道場であることから、証空滅後その跡を継ぐ教徒の教義を根本山義、略して本山義と称する。本山義は西山六流の一流にして開祖は示導広恵（一二八六～一三四七）。示導ははじめ比叡山にて天台教学を学び、中頃鎌倉にて仏観を師として浄土の法門を習い、のち西山往生院に証空の門弟遊観の法弟である玄観を訪ね入室し、指授を受けるが信受するに至らず、証空の著書を披閲研修するに至り、大いに教旨の真趣を味わい、教法を宣布することとなった。門弟の実導（？～一三八八）は本山義の教旨を顕揚し、本山義を大成し、多数の書物を著わしたが、滅後法灯は続かず断絶。→示導

【凡夫】ぼんぶ

善導の『観経疏』によると仏滅後のすべての人間をいう。彼は「玄義分」で上品を大乗に遇う凡夫、中品を小乗に遇う凡夫、下品を悪に遇う凡夫とし、九品すべてを凡夫（九品皆凡）と解釈した。人はすべて本来仏性を有しているが、現実には煩悩に覆われ生死の世界を輪廻転生し続ける存在としたのである。さらに善導は、自己の凡夫性を自覚しきることによって仏の本願を深く信ずることを強調している。この善導の凡夫観はのちに法然に継承されてくる。
→九品、罪悪生死の凡夫

【末代念仏授手印】まつだいねんぶつじゅしゅいん

聖光房弁長の撰述書。浄土宗の二祖である弁長が宗祖法然より相承した祖意を正しく末代後世に伝えようと意図して撰述した書。三祖良忠に伝承されたとする伝本によれば、この書は袖書・序文・本文・手印と血脈・手次状・裏書から成っている。本文においては五種正行・正助二行・三心・五念門・四修・三種行儀等の宗義行相を六重二十二件五十五の法数として細釈説示し、これらがすべて念仏の一行に結帰することを説き明かしている。五重相伝において は二重の伝書とされ、浄土宗の伝法において重要な書。『三巻書』の第二巻。→三巻七書、弁長

【末法】まっぽう

仏教の歴史観である正像末の三時思想の一つ。正法とは釈尊が入滅後の五百年、もしくは千年の間で、正しい仏法（教）が実践（行）され、悟り（証）を得る人がいるということ。像法とはその後千年間で、正しい教法はなくなり、それに似た仏法つまり教と行だけで証がなくなること。末法はその後一万年続くといわれる。そこには行と証はなく、ただ教法が形だけ残っていること。中国、日本では末法思想を背景に浄土教など新仏教が誕生した。

【摩耶夫人】まやぶにん

マーヤー。仏教の開祖釈尊の母。釈迦族の国王シュッドーダナ（浄飯王《じょうぼんおう》）の王妃。ルンビニー（ネパール領）で釈尊を出産後まもなく他界している。その地には摩耶夫人をまつるお堂があり、聖地の一つになっている。伝記によれば、釈尊は人びとを教導するために兜率天《とそつてん》から白象に乗って摩耶夫人の母胎に宿ったという。『無量寿経』に登場する多くの菩薩たちも、兜率天上より母胎に宿り誕生した菩薩として説かれている。

【曼荼羅】まんだら

曼陀羅とも書く。一般には密教の仏菩薩の集合図で、仏の真実の世界を象徴化する目的で図示したも

の。中国、日本の浄土教では、阿弥陀仏の浄土の様相や経典の所説を大衆にわかりやすいように絵画に表わすことが行われた。これは密教の曼荼羅に似ているので浄土曼荼羅と呼んでいるが、正しくは浄土変相《へんそう》もしくは浄土変相図という。奈良当麻寺《たいまでら》の当麻曼荼羅は、『観無量寿経』の内容を図示した観経曼荼羅として有名。→阿弥陀浄土変相図、浄土三曼荼羅

【曼荼羅相承】　まんだらそうじょう

西山流祖善慧房証空己証の当麻曼荼羅の秘髄を伝える儀式を曼荼羅相承といい、証空から嫡々相伝によって総本山法主がこの法灯を継承する。受者は法脈相承を終え、一定の資格を得た僧侶に限られている。当麻曼荼羅は浄土三部経の中の『観無量寿経』を所依として、唐の善導大師の解釈になる『観経疏』の指南に正しくもとづいた観経浄土変相図で、図の外陣の三辺（左縁・右縁・下縁）と内陣部を『観経疏』の序分義・定善義・散善義・玄義分にそれぞれ配置する。証空己証の曼荼羅の秘髄とは、『観経』の念仏往生の教えを聞信し、本願を成就された阿弥陀如来の大慈大悲の功徳に帰命し、世間・出世間の事のすべてを、拝まずにはおれぬという法悦境をいう。→当麻曼荼羅

み

【みかえり行道会】　みかえりぎょうどうえ

浄土宗西山禅林寺派総本山禅林寺において、「永観律師の古事をしのんで、毎年二月十四日の夕方から十五日早朝にかけて行われる行事にして、法語・早朝勤行・念仏行道を通して永観律師の感得を追体験しようとするもの。「永保二年（一〇八二）二月十五日の夜明け、「永観が本堂で念仏行道中、須弥壇の上から仏が降りて行道の先導をはじめたので、驚いて立ち止まったところ、仏が左にふりかえり「永観おそし」と声をかけたということで、禅林寺阿弥陀堂の本尊「みかえりの阿弥陀如来」がそのときの仏であるとされている。→禅林寺

【みかえりの弥陀】　みかえりのみだ

阿弥陀仏像の様式の一つ。来迎印を結んだ立像で

左後方をふりむいた姿につくられる。藤原期以降、阿弥陀来迎図が流行したが、その一つに往生人をつれて浄土に還帰するうしろ姿の阿弥陀像を描いた帰来迎がある。みかえり弥陀はその彫像化といえる。代表作に鎌倉中期作の京都禅林寺の本尊がある。これは永観律師が常行不断念仏をとなえているとき、如来が律師を先導し、驚き立ち止まった律師に「永観おそし」とふりむいて声をかけたという伝説がある。ほかに山形の善光寺、富山の安居寺、光明寺などの作例がある。→阿弥陀来迎図

【弥陀たのむ身となりぬれば、なかなかにいとまはありていとま無き身や】

浄土宗西山流祖証空の歌。初出は、「永正三年（一五〇六）西山西谷義系一中融舜撰の『観経厭欣鈔』巻中之本に出る。その後『西山上人伝報恩鈔』などにも散見される。三心（信心）を領解した安心の身の上になった今、起行に立ちかえった正行としての浄業を修するについて、この身ひとつではなかなかに暇がない身である、という。西山派の特色である正因正行・三業さながらの念仏生活の境涯をうたったものである。→証空

【名体不離】 みょうたいふり

名（名号）と、その名によって表わされる実体（仏体）とは同一（不離）のものであって、名のほかに体なく、体のほかに名なしという関係を表わすことば。名体相即《みょうたいそうそく》ともいう。これはもと曇鸞《どんらん》（五〜六世紀の中国僧）の『往生論註』の説にもとづくもので、阿弥陀仏の名号はその実体である阿弥陀仏という仏そのものと相即不二のものであるということを述べている。これはのちに法然が名号にはあらゆる徳がそなわる（万徳所帰《まんとくしょき》）とする考えのもととなった説である。教義的にはのちに真宗や西山派などにおいて広く用いられた形跡が見られる。→南無阿弥陀仏、往生論註

む

【無為涅槃】 むいねはん

生滅したり、変化の様を離れた絶対不変の世界を

指す。善導は『法事讃』下巻に「極楽は無為涅槃界なり」といっている。故に、浄土教においては、極楽として理解している。→極楽

【無観称名】 むかんしょうみょう

観念（仏身などを思念すること）による念仏ではなく念仏をとなえること。善導は『往生礼讃』に、『文殊般若経』を引いて、衆生は迷いが多いので観念は成就しがたく、称名は修し易く相続できるので称名を勧めるとしている。このことは法然の『選択集』に説く念声是一にも影響を与え、正しく本願の念仏であり、浄土正流所説の称名念仏である。→念声是一、結帰一行

【虫供養念仏】 むしくようねんぶつ

農耕儀礼と習合した念仏の一つで、耕作で殺害した虫を供養して農作物の虫害を除く行事。虫送り念仏、虫除け念仏、虫祈禱、田供養ともいう。虫害は悪霊によるものと考えられたから、悪霊を払うための行事を指すこともあるが、愛知県の知多半島の阿久比の虫供養念仏、岡山県の富の送り百万遍念仏などのように殺害した虫を供養してたたりをおさえることを目的とした行事も多い。百万遍念仏、双盤念仏を伴うが、名号や御札、へいそくを持って村内や田畑を回るだけのこともある。

【無常偈】 むじょうげ

すべてのことがら、あらゆる存在は常に生滅し、変化してやまない。したがって仏道修行に精進しなければならないという仏教の根本的思想を偈文として表わしたもの。六時《ろくじ》礼讃《らいさん》の日没《にちもつ》、日中に至るまでのそれぞれに無常偈がある。偈文は五言一句、七言一句に分類されており、おのおの四句、または八句で構成されている。そのうち晨朝《じんじょう》礼讃だけは特別で、七言七句の六念法《ろくねんぽう》がついている。

【無量寿経】 むりょうじゅきょう

二巻。漢訳者は康僧鎧で訳出年代は嘉平四年（二五二）。内容は阿弥陀仏の四十八願と誓願によって完成された浄土の荘厳、および往生者の様相を説く。

上巻では、過去仏の世自在王仏のとき法蔵比丘が発心して菩薩となり、自ら建設したい浄土を五劫の間思惟してついに四十八願を発した。兆載永劫にわたり無量の徳行を積み、そしてすでに十劫以前に成仏して阿弥陀仏となり西方十万億土を過ぎたところに安楽浄土（極楽）を建立したのである。その阿弥陀の光明、寿命は諸仏に比類なく、浄土の荘厳もきわまりない。下巻には、往生者の修すべき行業を説く。すなわちかの人は正定聚に住し、三輩の別があり、さらにさまざまの得益がある。そして人びとが往生を願うために三毒五逆の苦しみを誡しめ、浄土を現見せしめて信を勧めるのである。本経は浄土三部経の一つで、大経または双巻経ともいう。その成立は西紀一、二世紀頃、ガンダーラにおいてであろう。サンスクリット、チベット訳等があり、漢訳は、古来十二回行われ、五存七欠といわれる。現存するのは、『無量清浄平等覚経』四巻支迦讖訳、『阿弥陀三耶三仏薩楼仏檀過度人道経』（大阿弥陀経）二巻支謙訳、『無量寿経』二巻康僧鎧訳。ただし訳者は覚賢・宝雲共訳と訂正されるべきであろう。『大宝積経無量寿如来会』二巻菩提流支訳。『大乗無量寿荘厳経』三巻法賢訳の五種である。本経の注釈としては、インドでは世親が『往生論』を著わし、中国、朝鮮、日本でも多くの末書が書かれた。わが国で最初に本格的に注目し意義づけを行ったのは法然である。↓阿弥陀仏、四十八願、十劫正覚、兆載永劫、五劫思惟

【無量寿・無量光】むりょうじゅ・むりょうこう

無量寿は無量寿仏《むりょうじゅぶつ》の略ではかりしれない寿命をもつ仏の意で、無量光は無量光仏《むりょうこうぶつ》の略ではかりしれない光をもつ仏の意で、いずれも阿弥陀仏のこと。『阿弥陀経』に「かの仏の寿命およびその人民無量無辺阿僧祇劫なり。ゆえに阿弥陀と名づく」「かの仏の光明無量にして十方の国を照らすに障礙する所なし。この故に号して阿弥陀となす」とあるにもとづく。

↓十二光仏

も

【木魚】もくぎょ

誦経、念仏一会に用いる。魚板から変化したもの

で、頭と尾が接続したもの、または魚が竜に化して一身二頭の竜が口に珠をくわえたものがある。梆《ほう》、桑などの木を球形にけずり、中をくりぬいて魚鱗を彫刻したものを小布団に置き、桴《ばい》で打って読経。念仏の音声を調整するものである。中国、明時代に完成し、のちに隠元禅師が伝えたという説もあるが、宝暦（一七五一～六四）年中、京都鳥羽の法伝寺円説和尚が念仏に用いたのがはじまりという。字音の合間に打つのがきまりである（合間打ちは浄土宗のみ）。

【もとの木阿弥】もとのもくあみ

一度良くなったものが、ふたたびもとの状態にもどってしまうこと。せっかくの苦労や努力がまったく無駄になってしまうこと。この句の成立は『天正記』によると、戦国時代の武将筒井順昭が病死したとき嗣子が幼少であったので、順昭と声の似た木阿弥という盲人を招き順昭の死を隠したが、嗣子が成長するにしたがって木阿弥はもとの市人にもどったという故事にもとづくという説や、『仮名草子』七人比丘尼、『犬筑波集』など諸説がある。

や

【薬師如来】やくしにょらい

薬師瑠《る》璃《り》光《こう》如来、大医王仏ともいう。その浄土は東方の浄瑠璃世界という。日光、月光の両菩薩を脇侍とし、これを薬師三尊という。薬師如来は、その昔に十二の誓いをたて、とくに身体の不自由な者、医薬品もなく病に苦しむ者の救済を誓ったので、医王如来としての信仰を集める。奈良朝以来信仰され、浄土教が興ってからも、俗に現世は薬師如来、来世は阿弥陀仏とされた。

【矢吹慶輝】やぶきけいき 一八七九～一九三九

近代浄土宗の指導者でもあった学僧。福島県飯坂町に生まれる。幼名佐藤浅吉。同県桑折《こおり》無能寺の矢吹良慶について得度。浄土宗高等学院を経て明治三十八年九月東京帝国大学哲学科に進む。その後は、宗教大学教授、天台宗大学・日本大学・東京大学講師などを勤める。主に宗教学を教授したが、英国留学の成果である『三階教の研究』『鳴沙餘韻』などは高く評価されている。また矢吹は社会事業にも力をそそぎ、大正六年宗教大学（現大正大学）に社会事業研究室を開設、大正十五年には東京市社会局長に就任した。号は隈溪。

【山越えの弥陀】《やまごえのみだ》

阿弥陀来迎図の一種で、二十五菩薩来迎図の単純化によって生じた様式ともいわれる。「やまごしのあみだ」とも呼ぶ。阿弥陀如来が菩薩を従えて山を越えて臨終の人を迎えに訪れる模様を描いた図。代表作に京都市禅林寺、同金戒光明寺、東京国立博物館、岡崎市大樹寺所蔵のものがある。源信作と伝えられる金戒光明寺本を山越様式の源流とみなし、山越構図の発想を比叡山との関係に求める説がある。また禅林寺本は阿字が描かれることから真言念仏を背景にした山越式でもある。→阿弥陀来迎図

【山崎弁栄】《やまざきべんねい》 一八五九〜一九二〇

近代における浄土宗の伝道僧。下総（千葉県）の

人で二十一歳で東漸寺大康に従い得度。のち増上寺良胤・日輪寺実弁に学び、明治十五年（一八八二）筑波山で口称念仏二か月を修す。その後、大蔵経を読破し、東漸寺説教所に善光寺を創建。明治二十八年、インドから帰国の後、諸本を刊行しつつ近畿・山陰・東海・関東に日課念仏の勧誘を行った。明治の末年頃から如来の光明を自覚し礼拝することが、宗祖の真髄に生きることであると説き、全国各地を伝道した。晩年、光明学園の創設や各地に光明主義教会を作り、生涯を伝道に捧げた。→光明会

ゆ

【祐天】《ゆうてん》 一六三七〜一七一八

江戸時代中期の高僧で江戸増上寺の三十六世。陸奥国（福島県）岩城郡新妻重政の子。貞享三年（一六八六）牛島に隠遁するが、のちに生実《おゆみ》大巌寺・飯沼弘経寺・小石川伝通院などの檀林の住持を勤め、同時に桂昌院や将軍綱吉の帰依を得て、江戸城での法話は評判をよび厚遇された。正徳元年（一七一一）増上寺住持となり、将軍家宣の臨終の導き役も勤め

た。さらに江戸城にはたびたび登城して、行事にも参加し、とくに大奥では生き仏として尊崇された。明蓮社顕誉《みょうれんじゃけんよ》通阿《つうあ》愚《ぐ》心祐天《しんゆうてん》。→祐天寺

【祐天寺】 ゆうてんじ 浄土宗

東京都目黒区中目黒にある浄土宗の名刹。東京西郊の六阿弥陀如来六番結願札所としても有名。開山は江戸城で生き仏として尊崇された、増上寺三十六世明蓮社顕誉《みょうれんじゃけんよ》通阿《つうあ》愚《ぐ》心祐天《しんゆうてん》。しかし、実際は当寺二世祐海の建立による。祐天が享保三年（一七一八）に遷化すると祐海は新寺建立禁止の世にもかかわらず、祐天の菩提を弔う寺の建立を志し、目黒の地の増上寺塔頭月界院支配の善久院を移建し、善久院祐天寺とした。そして、享保四年（一七一九）八代将軍吉宗の公認を受け、祐天寺と公称して念仏の道場として、本堂や仁王門・地蔵堂・鐘楼など伽藍が整えられた。本尊は祐天大僧正御影像。→祐天

【踊躍念仏】 ゆやくねんぶつ

歓喜踊躍の念仏で踊り念仏ともいう。空也、一遍の踊り念仏も踊躍念仏というが、時宗一向派（昭和十九年浄土宗帰入）の一向俊聖によって山形県天童市の仏向寺（開基一向）とその末山に伝えられた踊り念仏を指している。一向は建治元年（一二七五）八月に踊躍念仏を行ったと伝える。仏向寺では一向の忌日法要に踊躍念仏が勤められるが、かつては十一月十八日を中心として七日間であったが現在は忌日の前日である十七日である。また同県踊躍念仏保持者寺院では九月二十五日に過去一年間の新亡供養である歯骨法要にまわり持ちで勤めている。

よ

【善峰寺】 よしみねでら 天台宗

京都市西京区大原野小塩町一三七二。天台宗に属し、西国三十三か所の第二十番札所にある。西山《せいざん》といい、長元二年（一〇二九）源算の開創。長久三年（一〇四二）後朱雀天皇の勅により、洛東鷲尾寺の本尊千手観音像を当寺に移して本尊とする。二世観性、三世慈円と次第し源頼朝、後鳥羽天皇の帰依を得て発展する。四世証空が住するに至って浄土西山流の

中心道場として大いに栄え、この流義を西山義と称す。承久の乱に際し、道覚、道玄、慈道、尊円の各親王が相次いでここに住し御所とした（西山御所）。当時三尾に僧房五十二所あったが、応仁の乱の兵火に尽く焼失した。その後復興し、現在に至る。→西山義

ら

【来迎】らいこう

一般には「らいごう」というが、浄土宗では「らいこう」と読みならわしている。臨終を迎えた念仏者に、阿弥陀仏が二十五菩薩とともに迎えに来ること。来迎引接《いんじょう》ともいう。『無量寿経』に説かれる四十八願の第十九に来迎引接願《らいこういんじょうがん》があり、『観無量寿経』『阿弥陀経』にも来迎が説かれることから、浄土宗では臨終に来迎図を枕辺にかけ、臨終行儀《りんじゅうぎょうぎ》を行う風習がある。→阿弥陀来迎図、立撮即行

り

【利剣名号】りけんみょうごう

名号の一種で、南無阿弥陀仏の六字の各字画の末端を刀剣の先端に模して表現したもの。この名号の着想をもたらしたのは、善導（六一三～六八一）の『般舟讃』に「門門は不同にして八万四千なるは、無明と果と業因とを滅せんがためなり。利剣は即ち是れ弥陀の号なり。一声称念すれば罪皆除く」とあるように、名号が利剣のように煩悩罪障を断ち切るという考え方であろう。代表作に京都百万遍知恩寺蔵空海筆、滋賀県澄禅寺蔵徳本上人自筆がある。

【離三業念仏】りさんごうのねんぶつ

西山派の用語。浄土往生の因となる他力の念仏は、衆生の三業（意志や行為）とは別次元のものであるということ。一般には、自己の称名精進の功徳によって往生ができると考えられているが、西山流では、信じて帰命すれば阿弥陀仏の本願力が衆生の上に現われ、衆生の貧弱な力に代って往生の決定的な力と

なると説く。往生の正しい原因は衆生を離れたところにあり、衆生の念仏はその影であるというもの。→即便当得、白木念仏、仏体即行

【立撮即行《りっさつそくぎょう》】

すみやかに人びとを救済するために立って来迎《らいこう》する阿弥陀仏の姿のことで、これを立撮即行の阿弥陀という。『観無量寿経』の「無量寿仏（阿弥陀仏）空中に住立したもう」との文について善導がこう解説したもの。娑婆世界の衆生（この世の人びと）は、常に煩悩に苦しめられ、悪道に堕《お》ちる危機から離脱できない。阿弥陀仏の大慈悲の意からすれば、坐していては到底この逼迫した状態の衆生は救えない。それゆえ、仏は自らすすんで立ちあがり、衆生の救済に向かうとしたのがこの姿である。→阿弥陀仏像、来迎

【立政寺《りっしょうじ》】 浄土宗西山禅林寺派
岐阜市西荘六―二六。浄土宗西山禅林寺派一檀林の一つ。亀甲山といい、俗に桜寺という。文和三年（一三五四）光居智通の開創になり、翌年後光厳天皇より山寺号を賜わる。江戸時代は美濃本山と称して常紫衣の格式を持ち、末寺三十七か寺を有して寺門は一時繁栄した。しかし明治二十四年（一八九一）濃尾大地震と太平洋戦争の被災により旧態を残していない。→西山流

【立信《りっしん》】 一二一三～一二八四
浄土宗西山六流の深草義の祖。西山流祖証空の弟子。字は円空、極楽房と号する。姓は多田源氏、大和に生まれる。十五歳のとき証空の門に入り、以後二十余年間常随して浄土西山義の奥義をきわめる。宝治年中（一説に建長三年）に洛南深草に真宗院を開創し、さらに西山三鈷寺往生院、光明寺、城南遣迎院、白河龍護殿、京都誓願寺などにも住し、盛んに浄土宗義を弘通する。弘安七年四月十八日寂する。七十二歳。弟子に如円、顕意、戒円、明戒、信一、法慧、教観、那阿、発心、阿日、名願、真空などがいる。著述に『観経疏記』十巻などがある。→光明寺、三鈷寺、真宗院、深草義

【隆寛《りゅうかん》】一一四八～一二二七

平安時代末から鎌倉時代初期の僧。法然の弟子で、多念義、長楽寺流の祖。少納言藤原資隆の子で比叡山に登り皇円の教えを受け、和歌にも才能をみせた。その後、法然の弟子となり、元久元年（一二〇四）には法然から『選択集』を授かった。法然が滅すると、五七日法要の導師をつとめた。定照が『選択集』を誹謗した『弾選択』を著わすと、対抗して『顕選択』を示した。そのため嘉禄の法難に遭い、法然の他の門弟とともに流罪になった。『知恩講私記』など著書多数。

【龍樹《りゅうじゅ》】一五〇～二五〇

南インドのバラモンの出身。ナーガールジュナという。中観派の祖で、後代には八宗の祖とも崇められている。はじめ小乗の説一切有部に学んだが、のちに大乗に転向、空の思想を組織的に体系づけ、また『般若経』や『十地経』などにもとづいて菩薩道の思想を理論化した。『十住毘婆沙論』易行品の難易説は浄土教に大きな影響を与え、阿弥陀仏を讃歎した伝龍樹作の「十二礼偈」もある。『中論』『空七十論』など著述は多いが仮託されたものもある。伝記に羅什訳『龍樹菩薩伝』『プトン仏教史』『ターラナータ仏教史』の記述がある。

【了音《りょうおん》】生没年不詳

浄土宗西山流六流のなか六角《ろっかく》義の祖。西谷《せいこく》義《ぎ》祖法興浄音《じょうおん》の門弟。称念寺・六角大宮本願寺等を中心として活躍したため六角義と称する。文永二年（一二六五）七月六角大宮本願寺において、『観経疏』を門下に講ずる。いわゆる『了音鈔』（または六角鈔・本願寺鈔・八幡鈔ともいう）八巻が、そのときの講録である。門下には義勝《ぎしょう》がいる。→了音鈔

【了音鈔《りょうおんしょう》】

西山流六角義の了音の著。全八巻。『六角鈔』ともいう。善導の『観経疏』を注釈したもの。西山流では、証空を除いて注釈書としては最も古く、現存する注釈書の中では最もやさしい。『自筆鈔』における

行門・観門・弘願など、西山義に特有の用語（特殊名目という）をまったく用いずに、教義の要点を的確にわかりやすく表現し説明しているところが、本書の最大の特色である。→自筆鈔、了音、六角義

【良暁】りょうぎょう　一二五一～一三二八

鎌倉後期の僧。浄土宗第四祖。寂恵《じゃくえ》ともいう。石見《いわみ》国（島根県）三隅《みすみ》庄の生まれ。良忠《りょうちゅう》の長男ともいわれる。十八歳のとき比叡山に登り、天台宗の学問に励んだが、文永八年（一二七一）鎌倉に下って良忠の弟子となった。その後、悟真寺《ごしんじ》（のちの光明寺《こうみょうじ》）の房地と寺領を譲られ、弘安九年（一二八六）には浄土宗の奥義を授けられた。良忠なきあと、その門流は六派に分かれるが、良暁は事実上の後継者として、悟真寺を中心に布教や著作講述に従事し、浄土宗鎮西流《ちんぜいりゅう》の発展に力を尽くした。晩年鎌倉の白旗《しらはた》の地に住したので、その流派を白旗派《しらはたは》（流《りゅう》）と呼ぶ。
→光明寺

【良定】りょうじょう　一五五二～一六三九

近世初期の名越《なごえ》派の僧。奥州菊多郡岩岡（福島県）佐藤定衡の子。同国能満寺で出家し、名越派の檀林《だんりん》である福島県の如来寺・専称寺、栃木県の円通寺などで学問を修めた。そののち、江戸増上寺を経て、名越《なごえ》檀林《だんりん》成徳寺《じょうとくじ》十三世となる。その間学問に励み、明（中国）での修学を志すが琉球（沖縄）に着し、国王の帰依を受け桂林寺に住し、『琉球神道記《りゅうきゅうしんとうき》』『琉球往来記《りゅうきゅうおうらいき》』などを著わした。帰朝後も京都檀王《だんのう》法林寺《ほうりんじ》を復興するなど、二十余の寺院建立を成し遂げ、多数の著書を残し、近世浄土宗の教学、ならびに教線の拡張に大きく寄与した。弁蓮社入観。諱《いみな》袋中。字良定。→袋中寺

【良忠】りょうちゅう　一一九九～一二八七

鎌倉中期の僧。浄土宗第三祖。石見《いわみ》国（島根県）三隅《みすみ》庄の生まれ。若い頃諸宗を学んだが、嘉禎二年（一二三六）筑後（福岡県）に弁長《べんちょう》を訪ね弟子となり、翌年には『末代念仏授手印《まつだいねんぶつじゅしゅいん》』を授かった。弁長

の念仏の教えを正しく継承し、多くの書を著わし浄土宗の教学の大成に貢献した。おもに関東に布教したが、鎌倉の悟真寺《ごしんじ》（のちの光明寺）をはじめ数多くの寺院を建て、門弟の養成に努め、浄土宗鎮西流《ちんぜいりゅう》の発展の基盤を築いた。記主禅師《きしゅぜんじ》と称される。↓観経疏伝通記、光明寺、浄土宗要集、選択伝弘決疑鈔

【良忍】りょうにん　一〇七三～一一三二

融通念仏宗の祖。平安時代後期に比叡山で活躍した。十二歳で比叡山に登り良賀に師事し、その後、園城寺の禅仁について受戒を受け、さらに仁和寺の永意について台密を受けた碩学である。永久五年（一一一七）に阿弥陀仏を感見し奇瑞を受けて以後、自分が称える念仏の功徳が広く一切の他人の功徳となり、他人が称える念仏の功徳が自分の功徳になるとする「融通念仏」を主張し、当時の阿弥陀仏信仰に大きな影響を与えた。また、声明《しょうみょう》に関しては、京都大原に来迎院を建立して後に魚山《ぎょざん》声明と言われる声明の一派を形成し、戒律に関しては、法然の師である叡空に円頓戒を伝え、比叡山において声明と戒律を復興した人物でもある。

【臨終正念】りんじゅうしょうねん

臨終を迎えて雑念を交えず一心に阿弥陀仏を念ずること。極楽浄土への往生を願って、ひたすらに念仏行をする者には、臨終に阿弥陀仏をはじめとする仏・菩薩の来迎《らいこう》があるが、臨終正念と来迎の関係について、法然は『逆修説法《ぎゃくしゅせっぽう》』の中で「臨終正念の故に来迎あるにあらず。来迎によるが故に臨終正念なり」と述べている。↓来迎

【臨平一同】りんぴょういちどう

西山派の用語。臨終平生一同の略。臨終と平生と一つであるということ。伝証空著『証得往生義』に出る。われわれは過去いくども人身を受け修行してきたが、いずれも教えの通りに修行できず、輪廻を解脱できなかった（これは平生）。しかし今生において弥陀の本願に会い、輪廻が跡絶え、煩悩の命が止まった（これは臨終）。必ずしも人の命が終るを臨終とはいわない。ゆえに、この信心が決定してのちの

生はすべて臨終といい、これを聞位の往生という。
→往生

れ

【霊巌】れいがん　一五五四～一六四一

安土桃山・江戸初期の浄土宗の僧。駿河国（静岡県）の生まれ。十一歳で出家し、下総国（千葉県）生実《おゆみ》大巌寺《だいがんじ》で学び、やがて同寺の三世となった。その後諸国をめぐり、多くの寺院を建立し布教伝道に努めた。寛永元年（一六二四）江戸に霊巌寺《れいがんじ》を建立して多くの参詣人を集めるとともに、僧侶養成の学問所として隆盛した。さらに同六年には知恩院の三十二世となり、翌年火災にあったが、幕府の援助を得て旧に倍す伽藍を復興した。徳川家康・秀忠・家光の帰依を受け法談を行ったり、宮中で後水尾《ごみずのお》天皇に進講するなど親任厚く、政治的にも活躍した。

【蓮生】れんしょう　?～一二五九

浄土宗西山派祖証空の弟子。下野国宇都宮に生まれ、姓は藤原名は弥三郎頼綱、出家して実信房という。承元二年（一二〇八）十一月摂津勝尾寺に法然を訪ね教えを受ける。その後法然の指示により証空の弟子となり、西山善峰の草庵に留まり証空につねに随侍して教化を助けた。建長六年（一二五四）証空の華台廟に多宝塔を建立して観念三昧院と号し、正嘉元年（一二五七）十一月不断念仏を始行する。正元元年（一二五九）十一月十二日寂。享年八十八歳。和歌をよくし、多くの歌集に載せられる。

ろ

【六時礼讃（三尊礼）】ろくじらいさん

善導《ぜんどう》撰の『往生礼讃偈《おうじょうらいさんげ》』のことで、その内容は、すべての人びとが西方極楽《ごくらく》の阿弥陀仏の国に往生することを願って、一日を六時に分かち、それぞれに偈文を配したものをとなえて礼拝する行儀である。すなわち、日没《にちもつ》には『無量寿経』より十二光仏の仏名をとなえ十九拝、初夜は『無量寿経』により二十四拝、中夜には龍樹《りゅうじゅ》の『十二礼《じゅうにらい》』によって二十拝、後夜《ごや》には天親《てんじん》の『往生論』より二十一拝、晨朝《じんじょう》は彦琮《げんそう》『願往生礼讃偈《がんおうじょうらいさんげ》』より二十一拝、日中は自撰の

『十六観偈《じゅうろくかんげ》』により二十拝する。また、三尊礼《さんぞんらい》は、日中礼讃のうち阿弥陀仏、観音、勢至の三尊を讃歎した偈で、最も普遍的に行われる。

【六道】ろくどう

衆生が自らなした行為によって次の世に生まれる六種の世界。六趣ともいう。(一)地獄界、(二)餓鬼界、(三)畜生界、(四)修羅界(阿修羅界)、(五)人界、(六)天界の総称。修羅界を除いて五道として説かれることもある。地獄・餓鬼・畜生の三は三悪道(趣)、修羅・人・天の三は三善道(趣)と称される。ただ、善道と称されるとはいえ、総じて六道は輪廻を繰り返す迷いの世界である三界中に含まれる。法然も「深心といふは、ふかく信ずる心なり。これについて二あり。一にはわれはこれ罪悪不善の身、無始よりこのかた六道に輪廻して、往生の縁なしと信じ、二には罪人なりといへども、ほとけの願力をもて強縁として、かならず往生をえん事うたがひなくうらおもひなしと信ず(『三心義』)と述べ、自身を六道に輪廻し続ける愚かな身(凡夫)であると自

覚し、その上で阿弥陀仏の本願をたよりに念仏を称えるべきことを訴えている。→六道絵

【六道絵】ろくどうえ

六道の世界を図絵したもの。これを見ることによって、迷いの世界である六道からの解脱や浄土往生を衆生に願わせようとした。唐代に淵源する『当麻曼荼羅(観経変相図)』中の観音観に六道が描かれ、敦煌に存する『地蔵十王図』中に六道が表されるなど六道絵の起源は中国に遡る。わが国では、源信の『往生要集』に六道の世界が詳細に示されたことから、それに基づいて六道絵が多く描かれるようになった。中でも、滋賀県の聖衆来迎寺に伝わる巨勢金岡筆『六道絵』(鎌倉時代)は著名である。また、東京国立博物館などに所蔵される『地獄草紙』や『餓鬼草紙』『病草紙』などは、京都の蓮華王院に伝えられたとされる『六道絵』の残巻ではないかと指摘されている。→餓鬼草紙、地獄草紙

【六角義】ろっかくぎ

西山義の一派。証空の弟子である浄音（一二〇一～七一）の弟子に当たる了音（生没年不詳）が主張した教義を中心とした系統である。了音が京都六角を中心として善導『観経疏』の注釈書である『観経疏鈔』（通称『観経疏六角鈔』）を作成し、この『観経疏鈔』に基づいて善導『観経疏』を理解した一派である。了音の善導『観経疏』に対する注釈は、了音が解釈した善導『観経疏』の大意を述べた上で、重要な語句について逐次解釈を行い、その上で問答をもって深意を明確にするという方法で論述が行われている。この系統は了音以後、あまり勢力が拡大せず、結果として了音の師である浄音の教義を中心とする西谷義に吸収されていくこととなる。→西山流、了音

わ

【渡辺海旭】わたなべ かいぎょく 一八七二～一九三三

近代浄土宗の学者。東京浅草に生まれ、十四歳で得度。明治二十八年（一八九五）浄土宗教学本校全科を卒業。同三十三年宗派留学生として渡独。十一年間にインド学・仏教学・宗教学にわたる諸論文を発表。帰国後、宗教大学・東洋大学教授となり、芝中学校の校長に就任。同四十四年、仏教社会事業の一環として浄土宗労働共済会を設立。大正十一年（一九二二）以降『大正新修大蔵経』の刊行を手がけ、翌年から浄土宗執綱として宗務にあたった。昭和四年（一九二九）日本仏教学協会を結成するなど、宗政はもとより、学界・教育界・社会事業、さらには相馬黒光をはじめ社会で活躍する知識人たちの敬慕を受け、じつに幅広い足跡を残した。

便覧編

浄土宗の基本

【宗祖】法然上人《ほうねんしょうにん》（源空《げんくう》）（一一三三〜一二一二）

【開宗】鎌倉時代、法然が中国善導《ぜんどう》の『観経疏《かんぎょうしょ》』の啓示を受けた、承安《じょうあん》五年（一一七五）四十三歳の時とする。

【信仰の対象（本尊）】阿弥陀仏。阿弥陀仏は法蔵菩《ほうぞうぼ》薩《さつ》であった昔に、衆生救済《しゅじょうきゅうさい》の誓願《せいがん》を立てた。これを四十八願《しじゅうはちがん》という。その誓願が完成して極楽浄土を建設し、衆生済度のはたらきを「南無阿弥陀仏」という名号に込めて衆生に施された。

【信仰の特色】阿弥陀仏の平等の慈悲に溢れた救済の本願力《ほんがんりき》を深く信じて、「南無阿弥陀仏」と仏の名を称えることである。その人は次第に明るく安らかな日暮らしができ、自己の人格高揚、家庭のやすらぎ、社会への奉仕、自然との共生、やがて浄土へ導びかれ、往生することができる。念仏者はこの世で仏・菩薩の護りを頂き、命終の来迎を受けるのである。

【信仰の形】「南無阿弥陀仏」と口称《くしょう》の念仏を行う。日常の勤行《ごんぎょう》は、仏と極楽の讃歎《さんだん》と感謝、自己の罪《つみ》を滅《めっ》し善《ぜん》を生ずる行為である。

【依りどころとなる経典（所依《しょえ》の経典）】浄土三部経の『無量寿経』『観無量寿経』『阿弥陀経』を依りどころとする。

【理想とする世界】阿弥陀仏によって建設された極楽浄土に生まれる（往生する）ことを願う。極楽浄土はあらゆる苦しみがなく、仏により浄化された世界である。念仏者は、この世においては、自分の愚かさを自覚し、家庭では仏の光明を頂いて和合の生活をおくり、社会に向っては慈悲の心をもって社会浄化と救済を行い、世界中の人びとが共に極楽に生れて仏となるよう願う。

仏壇と仏具

①阿弥陀如来
②観世音菩薩
③勢至菩薩
④善導大師
⑤法然上人
⑥お位牌
⑦高坏
⑧花瓶
⑨香炉
⑩生花
⑪過去帳
⑫木魚
⑬経本
⑭リン
⑮線香立て
⑯マッチ消し

【仏壇の意味】 仏壇は極楽のありさまを写したもので、あらゆる仏・菩薩と先祖をふくめて、その根本として阿弥陀仏を拝するところである。そして仏壇の前で行う勤行《ごんぎょう》（おつとめ）は、五種の正しい修法に則って念仏を称え、阿弥陀仏によって生かされている喜びの念をささげる行為である。

【宮殿と須弥壇】

宮殿《くうでん》＝仏壇内部のご本尊を奉安するところで楼閣《ろうかく》と表現されるものである。

須弥壇《しゅみだん》＝古代インドでは、宇宙の中心にそびえると考えられた須弥山《しゅみせん》に由来し、それを象《かた》どり仏の座とするのである。

【ご本尊と位牌のまつり方】 阿弥陀如来の彫像・絵像どちらでもかまわない。形も立像・坐像いずれでもよい。ご本尊の左右脇壇に、観音・勢至の両菩薩、あるいは、善導大師と法然上人の二祖をおまつりする。阿弥陀仏・観音・勢至を奉安する場合は、弥陀三尊といい、阿弥陀仏と善導・法然を奉安する場合は、一尊二祖《いっそんにそ》という。位牌《いはい》をまつるのは、脇壇の下段で、位牌が一つのときは向って右側にまつり、二

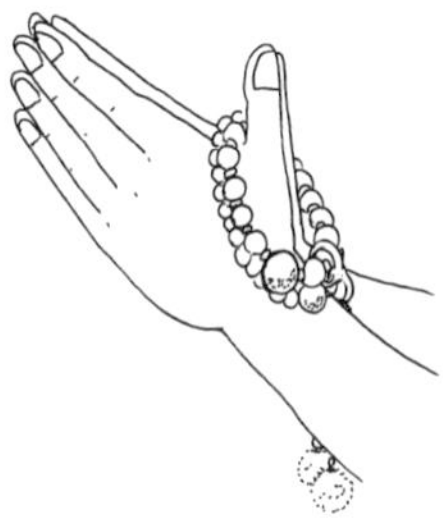

数珠のかけかた

五具足

三具足

日課数珠

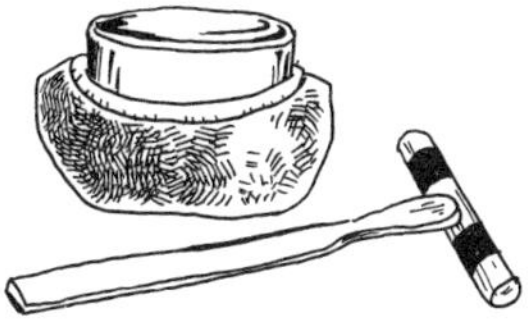

鉦

鈴

つのときは、古い位牌を右側に、新しいものを左側にする。向って右を上座と考えているためである。位牌が数多くあるときは、繰出《くりだ》し位牌を作り、ふだんは先祖代々の板を正面に出しておく。善導大師・法然上人の下に位牌をまつることは、先祖がその弟子となって仏道に励んでいる形を表現している。

【仏具】

三具足《みつぐそく》・五具足《ごぐそく》＝香炉を中心として向って右に燭台、左に花瓶各一をおくのを三具足といい、香炉の両側に燭台、その外側に花瓶をおく場合を五具足という。

仏器＝仏に供えるご飯（仏飯《ぶっぱん》・仏供《ぶっく》）を盛る器で丸く盛り上げて供え、脇壇にも同様に供える。

打敷《うちしき》＝金襴《きんらん》などで作った長方形の敷物のことで、三角形のものもある。年回法要やお彼岸など特別な日に用いる。ふだんは使用しない。

鈴＝キン・カネ・リンともいい、勤行中に使用する。

木魚《もくぎょ》・鉦《しょう》＝勤行に使用するものである。木魚は双頭の龍が玉をくわえた団円形のもので桴《ばち》で打ち、お経と念仏両方に使用する。鉦《しょう》は、ふせがねともいい、念仏のときに使用する。円形金属製で撞木で打つ。

毎日のおつとめ

朝夕のおつとめ（勤行）は、自己の往生極楽のために念仏を称え、さらに念仏を先祖のために回向するものである。おつとめは、まず燭台にローソクを立て、香炉に線香を立て、合掌礼拝する。勤行の順序次第は、『浄土宗信徒日常勤行式』（お経本）に従って行うのがよい。香偈《こうげ》から始め開経偈《かいきょうげ》につづいて、『無量寿経』中の「四誓偈《しせいげ》」、宗祖の遺言である「一《いち》枚起請文《まいきしょうもん》」などを唱える。念仏一会《ねんぶついちえ》というところでは、鉦・木魚を打って、念仏を数多く称えることが大切である。

【仏壇のお供え】灯篭、ローソクをともして線香をあげ、花瓶に花を活ける。線香は一本〜三本を立てるが横に寝かすことはない。つぎに浄水・茶を供える。仏飯は朝のおつとめのときに供え、午前中にさげる。おつとめの直後にさげてもかまわない。仏飯は仏飯器に丸く盛り上げて供える。その他の供物は適宜に供えるが、果物と菓子と両方あるときは、向って右に菓子類を供え、左に果物を供える。

【合掌礼拝の作法】両掌を胸の前で堅く合せ、指をそろえる。胸に親指の付け根が軽くふれる程度で、約四十五度ぐらいにする。礼拝には、上礼・中礼・下礼の三通りがあるが、通常は合掌のまま上体を深く屈折する礼と、浅く屈折する礼の二通りでよいであろう。上礼・中礼は僧侶（菩提寺の住職）から伝授してもらうのがよい。

【数珠のもちかた】日課数珠という二輪のものを用いる。合掌のときは、両方の親指にかけ、記子《でし》房紐は胸の前にたれ下る。合掌しないときは、左腕にかける。

【焼香の作法】右手の親指・人指し指・中指で香をつまみ、左掌を上向けて頭を軽く下げ、香をおし頂くようにする。焼香の回数は、一回〜三回までとし、焼香のあと礼拝する。

僧侶の服装

僧侶の略装（改良服）

僧侶の衣服である法衣には、袈裟《けさ》・法衣《ころも》・袴・冠などがある。まず、白衣を着て帯をしめ、足袋を履く。つぎに袴、法衣をつけ、袈裟、冠を頂く。袈裟・法衣には種々の形式の違いがあり、僧階や法会《ほうえ》の別によって異っている。なお、浄土宗の法衣は、古くから禅衣を用いている。ただし袴は教衣系のものを使用している。明治以降、伝統的な礼装・正装のほか、新様式の略装が用いられるようになった。すなわち道衣《どうえ》（改良服）に、小五條《こごじょう》（威儀細《いぎぼそ》）または、折五條、または、種子衣《しゅじえ》（伝道袈裟）をかけ、略袴をつけ、広骨扇、日課数珠を持つのである。道衣は裳《も》に襞《ひだ》がなく、小袖仕立てになっていて、腰の部分を四紐でととのえる。袖や裳にかかり糸がないものである。

墓と納骨

①墓石
②卒塔婆
③卒塔婆立て
④水鉢
⑤花立て
⑥線香立て
⑦墓誌
⑧灯篭
⑨物置台
⑩手水鉢
⑪拝石
⑫敷石
⑬外柵

【墓の意義】墓は先祖の遺骨を安置し、そこへ詣でる者は、それを機縁として、祖徳を通して仏法に接し、念仏相続することに意義を置いている。近年は故人一人に一基の墓を建てることが少なくなり、家族墓が一般的である。墓石には「〇〇家先祖代々之墓」「〇〇家之墓」といった文字が刻まれるが、「南無阿弥陀仏」の名号のほか、先祖と仏・菩薩とともにあることを表わす「倶会一処」（阿弥陀経）の経文、あるいは、「寂」「和」などの仏教に関連した文字を見ることがある。法要のときに卒塔婆を建て、線香・花を供える。

【納骨】故人の遺骨は墓に納めるほか、一部を分骨して祖山（知恩院）または、各本山の納骨堂に納めることがある。納骨の時期は、四十九日忌法要のあと、または葬儀当日に納骨する場合があり、一定していない。

年中行事

修正会《しゅしょうえ》　年頭にあたって、阿弥陀如来に対して、自己の念仏信仰に生きる気持ちを新たにし、家庭の幸せと、社会の安寧、世界の平和を祈る法要をいう。各本山では、七日頃まで行う。

御忌会《ぎょきえ》　法然上人の祥忌日《しょうきにち》（一月二十五日）に恩徳報謝のため行う法要をいう。御忌の名称は、天皇などの忌日を指していうが、後柏原天皇の詔勅により、以後法然上人の忌日を御忌というようになった。各本山では、明治以後、寒中をさけて、四月に行われる。

灌仏会（花まつり）　四月八日に釈尊の降誕を祝福する行事をいう。

彼岸会　春分・秋分の前後七日間に行われる法要。一般には、お彼岸といって、祖先の追善供養を行い墓参をする。

宗祖降誕会　法然上人の誕生を祝う法要で、各本山では、四月七日頃に行う。

盂蘭盆会《うらぼんえ》　関東地方では、七月十五日前後、関西地方では、八月十五日前後に行う。一般にはお盆といい、先祖の追善供養を行い、家庭の仏壇や盆棚を供養する棚経を行う。

浄土宗信徒日常勤行式

香《こう》偈《げ》

願《がん》我《が》身《しん》浄如《じょうにょ》香炉《こうろ》
願《がん》我《が》心《しん》如《にょ》智《ち》慧《え》火《か》
念《ねん》念《ねん》焚《ぼん》焼戒《じょうかい》定香《じょうこう》
供《く》養《よう》十《じっ》方《ぽう》三《さん》世《ぜ》仏《ぶ》

願《ねが》わくは我《わ》が身《み》浄《きよ》きこと香炉《こうろ》の如《ごと》く
願《ねが》わくは我《わ》が心《こころ》 智慧《ちえ》の火《ひ》の如《ごと》く
念念《ねんねん》に戒定《かいじょう》の香《こう》を焚《た》きまつりて
十方三世《じっぽうさんぜ》の仏《ほとけ》に供養《くよう》したてまつる

三《さん》宝《ぽう》礼《らい》

●一心敬礼《いっしんきょうらい》 ●十方法界常住仏《じっぽうほうかいじょうじゅうぶ》

●一心敬礼《いっしんきょうらい》 ●十方法界常住法《じっぽうほうかいじょうじゅうほう》

●一心敬礼《いっしんきょうらい》 ●十方法界常住僧《じっぽうほうかいじょうじゅうそう》

●一心《いっしん》に敬《うやま》って ●十方法界常住《じっぽうほうかいじょうじゅう》の
仏《ほとけ》を礼《らい》したてまつる

●一心《いっしん》に敬《うやま》って ●十方法界常住《じっぽうほうかいじょうじゅう》の
法《ほう》を礼《らい》したてまつる

●一心《いっしん》に敬《うやま》って ●十方法界常住《じっぽうほうかいじょうじゅう》の
僧《そう》を礼《らい》したてまつる

四《し》奉《ぶ》請《じょう》

奉請《ほうぜい》十方《しほう》如来《じょらい》 入《じ》道場《とうちょう》 散華楽《さんからく》

請《しょう》じ奉《たてまつ》る十方如来《じっぽうにょらい》

道場《どうじょう》に入《い》りたまえ（散華楽）

奉請《ほうぜい》釈迦《せきゃ》如来《じょらい》入《じ》道場《とうちょう》 散華楽《さんからく》

請《しょう》じ奉《たてまつ》る釈迦《しゃか》如来《にょらい》

道場《どうじょう》に入《い》りたまえ（散華楽）

奉請《ほうぜい》弥陀《びた》如来《じょらい》入《じ》道場《とうちょう》 散華楽《さんからく》

請《しょう》じ奉《たてまつ》る弥陀《みだ》如来《にょらい》

道場《どうじょう》に入《い》りたまえ（散華楽）

奉請《ほうぜい》観音勢至《かんにんせいし》諸大菩薩《しょたいほさ》 入《じ》道場《とうちょう》 散華《さんか》 楽《らく》

請《しょう》じ奉《たてまつ》る観音勢至諸大菩薩《かんのんせいししょだいぼさつ》
道場《どうじょう》に入《い》りたまえ(散華楽)

三奉請《さんぶじょう》

●奉《ぶ》請《じょう》弥陀《みだ》世尊《せそん》●入道場《にゅうどうじょう》

奉《ぶ》請《じょう》釈迦《しゃか》如来《にょらい》入道場《にゅうどうじょう》

奉《ぶ》請《じょう》十方《じっぽう》如来《にょらい》●入《にゅう》●道《どう》●場《じょう》

懺悔《さんげ》偈《げ》

我《が》昔《しゃく》所《しょ》造《ぞう》諸《しょ》悪《あく》業《ごう》
皆《かい》由《ゆ》無《む》始《し》貪《とん》瞋《じん》痴《ち》
従身《じゅうしん》語《ご》意《い》之《し》所生《しょしょう》
一切《いっさい》我《が》今《こん》皆《かい》懺悔《さんげ》

我《わ》れ昔《むかし》より造《つく》る所《ところ》の諸《もろもろ》の悪業《あくごう》は
皆《みな》無始《むし》の貪瞋痴《とんじんち》に由《よ》る
身語意《しんごい》より生《しょう》ずる所《ところ》なり
一切《いっさい》我《わ》れ今皆《いまみな》懺悔《さんげ》したてまつる

十《じゅう》念《ねん》（南無阿弥陀仏を十返称える）

開《かい》経《きょう》偈《げ》

無《む》上《じょう》甚《じん》深《じん》微《み》妙《みょう》法《ほう》
無上甚深微《むじょうじんじんみ》妙《みょう》の法《ほう》は

百《ひゃく》千《せん》万《まん》劫《ごう》難《なん》遭《そう》遇《ぐう》
百千万劫《ひゃくせんまんごう》にも遭《あ》い遇《あ》うこと難《かた》し

我《が》今《こん》見《けん》聞《もん》得《とく》受《じゅ》持《じ》
我《わ》れ今見聞《いまけんもん》し受持《じゅじ》することを得《え》たり

願《がん》解《げ》如《にょ》来《らい》真《しん》実《じっ》義《ぎ》
願《ねが》わくは如来《にょらい》の真実義《しんじつぎ》を解《げ》したてまつらん

誦《じゅ》経《きょう》（四《し》誓偈《せいげ》）

我《が》建《ごん》超世《ちょうせ》願《がん》
必《ひっ》至《し》無《む》上道《じょうどう》
斯《し》願《がん》不《ふ》満《まん》足《ぞく》
誓《せい》不《ふ》成正覚《じょうしょうがく》
我《が》於《お》無《む》量劫《りょうこう》
不《ふ》為《い》大《だい》施《せ》主《しゅ》
普《ふ》済《さい》諸《しょ》貧《びん》苦《ぐ》

我《わ》れ超世《ちょうせ》の願《がん》を建《た》つ
必《かなら》ず無上道《むじょうどう》に至《いた》らん。
斯《こ》の願満足《がんまんぞく》せずんば、
誓《ちか》って正覚《しょうがく》を成《じょう》ぜじ。
我《わ》れ無量劫《むりょうこう》に於《お》いて
大施主《だいせしゅ》となって、
普《あまね》く諸《もろもろ》の貧苦《びんぐ》を済《すく》わずんば、

誓《せい》不《ふ》成《じょう》正《しょう》覚《がく》
我《が》至《し》成《じょう》仏《ぶつ》道《どう》
名《みょう》声《しょう》超《ちょう》十《じっ》方《ぽう》
究《く》竟《きょう》靡《み》所《しょ》聞《もん》
誓《せい》不《ふ》成《じょう》正《しょう》覚《がく》
離《り》欲《よく》深《じん》正《しょう》念《ねん》
浄《じょう》慧《え》修《しゅ》梵《ぼん》行《ぎょう》
志《し》求《ぐ》無《む》上《じょう》道《どう》
為《い》諸《しょ》天《てん》人《にん》師《し》

誓《ちか》って正覚《しょうがく》を成《じょう》ぜじ。
我《わ》れ仏道《ぶつどう》を成《じょう》ずるに至《いた》らば
名声《みょうしょう》十方《じっぽう》に超《こ》え、
究竟《くきょう》して聞《き》こゆる所《ところ》なくんば、
誓《ちか》って正覚《しょうがく》を成《じょう》ぜじ。
離欲《りよく》と深正念《じんしょうねん》と
浄慧《じょうえ》との修梵行《しゅぼんぎょう》をもって、
無上道《むじょうどう》を志求《しぐ》して、
諸《もろもろ》の天人師《てんにんし》とならん。

神《じん》力《りき》演《えん》大《だい》光《こう》
普《ふ》照《しょう》無《む》際《さい》土《ど》
消《しょう》除《じょ》三《さん》垢《く》冥《みょう》
広《こう》済《さい》衆《しゅ》厄《やく》難《なん》
開《かい》彼《ひ》智《ち》慧《え》眼《げん》
滅《めっ》此《し》昏《こん》盲《もう》闇《あん》
閉《へい》塞《そく》諸《しょ》悪《あく》道《どう》
通《つう》達《だつ》善《ぜん》趣《じゅ》門《もん》
功《く》祚《そ》成《じょう》満《まん》足《ぞく》

神力大光《じんりきだいこう》を演《の》べ、
普《あまね》く無際《むさい》の土《ど》を照《て》らし、
三垢《さんく》の冥《やみ》を消除《しょうじょ》して、
広《ひろ》く衆《もろもろ》の厄難《やくなん》を済《すく》い、
彼《か》の智慧《ちえ》の眼《まなこ》を開《ひら》いて、
此《こ》の昏盲《こんもう》の闇《やみ》を滅《めっ》し、
諸《もろもろ》の悪道《あくどう》を閉塞《へいそく》して、
善趣《ぜんじゅ》の門《もん》に通達《つうだつ》せしむ。
功祚《くそ》満足《まんぞく》することを成《じょう》じて、

威《い》曜《よう》朗《ろう》十《じっ》方《ぽう》
日《にち》月《がっ》戢《しゅうじゅうき》重暉
天《てん》光《こう》穏《おん》不《ぷ》現《げん》
為《い》衆《しゅうかい》開法《ほう》蔵《ぞう》
広《こう》施《せ》功《く》徳《どく》宝《ほう》
常《じょうお》於大《だいしゅうじゅう》衆中
説《せっ》法《ぽう》師《し》子《し》吼《く》
供《く》養《よう》一《いっ》切《さい》仏《ぶっ》
具《ぐ》足《そく》衆《しゅ》徳《とく》本《ほん》

威曜十方《いようじっぽう》に朗《ほが》らかなり。
日月重暉《にちがつじゅうき》を戢《おさ》め、
天光《てんこう》も隠《かく》れて現《げん》ぜず。
衆《しゅう》の為《ため》に法蔵《ほうぞう》を開《ひら》いて、
広《ひろ》く功徳《くどく》の宝《たから》を施《ほどこ》し、
常《つね》に大衆《だいしゅう》の中《なか》に於《お》いて、
説法師子吼《せっぽうししく》したもう。
一切《いっさい》の仏《ほとけ》を供養《くよう》し、
衆《もろもろ》の徳本《とくほん》を具足《ぐそく》し、

願《がん》慧《ね》悉《しつ》成満《じょうまん》
得《とく》為《い》三《さん》界《がい》雄《おう》
如《にょ》仏《ぶつ》無《む》礙《げ》智《ち》
通《つう》達《だつ》靡《み》不《ふ》照《しょう》
願《がん》我《が》功《く》慧《え》力《りき》
等《とう》此《し》最《さい》勝尊《しょうそん》
斯《し》願《がん》若剋《にゃっこつ》果《か》
大《だい》千《せん》応《おう》感《かん》動《どう》
虚《こ》空《くう》諸《しょ》天《てん》人《にん》

願慧《がんね》悉《ことごと》く成満《じょうまん》して、
三界《さんがい》の雄《おう》となることを得《え》たまえり。
仏《ほとけ》の無礙智《むげち》の如《ごと》きは、
通達《つうだつ》して照《て》らしたまわずということなし。
願《ねが》わくは我《わ》が功慧《くえ》の力《ちから》、
此《こ》の最勝尊《さいしょうそん》に等《ひと》しからん。
斯《こ》の願《がん》若《も》し剋果《こっか》せば、
大千《だいせん》応《まさ》に感動《かんどう》すべし。
虚空《こくう》の諸《もろもろ》の天人《てんにん》

当《とう》雨《う》珍《ちん》妙華《みょうけ》

当《まさ》に珍妙《ちんみょう》の華《はな》を雨《ふ》らすべし。

本《ほん》誓《ぜい》偈《げ》

●弥《み》陀《だ》本《ほん》誓《ぜい》願《がん》●

●弥陀《みだ》の本誓願《ほんぜいがん》は●

極《ご》楽《らく》之《し》要《よう》門《もん》

極楽《ごくらく》の要門《ようもん》なり

定《じょう》散《さん》等《とう》回《え》向《こう》

定散《じょうさん》等《ひと》しく回向《えこう》して

●速《そく》証《しょう》●無《む》生《しょう》●身《しん》

速《すみ》やかに無生身《むしょうしん》を証《しょう》せん

十《じゅう》念《ねん》

●元祖大師《がんそだいし》（法然上人《ほうねんしょうにん》）御遺訓《ごゆいくん》一枚起請文《いちまいきしょうもん》●

唐土我朝《もろこしわがちょう》に、もろもろの智者達《ちしゃたち》の、沙汰《さた》し申《もう》さるる観念《かんねん》の念《ねん》にもあらず。また学問《がくもん》をして、念《ねん》のこころを悟《さと》りて申《もう》す念仏《ねんぶつ》にもあらず。ただ往生極楽《おうじょうごくらく》のためには、南無阿弥《なむあみ》陀仏《だぶつ》と申《もう》して、うたがいなく往生《おうじょう》するぞと思《おも》い取《と》りて申《もう》す外《ほか》には別《べつ》の仔細《しさい》候《そうら》わず。ただし三心四修《さんじんししゅ》と申《もう》すことの候《そうろ》うは、皆決定《みなけつじょう》して南《な》無阿弥陀仏《むあみだぶつ》にて往生《おうじょう》するぞと思《おも》ううちにこもり候《そうろ》うなり。この外《ほか》に奥《おく》ふかき事《こと》を存《ぞん》ぜば、二尊《にそん》のあわれみにはずれ、本願《ほんがん》にもれ候《そうろ》うべし。念仏《ねんぶつ》を信《しん》ぜん人《ひと》は、たとい一《いち》代《だい》の法《ほう》をよくよく学《がく》すとも、一文《いちもん》不知《ふち》の愚鈍《ぐどん》の身《み》になして、尼入道《あまにゅうどう》の無智《むち》のともがらに同《おな》じうして、智者《ちしゃ》のふるまいをせずしてただ一《いっ》向《こう》に念仏《ねんぶつ》すべし。

証《しょう》のために両手印《りょうしゅいん》をもってす。

浄土宗《じょうどしゅう》の安心起行《あんじんきぎょう》この一紙《いっし》に至極《しごく》せり。源空《げんくう》が所存《しょぞん》、この外《ほか》に全《まった》く別義《べつぎ》を存《ぞん》ぜず、滅後《めつご》の邪義《じゃぎ》をふせがんがために所存《しょぞん》をしるし畢《おわ》んぬ。

建暦《けんりゃく》二《に》年《ねん》正《しょう》月《がつ》二十三日《にじゅうさんにち》

大師《だいし》在御判《ざいごはん》

摂益文《しょうやくもん》

光明遍照《こうみょうへんじょう》　如来《にょらい》の光明《こうみょう》は遍《あまね》く

十方世界《じっぽうせかい》　十方世界《じっぽうせかい》を照《て》らして

念仏衆生《ねんぶつしゅじょう》　念仏《ねんぶつ》の衆生《しゅじょう》を

摂取不捨《せっしゅふしゃ》　摂取《せっしゅ》して捨《す》てたまわず

念仏一会《ねんぶついちえ》

総回向偈《そうえこうげ》

願以此功徳《がんにしくどく》
平等施一切《びょうどうせいっさい》
同発菩提心《どうほつぼだいしん》
往生安楽国《おうじょうあんらっこく》

十念《じゅうねん》

願《ねが》わくは此《こ》の功徳《くどく》を以《もっ》て
平等一切《びょうどういっさい》に施《ほどこ》し
同《おな》じく菩提心《ぼだいしん》を発《おこ》して
安楽国《あんらっこく》に往生《おうじょう》せん

総《そう》願《がん》偈《げ》

衆《しゅ》生《じょう》無《む》辺《へん》誓《せい》願《がん》度《ど》
煩《ぼん》悩《のう》無《む》辺《へん》誓《せい》願《がん》断《だん》
法《ほう》門《もん》無《む》尽《じん》誓《せい》願《がん》知《ち》
無《む》上《じょう》菩《ぼ》提《だい》誓《せい》願《がん》証《しょう》
自《じ》他《た》法《ほう》界《かい》同《どう》利《り》益《やく》
共《ぐ》生《しょう》極《ごく》楽《らく》成《じょう》仏《ぶつ》道《どう》

衆生《しゅじょう》 無辺《むへん》なれども誓《ちか》って度《ど》せんことを願《ねが》う
煩悩《ぼんのう》無辺《むへん》なれども誓《ちか》って断《だん》ぜんことを願《ねが》う
法門《ほうもん》無尽《むじん》なれども誓《ちか》って知《し》らんことを願《ねが》う
無上菩提《むじょうぼだい》誓《ちか》って証《しょう》せんことを願《ねが》う
自他法界利益《じたほうかいりやく》を同《おなじ》うし
共《とも》に極楽《ごくらく》に生《しょう》じて仏道《ぶつどう》を成《じょう》ぜん

三《さん》唱《しょう》礼《らい》

•南《な》無《む》阿《あ》弥《み》陀《だ》仏《ぶ》　南《な》無《む》阿《あ》弥《み》陀《だ》仏《ぶ》　南《な》無《む》阿《あ》弥《み》陀《だ》•仏《ぶ》

南《な》無《む》阿《あ》弥《み》陀《だ》仏《ぶ》　南《な》無《む》阿《あ》弥《み》陀《だ》仏《ぶ》　南《な》無《む》阿《あ》弥《み》陀《だ》•仏《ぶ》

南《な》無《む》阿《あ》弥《み》陀《だ》仏《ぶ》　南《な》無《む》阿《あ》弥《み》陀《だ》仏《ぶ》　南《な》無《む》•阿《あ》弥《み》•陀《だ》仏《ぶ》

三《さん》身《じん》礼《らい》

•南無《なむ》西方《さいほう》•極楽世界《ごくらくせかい》本願成就身《ほんがんじょうじゅしん》阿弥陀仏《あみだぶ》

•南無《なむ》西方《さいほう》•極楽世界《ごくらくせかい》光明摂取身《こうみょうせっしゅしん》阿弥陀仏《あみだぶ》

●南無《なむ》西方《さいほう》●極楽世《ごくらくせ》界来迎引接《かいらいこういんじょう》身阿弥陀仏《しんあみだぶ》

送仏偈《そうぶつげ》

●請仏随縁《しょうぶつずいえん》還本国《げんぽんごく》●
普散香華《ふさんこうけ》心送仏《しんそうぶつ》
願仏慈心《がんぶつじしん》遙護念《ようごねん》
●同生相勧《どうしょうそうかん》●尽須《じんしゅ》●来《らい》

●請《こ》うらくは仏《ほとけ》　縁《えん》に随《したが》って本国《ほんごく》に還《かえ》りたまえ●
普《あまね》く香華《こうけ》を散《さん》じ　心《こころ》に仏《ほとけ》を送《おく》りたてまつる
願《ねが》わくは仏《ほとけ》の慈心《じしん》　遙《はる》かに護念《ごねん》したまえ
同生相勧《どうしょうあいすす》む　尽《ことごと》く来《き》たるべし

十念《じゅうねん》

法然上人二十五霊場

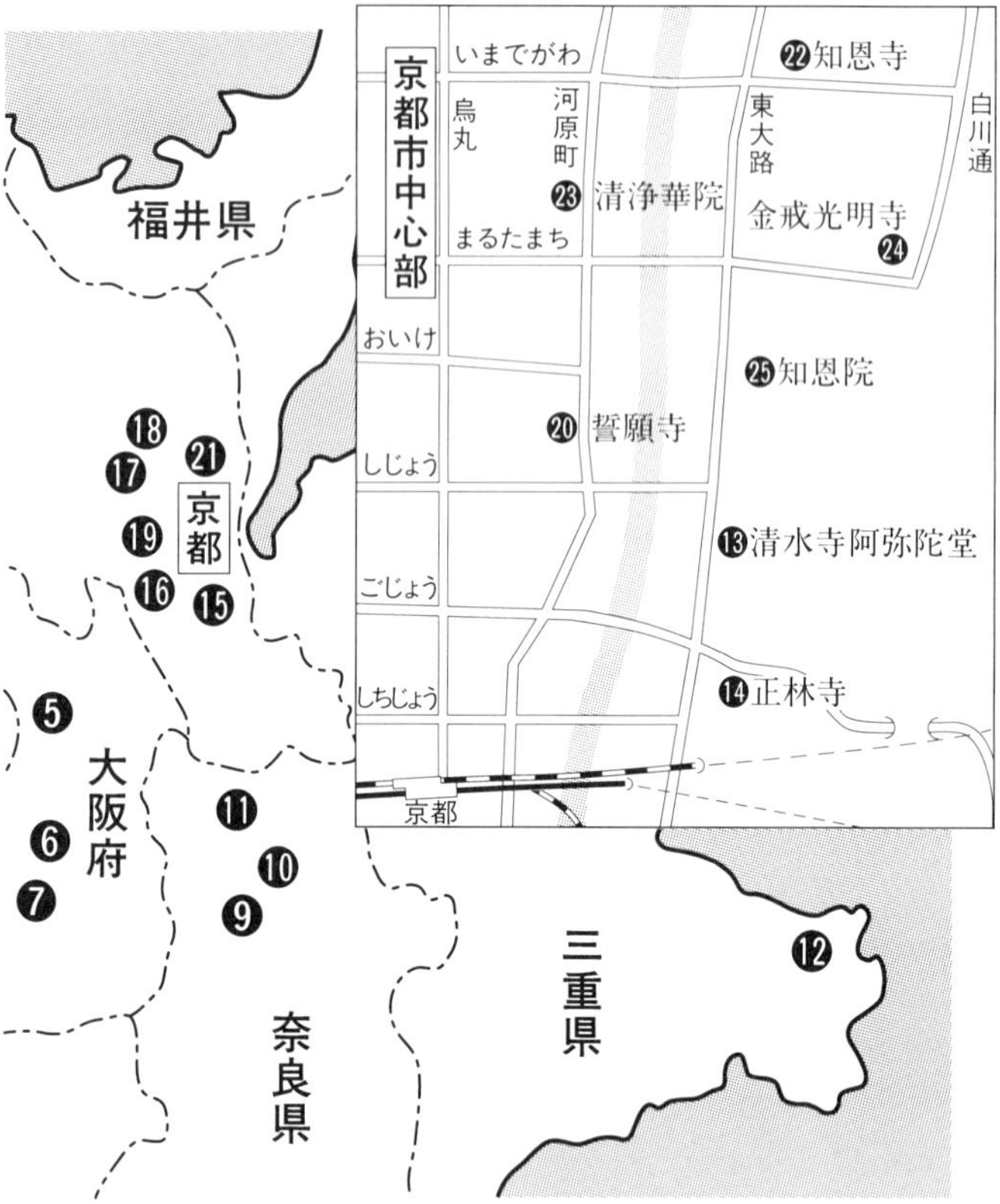

① 誕生寺　岡山県久米南町
② 法然寺　香川県高松市
③ 十輪寺　兵庫県高砂市
④ 如来院遍照寺　兵庫県尼崎市
⑤ 勝尾寺二階堂　大阪府箕面市
⑥ 四天王寺念仏堂　大阪市天王寺区
⑦ 一心寺　大阪市天王寺区
⑧ 報恩講寺　和歌山市加太町
⑨ 当麻寺奥院　奈良県当麻町
⑩ 法然寺　奈良県橿原市
⑪ 東大寺指図堂　奈良市雑司町
⑫ 欣浄寺　三重県伊勢市

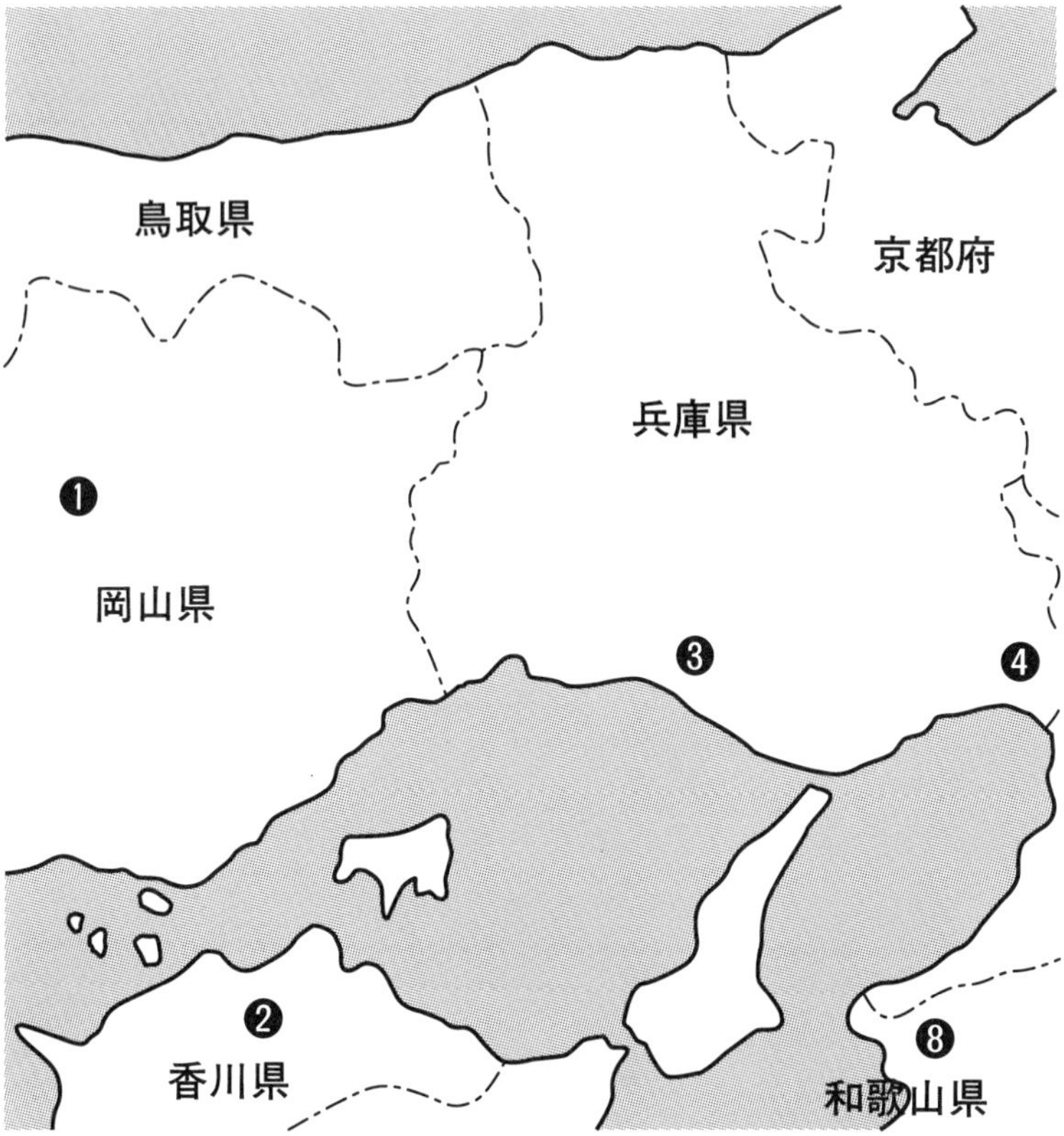

⑬清水寺阿弥陀堂　京都市東山区
⑭正林寺　京都市東山区
⑮法然院源空寺　京都市伏見区
⑯光明寺　京都府長岡京市
⑰二尊院　京都市右京区
⑱月輪寺　京都市右京区
⑲法然寺　京都市右京区
⑳誓願寺　京都市中京区
㉑勝林院　京都市左京区
㉒知恩寺　京都市左京区
㉓清浄華院　京都市上京区
㉔金戒光明寺　京都市左京区
㉕知恩院　京都市東山区

浄土宗系の宗教団体

（①事務所　②寺院・布教所数。分類は文化庁編『宗教年鑑』平成十二年版による）

浄土宗　①〒六〇五―〇〇六二　京都府京都市東山区新橋通大和大路通東入ル三丁目林下町四〇〇番地の八☎〇七五（五二五）二二〇〇　②七〇七四

浄土宗西山深草派　①〒六〇四―八〇三五　京都府京都市中京区新京極通三条下ル桜之町四五三☎〇七五（二二一）〇九五八　②二八二

浄土宗西山禅林寺派　①〒六〇六―八四四五　京都府京都市左京区永観堂四八☎〇七五（七六一）〇〇〇七　②三六七

西山浄土宗　①〒六一七―〇八一一　京都府長岡京市粟生西条の内二六番地の一☎〇七五（九五五）〇〇〇二　②六〇三

浄土宗系譜

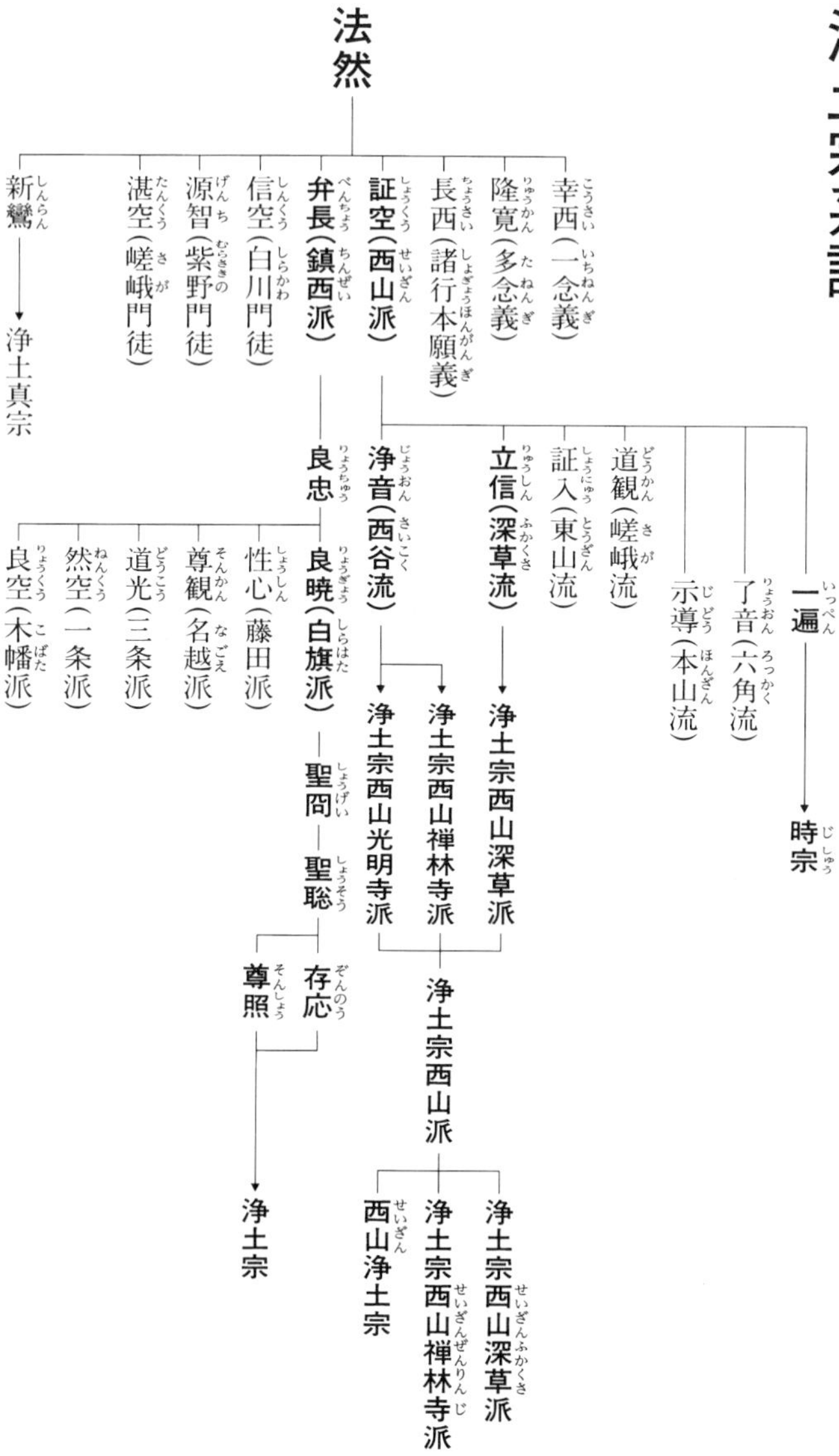
法然
幸西《こうさい》（一念義《いちねんぎ》）
隆寛《りゅうかん》（多念義《たねんぎ》）
長西《ちょうさい》（諸行本願義《しょぎょうほんがんぎ》）
証空《しょうくう》（西山《せいざん》派）
弁長《べんちょう》（鎮西《ちんぜい》派）
信空《しんくう》（白川《しらかわ》門徒）
源智《げんち》（紫野《むらさきの》門徒）
湛空《たんくう》（嵯峨《さが》門徒）
新鸞《しんらん》
浄土真宗
道観《どうかん》（嵯峨《さが》流）
証入《しょうにゅう》（東山《とうざん》流）
立信《りゅうしん》（深草《ふかくさ》流）
浄音《じょうおん》（西谷《さいこく》流）
示導《じどう》（本山《ほんざん》流）
了音《りょうおん》（六角《ろっかく》流）
一遍《いっぺん》
時宗《じしゅう》
浄土宗西山光明寺派
浄土宗西山禅林寺派
浄土宗西山深草派
浄土宗西山派
西山《せいざん》浄土宗
浄土宗西山禅林寺《せいざんぜんりんじ》派
浄土宗西山深草《せいざんふかくさ》派
良忠《りょうちゅう》
良暁《りょうぎょう》（白旗《しらはた》派）
性心《しょうしん》（藤田派）
尊観《そんかん》（名越《なごえ》派）
道光《どうこう》（三条派）
然空《ねんくう》（一条派）
良空《りょうくう》（木幡《こばた》派）
聖冏《しょうげい》
聖聡《しょうそう》
存応《ぞんのう》
尊照《そんしょう》
浄土宗

浄土宗年表

西暦	年号	浄土宗関係事項	一般
一一三三	長承二	四月七日、法然、美作国久米南条稲岡の庄に生まれる。	
一一四一	永治元	春、法然の父漆間時国、稲岡庄の預所明石定明の夜襲により傷死する。 冬、法然、菩提寺の観覚の弟子となる。	一一三四 洪水・飢饉・咳病流行する
一一四五	久安元	法然、比叡山に登り、源光に師事する（一説久安三年）。	一一四六 京都大火
一一四七	〃三	四月、法然、皇円の室に入り、出家受戒する。	
一一五〇	〃六	法然、黒谷に隠遁、叡空に師事する。法然房源空と名を改める。	一一四九 九条兼実生まれる
一一五六	保元元	法然、求道のため嵯峨の清涼寺に参籠、後南都に諸師を歴訪する。	一一五五 慈円生まれる 一一五六 保元の乱
一一五七	〃二	信空、叡空の室に入り、法然と法兄弟となる。	一一五九 平治の乱
一一六二	応保二	聖光、筑前国遠賀香月庄に生まれる。	一一六八 栄西入宋する
一一七一	承安元	感西、法然の室に入る。	
一一七五	安元元	春、法然、専修念仏に帰入する(浄土開宗)。黒谷を出て、西山の広谷に移り、後東山吉水に住む。	一一七三 明恵生まれる 親鸞生まれる
一一七七	治承元	証空、京洛に生まれる。	一一八〇 源頼朝挙兵する 平重衡南都を攻め、東大寺・興福寺を焼く
一一八一	養和元	法然、東大寺勧進職に推されたが辞退し、俊乗房重源を推挙する。	
一一八三	寿永二	七月、木曽義仲の軍、京都に乱入し、法然、一日聖教を見ず。 聖光、比叡山に登る。	

一一八四	〃三	勢観房源智生まれる。 法然、平重衡を教化する。	一一八一　親鸞出家する
一一八六	文治二	秋、法然、顕真に招かれ、大原で浄土の法門を談じる（大原談義）。	一一八六　九条兼実摂政となる
一一八九	〃五	八月一日、法然、九条兼実に招かれ、法文および往生業を説く。 八月八日、法然、兼実に授戒する。	一一八七　栄西再度入宋する
一一九〇	建久元	二月一日、法然、重源の求めに応じて、この日より東大寺で「浄土三部経」を講義する。 七月二十三日、法然、兼実に授戒する。 この年、証空、法然の門に入る。	
一一九一	〃二	三月十三日、法然、重源の問いに答える（東大寺十問答）。 七月二十八日、法然、この日および八月二十一日・十月六日に兼実に授戒する。 九月二十九日、法然、宜秋門院任子に授戒する。 聖光、肥前国油山の学頭となる。	
一一九二	〃三	八月八日、法然、兼実に授戒する。	一一九二　鎌倉幕府成立
一一九三	〃四	熊谷直実、法然の弟子となる。	
一一九四	〃五	法然、師秀のため逆修を行う（逆修説法）。	
一一九五	〃六	三月、津戸為守、法然に帰依する。 この年、勢観房源智、法然の門に入る。	
一一九七	〃八	三月二十日、法然、兼実に授戒する。 五月、聖光、法然の弟子となる。	
一一九八	〃九	一月一日、法然、この日より恒例の別時念仏を行い、三昧発得す	

		る。 四月八日、法然、『没後制誡』を書く。 この年、法然『選択本願念仏集』を執筆する。証空、勘文の役をつとめる。 この年、幸西、法然の弟子となる。	
一一九九	正治元	聖光上洛、法然より『選択集』を伝授される。 良忠、石見国三隅庄で生まれる。	
一二〇〇	〃二	閏二月六日、法然、感西の臨終知識となる。 九月三十日、兼実の妻（北政所）病気により法然を招き、十月二日まで連日受戒する。	一二〇〇 道元生まれる 幕府念仏宗を禁止する
一二〇一	建仁元	春、親鸞、法然の門に入る。 十月、宜秋門院、法然を戒師として出家する。 この年、藤原隆信、法然について出家する。	
一二〇二	〃二	九条兼実、法然を戒師として出家する。 この年、長西、法然の門に入る。	
一二〇四	元久元	二月十七日、法然、伊豆山源延のため『浄土宗略要文』を集録する。 三月十四日、法然、隆寛に『選択集』を授ける。 八月、聖光、筑後に帰り、念仏を広める。 十月、比叡山の衆徒、天台座主真性に専修念仏の停止を訴える。 十一月七日、法然、『七箇条制誡』を作り門弟を誡め、これを座主真性に送る。	
一二〇五	〃二	四月十四日、法然、親鸞に『選択集』を授ける。	

		十月、興福寺の衆徒九箇条を挙げて、念仏禁断を院に訴える（興福寺奏状）。 十二月二十九日、宣旨により法然の罪科とならず。
一二〇六	建永元	二月十四日、院宣により行空・遵西捕らえられる。 二月二十一日、興福寺の五師三綱、念仏宗の宣下につき、摂政良経に強訴する。 十一月二十七日、大宮実宗、法然を戒師として出家する。 住蓮・安楽、東山鹿ケ谷で別時念仏を修する。
一二〇七	承元元	二月九日、住蓮・安楽、六条河原で死刑になる。 二月、法然、院宣により土佐配流となる。 三月十六日、法然、京都を出発、室の泊を経て、二十六日讃岐国塩飽の地頭高階保遠の館に入る。 十二月八日、勅免により摂津国勝尾寺に入る。
一二〇九	〃三	幸西ら北陸に一念義を広める。
一二一〇	〃四	聖光、善導寺を建立。
一二一一	建暦元	十一月七日、法然入洛の宣旨下る。二十日、法然、入洛して東山大谷に住む。 十一月、平基親、『選択集』序文を作る。
一二一二	〃二	一月二日、法然、老衰加わる。 一月二十三日、法然、『一枚起請文』を授ける。 一月二十五日、法然没す。八十歳。 春、門弟ら法然の中陰の法事を行う。 九月、『選択集』開板される（建暦本）。

三三 鴨長明『方丈記』を著す
明恵『摧邪輪』を著

一二一三	建保元	証空、西山善峰寺北尾の往生院に住する。	し、『選択集』を批判する
一二二七	安貞元	六月二十二日、延暦寺衆徒専修念仏の隆盛を嫉み、法然の墓堂を破却、法然の門弟ら廟墳を改め、のち粟生野で荼毘に付す。七月六日、延暦寺の訴えにより、隆寛・空阿阿弥陀・幸西を配流し、『選択集』の版木を焼却する。次いで専修念仏を停止する。十二月十三日、隆寛相模飯山にて没す。	一二二七 道元宋より帰国する
一二二八	〃二	聖光、肥後国往生院で四十八日間の別時念仏を修め、『末代念仏授手印』一巻を著す。	
一二二九	〃三	証空、当麻寺参詣、関東奥州を遊化する。	
一二三四	文暦元	源智、法然廟堂を改修して知恩院大谷寺とする。	一二三二 御成敗式目（貞永式目）制定
一二三六	嘉禎二	良忠、九州に下り福岡天福寺に赴き聖光の弟子となる。	
一二三七	〃三	聖光、天福寺で『浄土宗要集（西宗要）』六巻を講義、『徹選択集』二巻を執筆。	
一二三八	〃四	聖光、七条の袈裟を身につけ往生を遂げる。七十七歳。	
一二四四	寛元二	西山派東山義祖証入、往生を遂げる。	一二四四 道元、越前に大仏寺（永平寺）を開く
一二四七	宝治元	証空、洛南白川の遺迎院において往生を遂げる。七十一歳。一念義祖幸西没。	一二五三 日蓮、法華題目をとなえる（日蓮宗開宗）
一二五八	正嘉二	良忠、鎌倉に入る。後、佐介谷に悟真寺（後の光明寺）を創建。	
一二六二	弘長二	親鸞没。	
一二六四	文永元	西山派嵯峨義祖証恵、往生を遂げる。	
一二六六	〃三	諸行本願義祖長西没。	
一二七一	〃八	西山派西谷義祖法興、往生を遂げる。	

一二七六	建治二	良忠、弟子の要請を受け上洛。布教・著述活動につとめる。
一二八四	弘安七	西山派深草義祖円空、往生を遂げる。
一二八六	〃九	良忠、鎌倉に帰り、弟子良暁に付法する。
一二八七	〃一〇	良忠、往生を遂げる。八十九歳。
一二八九	正応二	時宗祖一遍没。
一三〇三	嘉元元	西山派深草義の顕意、往生を遂げる。
一三二五	正中二	西山派西谷義の行観、往生を遂げる。
一三四一	暦応四	聖冏、常陸国に生まれる。
一三六六	正平二一	聖聰、下総に生まれる。
一三八三	永徳三	聖聰、聖冏の弟子となり出家する。
一三九三	明徳四	聖冏、聖聰に五重相伝を授ける（五重相伝の初め）。
		聖聰、増上寺を創建して江戸に教線を布く。
一四一五	応永二二	聖冏、小石川の談所（後の伝通院）に移る。
一四二〇	〃二七	聖冏、往生を遂げる。八十歳。
一四四〇	永享一二	聖聰、往生を遂げる。七十五歳。
一五四四	天文一三	存応生誕。
一五六二	永禄五	尊照生誕。

一二七四　元軍来襲（文永の役）
時宗成立
一二九七　永仁の徳政令
一三三三　鎌倉幕府滅亡
一三三八　足利尊氏、室町幕府を開く
一三四二　幕府、五山十刹の制を定める
一三九二　南北朝合一
一三九九　大内善弘挙兵（応永の乱）
一四六七　応仁の乱始まる
一五四三　種子島に鉄砲伝来
一五四九　ザビエル、鹿児島でキリスト教を伝道
一五六〇　桶狭間の合戦
一五七一　延暦寺、織田信

一五七九	天正七	安土宗論（日蓮宗との論争）。その結果、信長、日蓮宗徒を罰する。
一五八四	〃 一二	存応、増上寺に住持。
一五九五	文禄四	尊照、知恩院に住持。
一六〇八	慶長一三	江戸宗論（日蓮宗との論争）。存応の名声あがる。
一六一五	元和元	浄土宗法度制定。
一六二〇	〃 六	存応往生を遂げる。 尊照往生を遂げる。
一六九七	元禄十	法然に円光大師の号が送られる。
一七一一	宝永八	法然五〇〇回忌にあたり東漸大師の号が送られる。
一七六一	宝暦一一	法然五五〇回忌にあたり慧成大師の号が送られる。
一八一一	文化八	法然六〇〇回忌にあたり弘覚大師の号が送られる。

長軍により焼失

一五七三　室町幕府滅亡

一五八二　本能寺の変

天正遣欧使節をローマに派遣

一五九〇　秀吉、全国を統一

一六〇〇　関が原の合戦

一六〇三　徳川家康、江戸幕府を開く

一七一六　吉宗、将軍となり享保の改革始まる

一七四二　公事方御定書（御定書百箇条）制定

一八三三　天保の飢饉

一八四一　天保の改革始まる

一八六一	万延二	法然六五〇回忌にあたり慈教大師の号が送られる。
一九一一	明治四四	法然七〇〇回忌にあたり明照大師の号が送られる。
一九六一	昭和三六	法然七五〇回忌にあたり和順大師の号が送られる。

一八五三　ペリー来航
一八六七　大政奉還
一八六八　神仏分離令
一八九四　日清戦争始まる
一九〇四　日露戦争始まる
一九一四　第一次世界大戦始まる
一九二三　関東大震災
一九三七　日中戦争始まる
一九三九　ノモンハン事件　第二次世界大戦始まる
一九四六　日本国憲法公布

索引

＊印は見出し項目。他はその言葉を含む主要な項目を（→）で示した。数字はそれぞれ見出し掲載ページを示す。

石上善應（いしがみ　ぜんおう）
1929年北海道小樽市生まれ。53年、大正大学仏教学部梵文学卒業、56年同大学院修士課程修了。大正大学仏教学部長、人間学部長を経て、現在、大正大学名誉教授。
主著に『東の智慧　西の智慧』（筑摩書房）、『信ずる心　弥勒菩薩』（集英社）、『法然―選擇本願念仏集』（筑摩書房）、『おおらかに生きる・法然』（中央公論新社）他。

浄土宗小事典

2001年５月19日　初版第１刷発行

編著者　石上善應
発行者　西村七兵衛
発行所　株式会社　法藏館

〒600-8153京都市下京区正面通烏丸東入ル
振替01070-3-2743　電話075（343）5656

印刷＝日本写真印刷株式会社

ISBN4-8318-7062-5